Schöllhorn · Geldanlage und Vermögensverwaltung international

Peter Schöllhorn

GELD ANLAGE

und Vermögensverwaltung international

GABLER
RATGEBER

CIP-Titelaufnahme der Deutschen Bibliothek

Schöllhorn, Peter:
Geldanlage und Vermögensverwaltung international
Peter Schöllhorn. - Wiesbaden : Gabler, 1991
ISBN 978-3-663-02117-9 ISBN 978-3-663-02116-2 (eBook)
DOI 10.1007/978-3-663-02116-2

Der Gabler Verlag ist ein Unternehmen der Verlagsgruppe Bertelsmann International.

Lektorat: Karlheinz Müssig

Satz: Satzstudio RESchulz, Dreieich-Buchschlag

ISBN 978-3-663-02117-9

Vorwort

Nicht erst seit der Einführung der zwischenzeitlich wieder aufgehobenen Quellensteuer ist die Geldanlage im Ausland ein sehr wichtiges Thema für den privaten Anleger.

Damit aber die Kapitalanlage nicht zum Fehlschlag wird, sind grundlegende Informationen über ihre Chancen und Risiken und die Besteuerung im In- und Ausland unabdingbar. Meist sind die Anleger jedoch überfordert, Anlageofferten – auch unter steuerlichen Aspekten – zu beurteilen. Hinzu kommt, daß unabhängige und sachkundige Berater fehlen. So gehen Schäden durch Kapitalanlage-Pleiten gerade im Zusammenhang mit Auslandsengagements auf dem grauen Kapitalmarkt in die Milliarden.

Dieses Buch soll das Informationsdefizit abbauen und auf die zusätzlichen Chancen und Risiken aufmerksam machen, die Geldanlagen im Ausland mit sich bringen. Gedacht ist nicht an „heiße" Tips, sondern an Informationen über den Tag hinaus, insbesondere bei der Darstellung der einzelnen Anlageformen und der Einschaltung dritter Personen und Gesellschaften im Ausland.

Die steuerlichen Aspekte werden von den Anlegern meist vernachlässigt oder falsch eingeschätzt und sind deshalb Teil der Darstellung. In diesem Zusammenhang sollen nicht zuletzt der Mythos Steueroase und die Steuerflucht ins Ausland auf die tatsächlichen Gegebenheiten zurückgeführt werden.

Für bereits geschädigte Anleger ist der Abschnitt „Fehlgeschlagene Kapitalanlage" mit Check-Listen gedacht, die eine vorläufige Bestandsaufnahme ermöglichen und Tips zum richtigen Verhalten im Schadensfall geben.

Letztendlich sollte man sich bei jeder Geldanlage umfassend informieren und auch beraten lassen. Falls jedoch Informationen weder vorhanden noch zugänglich sind oder ein unabhängiger oder sachkundiger Berater nicht erreichbar ist: Hände weg. Dies ist der beste (Selbst-)Schutz, mit dem der Anleger Verluste vermeiden und sein meist hart verdientes Geld erhalten kann. Unter diesen Voraussetzungen darf der Anleger auf eine Rendite hoffen.

Im Falle eines Verlustes steht der Anleger meist allein da, die für die Kapitalanlage zuständigen Vermögensverwalter, Anlageberater und Anlagevermittler sind aber schon auf der Jagd nach neuen Provisionen.

Für die Schreibarbeiten möchte ich Fräulein Birgit Höfler sehr herzlich danken. Für Anregungen und Kritik bin ich sehr dankbar.

Wildtal, Mai 1990 Peter Schöllhorn

Inhaltsverzeichnis

A. Der Weg ins Ausland

I. Einführung

1. Motive

Es gibt viele Überlegungen, die zur Geldanlage im Ausland veranlassen:

- Risikostreuung, um z.B. durch den Kauf von ausländischen Aktien die Abhängigkeit vom heimischen Aktienmarkt zu verringern,
- Möglichkeiten zur Spekulation in Warentermin-Geschäften,
- Hoffnung auf Währungsgewinne,
- Hoffnung auf höhrere Gewinne im Ausland,
- Hoffnung auf steuerliche Vorteile durch eine Geldanlage im Ausland.

Für die *Vermögensverwaltung* und die *Verlagerung des Vermögens* oder eines Teils des Vermögens ins Ausland gibt es folgende Motive:

- Wunsch nach Diskretion, basierend auf dem im jeweiligen Land geltenden Bankgeheimnis,
- Erwartung steuerlicher Vorteile bzw. die Vermeidung von Steuern,
- spezielle gesellschafts- oder erbrechtliche Gestaltungsmöglichkeiten,
- Spezialisierung ausländischer Banken auf die Vermögensverwaltung,
- günstige Beurteilung des politischen und wirtschaftlichen Umfeldes,
- Vorsorge für einen in Deutschland befürchteten politischen oder kriegerischen Krisenfall.

So sehr diese Motive ihre Berechtigung haben mögen, so wenig darf der Anleger Anlagevermittlern vertrauen, die alles versprechen. Die ideale Kapitalanlage, die Sicherheit, sehr hohe Rendite und steuerliche Vorteile gleichzeitig bietet, findet man auch im Ausland nicht.

Der Anleger muß sich überlegen, welche Kriterien, für ihn vorrangig sind, dann kann er sich auf die hoffentlich erfolgreiche Suche begeben. Bei dieser Suche soll das vorliegende Buch behilflich sein.

2. Das Angebot in Deutschland

Mit einigen Ausnahmen läßt sich jede Form von Kapitalanlage und Vermögensverwaltung über deutsche und in Deutschland ansässige ausländische Banken oder amerikanische Broker oder über in Deutschland ansässige Anlagevermittler durchführen.

Der Anleger kann in- und ausländische Aktien, festverzinsliche Wertpapiere und Anleihen kaufen, teilweise sind die Gebühren für den Erwerb von ausländischen Aktien an den deutschen Börsen sogar geringer als an der jeweiligen Heimatbörse.

Ebenso sind Termingeld-Anlagen in ausländischen Währungen möglich. Mit der Einführung der deutschen Terminbörse im Januar 1990 bieten sich dem spekulativ orientierten Anleger Spekulationsmöglichkeiten in Aktienoptionen. Nicht möglich ist für deutsche Anleger die Geldanlage in Geldmarkt-Fonds. Um diese Anlagemöglichkeit wahrnehmen zu können, muß er ins Ausland „gehen“. Hinsichtlich der an anderen Finanzplätzen oder in Steueroasen gebotenen Diskretion müssen deutsche Banken ebenfalls passen. Wer nach Diskretion und Anonymität verlangt, muß also entweder ins Ausland ausweichen oder aber hier sogenannte Tafelgeschäfte tätigen.

Vermögensverwaltung bieten vor allem die großen Geschäftsbanken und die Privatbanken an, zwischenzeitlich aber auch Sparkassen und Volksbanken. Im Vergleich zur Schweiz fehlt bei uns die lange Tradition auf diesem Gebiet, mit Ausnahme einiger deutscher Privatbanken. Zudem besteht das Problem, daß professionelle Vermögensverwalter nicht von heute auf morgen ausgebildet werden können.

Für die Vermögensverwaltung verlangen die deutschen Banken im allgemeinen eine jährliche Fixgebühr in Höhe von ca. 0,5% des verwalteten Vermögens. Zu diesen Fixgebühren kommen noch die Depotgebühren und sonstige Abwicklungskosten wie fremde Spesen.

Als Mindestbetrag für die Vermögensverwaltung werden von den meisten Banken mindestens DM 300.000,– gefordert, manche beginnen erst bei DM 500.000,– mit der Vermögensverwaltung. Wer besonders gute Beziehungen zu seiner Bank hat, darf aber durchaus mit kleineren Beträgen kommen.

Private Vermögensverwalter verlangen dagegen durchschnittlich 1 ‰ Verwaltungsgebühr und/oder eine Gewinnbeteiligung. Die höhere Verwaltungsgebühr läßt sich damit entschuldigen, daß die privaten Vermögensverwalter bei den Transaktionen nicht wie die Banken mitverdienen.

Angebote über *Immobilien im Ausland* sind sehr gering, es gibt kaum Banken, über die der Direkterwerb von Immobilien im Ausland möglich ist. Größer ist dagegen das Angebot an ausländischen Immobilien-Fonds.

Insgesamt gibt es in Deutschland weit über 100 *Auslandsbanken* und Banken in ausländischem Besitz, die aber in den wenigsten Fällen das gesamte Spektrum von Bankgeschäften anbieten. Jedenfalls sind sie aber profunde Kenner ihrer heimatlichen Aktienmärkte und haben Zugriff auf das Wissen ihrer Zentrale. Die meisten ausländischen Banken haben ihren Sitz in Frankfurt.

Wer die Vermögensverwaltung durch eine in Deutschland tätige Schweizer, liechtensteinische oder luxemburgische Bank durchführen läßt, muß auf das im jeweiligen Heimatland geltende Bankgeheimnis verzichten, da natürlich auch für diese Banken die deutschen Vorschriften verbindlich sind und ein vergleichbares Bankgeheimnis in Deutschland nicht existiert.

Ebensowenig sind in Deutschland Nummernkonten oder anonyme Konten möglich. Dies verbietet die deutsche Abgabenordnung, die auch für die Niederlassungen der ausländischen Banken in Deutschland verbindlich ist.

3. Das Bankgeheimnis oder die Verschwiegenheitspflicht der Kreditinstitute

3.1. Bankgeheimnis in Deutschland

De facto gibt es in Deutschland kein Bankgeheimnis. Die Banken sind gegenüber dem Finanzamt auskunftspflichtig. Daran hat sich auch nichts geändert, nachdem der sogenannte „Bankenerlaß" in die Abgabenordnung übernommen wurde. Der Bankenerlaß regelt die Beziehung zwischen Bank und Finanzbehörden und war rechtlich gesehen nur interne Dienstanweisung an die Finanzverwaltung.

Die Auskunftspflicht der Banken geht soweit, daß Banken gegenüber der Steuerfahndung Auskunft geben müssen, auch wenn kein konkreter Verdacht gegen einen bestimmten Steuerpflichtigen besteht. So hat der Bundesfinanzhof entschieden und darauf hingewiesen, daß die Kreditinstitute sogar auf ein Sammelauskunfts-Ersuchen hin verpflichtet sind, Auskünfte zu erteilen (BFH vom 24.3.1987 BStBl. 2, Seite 484).

Spätestens seit dieser Entscheidung kann von einem Bankgeheimnis im engeren Sinne in Deutschland nicht mehr die Rede sein.

Im übrigen sind die deutschen Banken auch verpflichtet, beim Tode eines Kunden das Finanzamt innerhalb eines Monats zu benachrichtigen. Falls der Verstorbene sein bei der Bank vorhandenes Vermögen und die Kapitalerträge daraus nicht versteuert hat, müssen die Erben unter Umständen mit hohen Steuernachforderungen rechnen.

3.2. Bankgeheimnis im Ausland

Manchen Anleger interessiert es deshalb umso mehr, in welchen Ländern das Bankgeheimnis gewährleistet ist.

Man kann das Bankgeheimnis unter mehreren Aspekten betrachten:

- Ist das Bankgeheimnis strafrechtlich abgesichert?
- Besteht ein Auskunftsverweigerungsrecht
    - gegenüber Finanzbehörden?
    - vor Strafgerichten?
    - in Zivilprozessen?

Den deutschen Anleger interessiert besonders, inwieweit das jeweilige Bankgeheimnis gegenüber den deutschen Finanzbehörden und in Strafsachen gewährleistet ist.

Ein Bankgeheimnis im eigentlichen Sinne gibt es im mitteleuropäischen Raum immerhin in der Schweiz, Liechtenstein, Luxemburg und Österreich, wobei es aber gewisse Unterschiede gibt.

Früher hatte die *Schweiz* die Gewährung von Rechtshilfe für Fiskaldelikte grundsätzlich abgelehnt, aber seit Einführung des innerschweizerischen Bundesgesetzes über internationale Rechtshilfe in Strafsachen vom 20.3.1981 wird dann Rechtshilfe geleistet, wenn Gegenstand des Verfahrens ein Abgabebetrug ist. Der Begriff des Abgabebetruges ist umstritten. Fest steht aber, daß die einfache Steuerhinterziehung den Tatbestand des Abgabebetruges nicht erfüllt.

Falls es sich aber um einen Abgabebetrug handelt und die Schweiz Rechtshilfe leistet, sind die Schweizer Banken auch verpflichtet, die erforderlichen Informationen zu erteilen, und zwar auf Weisung der jeweiligen kantonalen Behörde.

Liechtenstein hat keine entsprechende Regelung, bei Steuerdelikten gibt es ohne jede Ausnahme keine Rechtshilfe.

Auch das Bankgeheimnis in *Österreich* und *Luxemburg* ist zumindest so dicht wie in der Schweiz (weitere Erläuterungen und Hinweise auf das Bankgeheimnis siehe im Abschnitt Anlageländer und Steueroasen).

Wer sich rundum absichern will, wird sein Geld nicht unter seinem Namen bei ausländischen Banken anlegen, sondern über einen Treuhänder. In einem solchen Fall ist die ausländische Bank gar nicht in der Lage, die gewünschten Auskünfte zu geben, auch wenn sie wollte und/oder müßte. Auch Nachforschungen sonstiger dritter Personen (z.B. Gläubiger) laufen ins Leere.

4. Anonyme Geldanlagen in Deutschland

Anonymität ist oftmals Motiv für die Kapitalanlage im Ausland. Das Vermögen soll unerkannt Rendite erwirtschaften, sei es, um Schwarzgeld unterzubringen, um Kapitalerträge und den Wertzuwachs unversteuert zu kassieren oder sei es, um das Vermögen vor Familienmitgliedern oder Verwandten geheim zu halten. Deshalb soll verhindert werden, daß der Kauf, der Besitz und der Weiterverkauf irgendwo namentlich erfaßt werden.

Die Möglichkeit, Geld anonym anzulegen, besteht in beschränktem Maße auch in Deutschland.

Beispielsweise kann Gold anonym erworben werden, d.h. ohne Nennung des Namens und ohne Vorlage eines Ausweises am Bankschalter. Im Gegensatz zu anderen Ländern wie z.B. Luxemburg und der Schweiz sind aber in Deutschland 14% Mehrwertsteuer zu bezahlen. Davon gibt es nur eine Ausnahme: auf der Insel Helgoland kann Gold mehrwertsteuerfrei erworben und gelagert werden. Auch mittels Bargeschäften können bei Juwelieren Schmuck (Diamanten, Brillianten) anonym erworben werden.

Der Kauf und die Aushändigung von Wertpapieren am Schalter gegen Barzahlung wird als Tafelgeschäft bezeichnet.

Es können aber nicht alle festverzinslichen Wertpapiere in Form einer Urkunde zum Mitnehmen erworben werden, man muß sich also vorher informieren.

Ebenso wie der Kauf können auch die Erträge aus Aktien und sonstigen Wertpapieren anonym am Bankschalter kassiert werden, dagegen können Bezugsrechte nicht ohne Namensnennung wahrgenommen werden.

Wird Anonymität gewünscht, können die Vermögenswerte nicht bei der Hausbank erworben und gelagert werden. Aus Sicherheitsgründen sollte dies aber auch nicht zu Hause im Sparstrumpf geschehen. Empfehlenswert ist deshalb die Verwahrung dieser Papiere und Vermögensgegenstände bei einer dritten Bank.

Falls der Kauf anonym erfolgen konnte, so ist in aller Regel auch der Weiterverkauf anonym möglich. Empfehlenswert ist aber, diese Frage schon vorneweg beim Kauf abzuklären. Außerdem sollte die Kaufquittung (ohne Namensnennung) aufbewahrt werden, damit beim Weiterverkauf die angesprochene Bank davon ausgehen kann, daß die Papiere weder gefälscht noch gestohlen worden sind.

5. Ein Bankkonto im Ausland

Ein Bankkonto im Ausland läßt sich am einfachsten auf dem postalischen Weg eröffnen. Die notwendigen Unterlagen kann man bei der betreffenden Bank im Ausland oder bei einer Niederlassung bzw. einer Repräsentanz der ausländischen Bank in Deutschland anfordern. Die meisten größeren Banken haben eine Vertretung in Frankfurt oder in anderen deutschen Großstädten.

Der Kunde erhält Antragsformulare zur Eröffnung eines Kontos, zugleich meist auch eine Unterschriftskarte, die unterschrieben zurückgeschickt werden muß. Der Antrag ist ausgefüllt mit der Unterschriftskarte und einer Photokopie des Passes an die Bank zurückzuschicken. Die gesamte Prozedur ist sehr einfach.

Anlage-Konten bei ausländischen Niederlassungen deutscher Banken können über die hiesigen Geschäftsstellen eröffnet werden.

Die Niederlassungen deutscher Banken im Ausland, z.B. in der Schweiz oder Luxemburg, können sich auf das dortige Bankgeheimnis berufen, in den letzten Jahren gab es deshalb auch verstärkt Werbung dieser Niederlassungen in deutschen Medien.

Im Zusammenhang mit dem Bankgeheimnis wird oft von *anonymen Konten* und *Nummernkonten* gesprochen. Nicht selten wird ein Nummernkonto fälschlicherweise für ein anonymes Konto gehalten.

Wenn ein Nummernkonto eröffnet wird, so ist die Identität des Kontoinhabers immerhin einigen Bankangestellten bekannt, im Gegensatz zu anonymen Konten, bei denen der

Kontoinhaber seine Identität nicht preisgeben muß. Anonyme Konten gibt es nur in Österreich, dagegen nicht in der Schweiz, Liechtenstein und Luxemburg. Falls sie in diesen Ländern gegenüber den Banken anonym bleiben wollen, bleibt nur die Einschaltung eines Treuhänders.

Es gibt eine kaum überschaubare *Vielzahl von Kontentypen* in den einzelnen Ländern und bei den einzelnen Banken. Ebenso differieren die Spesen, die jährlich für die Unterhaltung der Konten zu entrichten sind. Wie in Deutschland werden auch im Ausland für normale Sparkonten verhältnismäßig niedrige Zinsen bezahlt.

Man kann Gemeinschaftskonten – in Österreich sogenannte Doppelkonten – eröffnen. Angeboten werden Fremdwährungs- und Kontokorrentkonten. Die Gelder können kurz-, mittel- und langfristig angelegt werden.

Der Anleger muß sich also vorher Gedanken machen, ob er das Geld auf einem normalen Sparbuch belassen will, dessen Sparguthaben nur sehr gering verzinst wird, oder ob das eröffnete Bankkonto als Ausgangspunkt für andere Anlagemöglichkeiten (Anleihen, Aktien, Investment-Fonds, Festgeld, Geldmarkt-Fonds) dienen soll.

6. Kapitalanlage per Telefon

Das Telefon ist das ideale Kommunikationsmittel für dubiose und betrügerische Anlagevermittler. Das Geschäft wird sehr professionell betrieben, mancher unentschlossene Anleger ließ sich durch die Stimme am Telefon überreden und verlor dann prompt das investierte Geld. Insbesondere Warentermingeschäfte und Penny-Stocks werden bevorzugt über das Telefon angeboten.

Ohne vorheriges Einverständnis ist aber die telefonische Kontaktaufnahme unlauterer Wettbewerb und verstößt gegen § 1 des gleichnamigen Gesetzes. Nach einem Urteil des Bundesgerichtshof vom 8.6.1989 (BGH I ZR 178/87) ist Telefonwerbung nur zulässig, wenn ausdrücklich oder stillschweigend das Einverständnis des Angerufenen vorliegt. Die briefliche Ankündigung der Telefonwerbung ist nicht ausreichend. Gerade aber der unseriöse Vermittler wird sich an diese Bedingungen nicht halten.

Falls Sie sich in der Situation befinden, daß Sie angerufen werden und Ihnen die „todsichere“ Kapitalanlage angeboten wird, sollten Sie sich gar nicht auf ein Gespräch einlassen. Ihr Gesprächspartner am anderen Ende der Leitung ist auf diese Art von Kontaktaufnahme sehr gut vorbereitet und wird auf Ihre Einwände immer wieder eine passende Antwort finden. Geben Sie deshalb klar zu verstehen, daß Sie an einem Gespräch nicht interessiert sind, und legen Sie dann den Hörer auf. Dies ist die einzige richtige Reaktion auf solche ungebetenen Anrufe!

Falls Sie durch eine unerlaubte Telefonwerbung belästigt werden, sollten Sie sich an den nächst gelegenen Verbraucherschutzverein wenden. Dieser kann den Anrufer abmahnen und – falls notwendig – verklagen. Gerade aber gegenüber betrügerischen Anlagevermittlern vorzugehen wird sehr schwierig bzw. fast unmöglich sein, da diese oftmals mit falschen Namen und vom Ausland aus operieren. Ohne Ausnahme gilt: Keine Geldgeschäfte über das Telefon mit unbekannten Vermittlern!

7. Informationen und Empfehlungen: Seminare, Experten, Gurus ...

Gerade über die Geldanlage und Vermögensverwaltung im Ausland ist verhältnismäßig wenig Informationsmaterial vorhanden, auch wenn zwischenzeitlich jede Zeitung und Zeitschrift eine Spalte mit Empfehlungen für Kapitalanlagen hat.

In den letzten Jahren wurden vermehrt Seminare über Kapitalanlagen im In- und Ausland angeboten. Solche Seminare kosten aber Zeit und Geld und der Erfolg ist dem Anleger dennoch nicht sicher. Man sollte in solche Seminare keine allzu großen Hoffnungen setzen. Je mehr Anlageberater und Experten auftreten, umso verschiedenartigere Meinungen werden Sie hören. Interessant und empfehlenswert sind solche Seminare nur für Leute, denen die Beschäftigung mit dem Thema Kapitalanlage Spaß macht und die dies hobbymäßig betreiben.

Im übrigen werden bei solchen Seminaren unter dem Deckmantel „Perspektiven des Kapitalanlagemarktes" häufig mehr oder weniger unverblümt Kapitalanlagen verkauft. Mit unabhängiger Anlageberatung hat dies nichts zu tun.

Leider hat sich gezeigt, daß bei diesen Veranstaltungen gerade die Leute Zulauf erhalten, die vor allem durch extreme Prognosen auffallen. Seriöse Experten dagegen, die mehr Wert auf inhaltliche Aussagen und Begründungen legen, sind nicht so gefragt.

Gurus und „Crash"-Propheten sind besonders typische Vertreter dieser Gattung. Von der Untergangs-Stimmung dieser Propheten profitiert hauptsächlich der Prophet selbst und nicht seine Jünger, die dessen Bücher und Seminare bezahlen.

Als Paradebeispiel für die Gurus unter den Börsen-Propheten soll Joseph Granville dienen. Zu seinen besten Zeiten erreichte er, daß der Down Jones-Index im Jahr 1981 um für damalige Zeiten sehr bedeutende 23 Punkte fiel, als er empfohlen hatte, alles zu verkaufen. Wer aber in der folgenden Zeit dann weiterhin auf die Prognosen von Granville vertraute, verpaßte die besten Chancen am amerikanischen Aktienmarkt zwischen 1982 und 1987.

Oftmals werden in Illustrierten und Zeitungen die Verwalter von Investmentfonds interviewt, die dann gerne über ihre zukünftige Strategie berichten und Prognosen abgeben. Daß auch diese sogenannten Investment-Profis irren können, und zwar ganz gewaltig, mag folgendes Beispiel zeigen: In der März 1990-Ausgabe der Zeitschrift Impulse wurde Timothy Canney interviewt, Verwalter von fünf Fernost-Fonds in Paris. Darin gibt er zum besten, daß die japanischen Aktien sehr hoch, aber noch lange nicht zu hoch stehen und er deshalb auch nicht in deutsche Aktien investiert. Die japanischen Aktien würden mit einiger Wahrscheinlichkeit bald kräftig steigen – und zwar auch dann, wenn sich die derzeitigen Hoffnungen auf Ostgeschäfte vielleicht doch nicht oder nicht so schnell erfüllen sollten. Auf die Frage, wieviel Plus er für 1990 erwarte, meinte er: „20 % sollten es schon sein, damit wir nicht unter unsere Wertzuwachsraten aus den vergangenen Jahren zurückfallen."

Wer die Entwicklung des japanischen Aktienmarktes im Frühjahr 1990 verfolgt hat, weiß, daß die japanischen Aktienkurse innerhalb kürzester Zeit fast ins Bodenlose gestürzt sind. Zwar notieren die Kurse augenblicklich nicht beim tiefsten Stand, wer allerdings zum Zeitpunkt der Interviews in den japanischen Aktienmarkt eingestiegen ist, hat immer noch herbe Verluste zu verzeichnen.

8. Wo erhalte ich Informationen?

Provisionsabhängige Anlagevermittler sind keine unabhängigen Berater. Unabhängige und kompetente Anlagerberater sind aber kaum auffindbar. Dies trifft insbesondere für Investitionen in Immobilien zu.

Bei sonstigen Kapitalanlagen wie ausländischen festverzinslichen Wertpapieren, Aktien und Goldkäufen kann man sich an die Hausbank wenden. Bei den Angeboten auf dem grauen Kapitalmarkt dürfte diese aber regelmäßig überfordert sein.

Falls der Prospekt und die Vertragsunterlagen keine endgültigen Entscheidung erlauben, muß der Rat eines unabhängigen Fachmannes eingeholt werden. Falls dies nicht möglich ist, sollte jeder Kapitalanleger von der angebotenen Kapitalanlage Abstand nehmen. Diese Verhaltensweise ist der beste (Selbst-)Schutz.

Für die Einschätzung und Bewertung von festverzinslichen Wertpapieren, Anleihen und Aktien sei auf die darauf spezialisierten Institute Moody's und Standard & Poor's hingewiesen (näheres dazu im Abschnitt Festverzinsliche Wertpapiere und Aktien).

Sehr empfehlenswert für Informationen über den grauen Kapitalmarkt ist der Gerlach-Report. Dieser von Heinz Gerlach herausgegebene Informationsdienst erscheint wöchentlich, der monatliche Bezugspreis beträgt zur Zeit DM 47,90 (Gerlach-Report, Karl-Hermann-Flach-Str. 15, 6370 Oberursel 1).

Zu Immobilien im Ausland informiert und berät die Deutsche und Schweizerische Schutzgemeinschaft für Auslandsgrundbeitz in 7890 Waldshut-Tiengen 1, Gartenstr. 17. Der Mitgliedsbeitrag beträgt DM 360,– pro Jahr. Die Mitglieder erhalten dafür individuelle Beratung und Hilfe in allen Fragen, die sich im Zusammenhang mit Auslandsgrundbesitz ergeben.

Die Zeitschrift „Grundbesitz international" der Schutzgemeinschaft dient der aktuellen Information der Mitglieder, außerdem bietet die Schutzgemeinschaft verschiedene Bücher, Arbeitsmappen und Dossiers zum Thema Immobilien im Ausland an.

9. Überprüfung von Prospektunterlagen

Gerade bei Kapitalanlagen im Ausland und insbesondere auf dem sogenannten grauen Kapitalmarkt werden die Anleger oft Opfer von Wirtschaftskriminellen oder Betrügern, weil sie sich unzureichend oder gar nicht informieren.

Wer sich schon aufgrund eines farbenfrohen Prospektes und hoher Rendite-Versprechungen engagiert, ohne daß er vorher den Prospekt und die Vertragsunterlagen genauestens überprüft und sich vor Ort umgeschaut hat, darf sich nicht wundern, wenn das Geld verlorengeht. Oftmals genügt schon eine kritische Durchsicht der angebotenen Unterlagen um festzustellen, daß die angebotene „Kapitalanlage" nichts taugt.

Wer bereit ist, die angebotenen Prospekte genauestens zu überprüfen, der findet in der Anlage 1 (Seite 204 ff.) einen sehr guten Leitfaden. Wer sich die Zeit für diese sicherlich zeitaufwendige Überprüfung nicht nehmen will, muß von der Kapitalanlage Abstand nehmen. Nur so vermeidet er Verluste.

10. Warnsignale, bei denen die rote Lampe aufleuchten muß!!

1. *Telefonanrufe unbekannter Anlagevermittler:* Telefonhörer sofort wieder auflegen.
2. *Es werden Renditen von über 10% und angeblich ohne jedes Risiko angeboten:* Das gibt es nicht, Prospekte in den Papierkorb. Hohe Renditen lassen sich nur unter Inkaufnahme von hohen Risiken erzielen. Wer mit solchen Geschäften reich werden will, geht auch das Risiko ein, daß er arm wird.
3. *Die Anlagevermittler bzw. deren Firmen agieren mit Postfachanschriften vom Ausland aus:* Es ist genauestens zu überprüfen, ob es sich nur um billige Briefkastenfirmen handelt für das Versteckspiel der Hintermänner.
4. *Eine Mittelverwendungskontrolle der investierten Gelder durch unabhängige dritte Treuhänder gibt es nicht: Hände weg!*
   Im übrigen verdient nicht jede als Treuhänder bezeichnete Person diesen Namen. Unter Umständen ist diese sehr eng mit dem Anlagevermittler liiert.
5. *In der Werbung wird mit dem Hinweis auf steuerfreie Gewinne oder Quellensteuerfreiheit suggeriert, daß keine Steuern bezahlt werden müssen:* Das ist nur die halbe Wahrheit. Für in Deutschland ansässige Steuerpflichtige sind auch im Ausland erzielte Kapitalerträge normalerweise in Deutschland zu versteuern.
6. *Werbung mit „Schweizer" Vermögenskonzepten:* Die Verwendung des Wortes „Schweiz" soll Sicherheit, Seriosität und Bonität vorspiegeln. Oftmals stellen die mit diesem Begriff bezeichneten Angebote gerade das Gegenteil dar.
7. *Platte Werbesprüche „Grund und Boden ist nicht beliebig vermehrbar":* Diese banale Weisheit trifft zwar zu, allerdings ist dies noch keine Garantie für Wertzuwachs bei Immobilien, die sich irgendwo am Ende der Welt befinden.

8. *Nichtssagende Hochglanzprospekte ohne sachliche Informationen:* Hochglanzprospekte dienen oftmals nur dazu, den Anleger von den eigentlichen Risiken und Problemen der angebotenen Kapitalanlage abzulenken.

9. *Überbetonung von formalrechtlichen Aspekten:* Auch die notarielle Bestätigung der Echtheit von Zertifikaten macht diese Zertifikate nicht wertvoller. Insbesondere beim Immobilienkauf nutzt ein im Grundbuch eingetragener Eigentumstitel recht wenig, wenn die Immobilien praktisch wertlos sind.

10. *Wappen, Titel, Phantasienamen, prominente Personen:* Dies sind oft die Mittel von unseriösen und betrügerischen Anlagevermittlern, die Seriosität vorspiegeln wollen.

11. Währungsrisiko

Unabhängig von weiteren Risiken ist bei Geldanlagen im Ausland das Währungsrisiko immer mit im Spiel. Es hat einen großen Einfluß auf die Rentabilität (in DM umgerechnet) von ausländischen Aktien, Anleihen, Lebensversicherungen usw.

Da es gerade für „exotische" Währungen keine fixen oder floatenden Wechselkurse mehr gibt, kann sich der Wert einer Währung ständig ändern. In heißen Spekulationsphasen und bei heftigen Konjunkturschwankungen sind diese Wechselkursveränderungen besonders ausgeprägt.

In vielen Ländern ist das Zinsniveau höher als in Deutschland. Da stellt sich die Frage, ob man nicht diese höheren Zinsen mitnehmen soll, indem man z.B. festverzinsliche Wertpapiere in der betreffenden Währung kauft.

Der Anleger sollte sich aber nicht von hohen Zinssätzen blenden lassen. Hohe Zinssätze werden meistens dort gezahlt, wo die betreffende Währung schwach ist. DM-Anleihen mögen niedrigere Zinsen bringen, ein Währungsrisiko besteht aber nicht. Hat man in den vergangenen Jahren die Rentabilität deutscher Rentenpapiere mit ausländischen Papieren verglichen, so war die Rentabilität der deutschen Papiere oftmals höher.

Das Währungsrisiko spielt auch eine Rolle beim Kauf von *ausländischen Aktien*. Die ausländischen Aktien mögen zwar Kursgewinne erzielen, es ist aber durchaus möglich, daß diese Kursgewinne aufgrund eines zwischenzeitlich erfolgten Währungsverlustes aufgezehrt werden und der deutsche Anleger in DM umgerechnet vielleicht sogar einen Verlust erleidet.

Leider ist es sehr schwierig, das vorhandene Währungsrisiko abzuschätzen. Wer auf Nummer sicher gehen will, sollte einfach DM-Wertpapiere kaufen, insbesondere dann, wenn er das Geld später für den Lebensunterhalt hier in Deutschland benötigt.

Mit *Zinsdifferenzgeschäften* können die unterschiedlichen Zinssätze gewinnbringend ausgenutzt werden. Doch oftmals machen die Wechselkursentwicklungen einen Strich durch die Rechnung. Die Währung mit einem hohen Zinssatz fällt so stark, daß die Zinsvorteile aufgefressen und sogar das Kapital noch angegriffen wird.

Das Risiko ist besonders groß, wenn für diese Geschäfte Kredite aufgenommen werden. Aufgrund der dadurch hervorgerufenen Hebelwirkung (Kreditzins steigt, Anlagezins fällt) können diese Geschäfte nur als höchst spekulativ bezeichnet werden.

Von nicht so großer Bedeutung mag das Währungsrisiko beim Kauf von *Immobilien* im Ausland sein, die als Langzeit-Anlage gedacht sind und als stabiler Sachwert oder als Fluchtburg für Krisenzeiten erworben werden. In einem solchen Fall ist es sogar unsinnig, auf den Wechselkurs zu starren. Vorteilhaft wäre allerdings, wenn sich der Investor zu einem günstigen Währungskurs einkaufen könnte.

Wird aber die Immobilie aus Renditegründen und aufgrund eines erhofften Wertzuwachses gekauft, so wird sich mancher Käufer die Augen reiben, wenn der in ausländischer Währung erzielte Wertzuwachs in DM umgerechnet plötzlich verschwunden und der Wert der Immobilie zwischenzeitlich unter den damaligen Einstandspreis gefallen ist.

Bei allen Geldanlagen im Ausland muß sich also der Anleger die Frage stellen: *Wie hoch ist das Währungsrisiko einzuschätzen?*

12. Überweisungen ins Ausland: Meldepflicht

Der Kapitaltransfer von Deutschland ins Ausland ist nicht beschränkt. Zahlungen können ohne Genehmigung ins Ausland vorgenommen werden, eingehende Beträge aus dem Ausland können ebenfalls genehmigungsfrei und in beliebiger Höhe einkassiert werden.

Allerdings existiert eine Meldevorschrift gemäß § 59 der Außenwirtschaftsverordnung für Zahlungen ins Ausland und Geldeingängen aus dem Ausland. Diese Meldepflicht dient zur Erfassung des grenzüberschreitenden Zahlungsverkehrs. Über die Landeszentralbanken erhält die Bundesbank die Daten, die zur Erstellung der Zahlungsbilanz verwertet werden. Die Meldepflicht ist sehr detailliert in der Außenwirtschaftsverordnung geregelt, grundsätzlich sind Zahlungen, die DM 2.000,– übersteigen, zu melden, aber es gibt gewisse Ausnahmen.

Normalerweise machen die deutschen Banken auf eine eventuelle Meldepflicht aufmerksam. Verstöße gegen diese Meldepflicht werden als Ordnungswidrigkeit mit Geldbuße geahndet.

Zu beachten ist, daß diese Meldung (siehe Seite 12 f.) keine Devisenbescheinigung darstellt, wie sie in verschiedenen Ländern z.B. beim Erwerb von Grundbesitz oder Investitionen im gewerblichen Bereich verlangt wird.

Anlage Z 1 zur AWV

ZAHLUNGSAUFTRAG IM AUSSENWIRTSCHAFTSVERKEHR

Meldung nach § 59 der Außenwirtschaftsverordnung

Dem Geldinstitut Blatt 1–3 einreichen

52: An (beauftragtes Geldinstitut) | BLZ

Zahlung / Akkreditiv / Inkasso Einlösung — zu Lasten des — DM-Kontos / Währungs-Kontos / Währungs-Termin-Kontos

Ihre Nr.

Ohne zusätzliche Weisung, sind Sie berechtigt, den Auftrag als Zahlung zu Lasten des DM-Kontos zu behandeln.

32: Währung | Betrag in Ziffern

Betrag in Worten

50: Auftraggeber (Meldepflichtiger) | Konto Nr.:
Name
Straße
Ort

57: Bank des Begünstigten

59: Begünstigter | Konto Nr.:
Name
Straße
Ort

70: Verwendungszweck

71: Ihre Kosten/Spesen zu Lasten des — Auftraggebers / Begünstigten
Fremde Kosten zu Lasten des — Auftraggebers / Begünstigten

Die Zahlung ist – sofern sie nicht über S.W.I.F.T. erfolgt – auszuführen — brieflich / drahtlich bis — Korrespondenzbank / Bank des Begünstigten / Begünstigten

Zusätzliche Weisungen für das Geldinstitut

10: MT | Priority | Receiver
15: Test Key | 20: TRN
32: Value Date | Currency Code | Amount
50: ORDERING CUSTOMER | 52: ORDERING BANK
53: Account Nr. / Sender's Correspondent Bank
54: Account Nr. / Receiver's Correspondent Bank
57: Account Nr. / Account with Bank
Place
59: BENEFICIARY | 70: DETAILS OF PAYMENT
71: Charges
72: Bank to Bank Information

Angaben zur Meldung nach §§ 59 ff der Außenwirtschaftsverordnung
Falls Platz nicht ausreicht, Anlage verwenden

Die vorstehende Zahlung betrifft (Zutreffendes am linken Rand ankreuzen X und entsprechende Zeilen ausfüllen)

Bei Akkreditiven, letzten Tag der Gültigkeitsdauer angeben — A / B / C / D

I Wareneinfuhr — a) Einkaufsland — b) Betrag in DM ohne Pfennig

II Transithandel (§ 40 Abs. 2 AWV) — c) Warenbezeichnung — d) Nr. des Warenverzeichnisses für die Außenhandelsstatistik — e) Einkaufsland — f) Betrag in DM ohne Pfennig

Sofern die Ware bereits an Gebietsfremde veräußert ist (durchgehandelte Transithandelsgeschäfte) [1])

g) Warenbezeichnung (nur ausfüllen, wenn die eingekaufte Ware durch Bearbeitung ihre Beschaffenheit verändert hat) — h) Eingang des Verkaufserlöses[2]) Monat und Jahr — i) Nr. des Warenverzeichnisses für die Außenhandelsstatistik — k) Käuferland — l) Verkaufspreis Betrag in DM ohne Pfennig

1) Sofern die Ware noch nicht veräußert ist, ist der Verkaufserlös im Zeitpunkt des Eingangs auf Anlage Z 4 zur AWV zu melden. – 2) Sofern der Verkaufserlös noch nicht eingegangen ist, voraussichtlichen Zeitpunkt des Eingangs angeben.

III Dienstleistungs- und Kapitalverkehr, sonstige Ausgaben — m) Kennzahl laut Leistungsverzeichnis — n) Gläubigerland — o) Anlageland (bei Vermögensanlagen außerhalb des Wirtschaftsgebietes) — p) Betrag in DM ohne Pfennig

q) Nähere Angaben über den Zahlungszweck (Wichtigste Einzelheiten des Grundgeschäfts – bei Krediten und Darlehen auch ursprünglich vereinbarte Laufzeit oder Kündigungsfrist – angeben, z. B. Erwerb eines Grundstückes in ...., Darlehensgewährung an ein Unternehmen in ...., Rückzahlung eines in .... aufgenommenen Kredits, Lizenzgebühr für ein ausländisches Patent)

Datum — Telefon

Firma, Unterschrift und Gewerbe

Stark umrandete Felder sind vom Meldepflichtigen (Auftraggeber) nicht auszufüllen

S 145 050 Deutscher Sparkassenverlag 5/89

Erläuterungen der Deutschen Bundesbank[1])

zur Meldung nach § 59 der Außenwirtschaftsverordnung

Die statistischen Angaben werden für die verschiedenen, im § 26 Abs. 2 Nr. 1 bis 4 des Außenwirtschaftsgesetzes (AWG) aufgeführten Zwecke benötigt. Insbesondere dienen sie der Erstellung der Zahlungsbilanz der Bundesrepublik Deutschland. Die Zahlungsbilanz ist eine zusammenfassende Darstellung der Transaktionen im Verkehr mit fremden Wirtschaftsgebieten. Ihre Kenntnis ist für die Stellen, die für die Wirtschafts- und Währungspolitik verantwortlich sind, unerläßlich. Nach §§ 59 ff. der Außenwirtschaftsverordnung (AWV) in Verbindung mit § 26 Abs. 2 AWG besteht eine gesetzliche Auskunftspflicht. – Bitte beantworten Sie die gestellten Fragen exakt und erschöpfend. Ihre Angaben werden ausschließlich für statistische Zwecke verwandt; sie unterliegen nach § 26 Abs. 4 AWG in Verbindung mit § 11 des Gesetzes über die Statistik für Bundeszwecke (BStatG) der statistischen Geheimhaltungspflicht und werden nicht an andere Stellen weitergeleitet.
Der Vordruck „Zahlungsauftrag im Außenwirtschaftsverkehr" ist zu verwenden für die Meldung von Zahlungen im Außenwirtschaftsverkehr, mit denen Sie ein gebietsansässiges Geldinstitut oder eine Postanstalt im Wirtschaftsgebiet beauftragen.

A. Meldepflicht und Meldefreigrenze

1. **Zu melden sind:**
   Zahlungen, die Sie an Gebietsfremde oder für deren Rechnung an Gebietsansässige leisten.
   Zahlungen sind nicht nur Überweisungen in fremde Wirtschaftsgebiete, sondern auch Zahlungen auf ein DM- oder Fremdwährungskonto eines Gebietsfremden bei einem gebietsansässigen Geldinstitut oder einer Postanstalt im Wirtschaftsgebiet.
2. **Nicht zu melden sind:**
   a) Zahlungen bis zum Betrage von 2000 DM oder Gegenwert;
   b) Kredite mit einer Laufzeit bis zu 12 Monaten, die Gebietsfremden gewährt oder bei Gebietsfremden aufgenommen worden sind; die aus kurzfristigen Krediten resultierenden Forderungen und Verpflichtungen werden in einer monatlichen **Bestands**meldung erfaßt (§ 62 AWV);
   c) Überweisungen auf Konten, die Gebietsansässige bei gebietsfremden Geldinstituten unterhalten (z. B. zur Verstärkung eigener Konten), weil als Zahlungsempfänger hier der gebietsansässige Kontoinhaber selbst gilt, es sei denn, der Zahlung läge die Begründung eines Kontoguthabens mit von vornherein feststehender Einlagedauer von mehr als zwölf Monaten zugrunde.
   d) Zahlungen zwischen Gebietsfremden, bei denen ein Gebietsansässiger lediglich mit der Weiterleitung, ggf. auch Verauslagung, von Geldern beauftragt ist. In derartigen Fällen braucht der gebietsansässige Beauftragte keine statistischen Angaben zu machen (auch die eingehende Zahlung ist nicht meldepflichtig).
   e) Zahlungen natürlicher Personen für den Bezug von Waren zum persönlichen Gebrauch und für die Inanspruchnahme von Dienstleistungen zu persönlichen Zwecken.

B. Erläuterungen zu den einzelnen Positionen des Vordrucks Z 1

I. Wareneinfuhr

Der Vordruck „Zahlungsauftrag im Außenwirtschaftsverkehr" ist auch bei Aufträgen zur Erstellung von **Akkreditiven** und zur **Einlösung von Dokumenten,** hingegen nicht bei Wechselbegebungen zu verwenden.
Erteilen Sie Aufträge zur Erstellung von Akkreditiven auf Spezialvordrucken der Geldinstitute oder mit besonderem Schreiben, so fügen Sie bitte auf Vordruck Z 1 den sonstigen Angaben in dem vorgesehenen Raum den letzten Tag der Gültigkeitsdauer des zu erstellenden Akkreditivs hinzu. Für die Behandlung revolvierender Akkreditive gilt folgendes:
Ist ein in Höhe des revolvierenden Betrages eröffnetes Akkreditiv im Laufe seiner Gültigkeitsdauer voll in Anspruch genommen worden, so ist die Auffüllung des Akkreditivs wie die Eröffnung eines neuen Akkreditivs zu behandeln.
Werden revolvierende Akkreditive im Laufe ihrer Gültigkeitsdauer dagegen nicht voll in Anspruch genommen, später aber mit einer neuen Gültigkeitsdauer wieder in Kraft gesetzt und aufgefüllt, so tragen Sie bitte den nunmehr geltenden Akkreditivbetrag unter Angabe der neuen Gültigkeitsdauer des Akkreditivs ein und setzen den Vermerk hinzu:

> „Akkreditiv gemäß Zahlungsauftrag vom . . .
> in Höhe von DM . . . nicht ausgenutzt."

Sofern Akkreditive, wie z. B. sog. Standby-Akkreditive, nur sicherungshalber erstellt werden und es ungewiß ist, ob überhaupt eine Zahlung während der Gültigkeitsdauer erfolgen wird, so hat der Meldepflichtige zur Unterscheidung von den übrigen Dokumentenakkreditiven dies in der Meldung in Feld q) anzugeben. Ferner ist das zugrunde liegende Rechtsgeschäft zu benennen. Das beauftragte Geldinstitut ist gebeten, diese Meldungen zunächst aufzubewahren und nur dann mit dem Vermerk „Inanspruchnahme am . . . (Datum)" an die zuständige Landeszentralbank weiterzuleiten, wenn aus dem Akkreditiv tatsächlich eine Zahlung erfolgt ist.
Bei Zahlungen für Wareneinfuhren für den Bedarf von Schiffen und Luftfahrzeugen sowie von diplomatischen oder konsularischen Vertretungen setzen Sie bitte unter Kennzahl lt. Leistungsverzeichnis (Ziff. III, m) „996" ein.

a) **Einkaufsland (I, a)**
   Einkaufsland ist das Land, in dem der Gebietsfremde ansässig ist, von dem der Gebietsansässige die Ware erwirbt (siehe auch Erläuterungen auf der Rückseite der EE).
b) **Betrag in D-Mark (I, b)**
   Bitte setzen Sie hier den **gezahlten** Betrag in D-Mark ein.

II. Transithandel

Käuferland (II, k) ist das Land, in dem der Gebietsfremde ansässig ist, der von dem Gebietsansässigen die Ware erwirbt.
Zusätzlich zu den Hinweisen in den Anmerkungen 1) und 2) auf dem Vordruck Z 1 AWV ist zu beachten:
Sind an einem Transithandelsgeschäft verschiedene Gebietsansässige beteiligt (sog. gebrochenes Transithandelsgeschäft), so sind die Verkaufserlöse mit Vordruck Z 4 von demjenigen Gebietsansässigen zu melden, der die Ware an einen Gebietsfremden weiterveräußert.

III. Dienstleistungs- und Kapitalverkehr, sonstige Ausgaben

Hierunter fallen neben den meldepflichtigen Zahlungen im Dienstleistungsverkehr (einschl. unentgeltliche Leistungen) und im Kapitalverkehr auch sonstige Zahlungen, die nicht Wareneinfuhr oder Transithandel betreffen.

Kennzahl (III, m)

Die Kennzahl ist dem Leistungsverzeichnis (Anlage LV zur AWV, abgedruckt auf den Rückseiten des Vordruckes Z 1) zu entnehmen. Dieses Verzeichnis ist eine systematische Übersicht über die wichtigsten Transaktionen im Außenwirtschaftsverkehr. Die Kennzahlen sind die Voraussetzung für eine volkswirtschaftlich sinnvolle Gruppierung der vielgestaltigen Transaktionen bei der statistischen Aufbereitung.
Sollte Ihnen in Einzelfällen nicht klar sein, welche der in dem Leistungsverzeichnis aufgeführten Kennzahlen in Frage kommt, setzen Sie bitte eine der Sammelkennzahlen ein:

- Kennzahl 900 für Dienstleistungen und unentgeltliche Leistungen
- Kennzahl 139 für Vermögensanlagen Gebietsansässiger in fremden Wirtschaftsgebieten
- Kennzahl 179 für Vermögensanlagen Gebietsfremder im Wirtschaftsgebiet.

Erläutern Sie bitte in derartigen Fällen das Grundgeschäft unter „Zahlungszweck" besonders ausführlich, damit es später bei der Zusammenstellung der Zahlen in der Deutschen Bundesbank volkswirtschaftlich sinnvoll zugeordnet werden kann und Rückfragen vermieden werden.

Gläubigerland (III, n)

Dem Einkaufsland bei der Wareneinfuhr entspricht im Dienstleistungs- und Kapitalverkehr das Land, in dem der Gläubiger aus dem betreffenden Rechtsgeschäft ansässig ist und das stets anzugeben ist. **In der Regel dürfte es identisch sein mit dem Land des Zahlungsempfängers.** Nicht identisch sind Land des Gläubigers und das Land des Zahlungsempfängers z. B. in den Fällen, in denen im Auftrage des Gläubigers an einen Gebietsfremden in einem dritten Land gezahlt wird.
Soweit ein Schuldverhältnis nicht besteht, wie z. B. bei unentgeltlichen Zuwendungen, ist das Land des Begünstigten anzugeben. Bei Gewährung eines Darlehens an einen Gebietsfremden ist das **Land** des **Darlehensnehmers,** bei der Rückzahlung eines bei einem Gebietsfremden aufgenommenen Darlehens das **Land** des **Darlehensgebers** einzusetzen.

Anlageland (III, o)

Hier ist anzugeben:

- bei Grundstücken in fremden Wirtschaftsgebieten:
  das Land, in dem sich das Grundstück befindet;
- bei ausländischen Wertpapieren:
  das Land des Wertpapierausstellers
  (bei ausländischen Schuldscheinen: das Land des Schuldners);
- bei der Gewährung von Darlehen an Gebietsfremde:
  das Land des Darlehensnehmers;
- beim Erwerb von Forderungen von Gebietsfremden:
  das Land des Schuldners der Forderungen;
- bei sonstigen Vermögensanlagen in fremden Wirtschaftsgebieten:
  das Land, in dem sich das Unternehmen, die Zweigniederlassung oder Betriebsstätte befindet.

Das Anlageland gemäß den vorstehenden Ausführungen ist auch dann anzugeben, wenn es mit dem Land des Gläubigers gem. III, n übereinstimmt.

Zahlungszweck (III, q)

Eine möglichst präzise und unmißverständliche Angabe des Grundgeschäfts ist für die Statistik von ganz besonderer Bedeutung. Sie muß zum **mindesten** so ausführlich sein wie die Positionsbezeichnung im Leistungsverzeichnis.
Ausreichend sind Angaben wie:

> „Seefracht von . . . nach . . .", „Prämie für Lebensversicherung", „Schadensregulierung aus Transportversicherung für die deutsche Ein- und Ausfuhr", „Zuschuß für Zweigniederlassung . . .", „Erwerb von Grundbesitz in . . .", „Rückzahlung eines in . . . aufgenommenen langfristigen Darlehens", „Gewährung eines langfristigen Darlehens an ein Unternehmen in . . .", „Erwerb einer Beteiligung an einem Unternehmen in . . .".

Beim Erwerb von Wertpapieren ist folgendes anzugeben:
a) bei ausländischen Wertpapieren: die genaue Wertpapierbezeichnung,
b) bei inländischen, auf ausländische Währung lautenden Wertpapieren: die genaue Wertpapierbezeichnung sowie die Emission/Tranche,
c) bei inländischen Wertpapieren (soweit sie nicht unter b fallen): die Wertpapierart lt. Leistungsverzeichnis sowie der Zusatz „inländische" (z. B. „inländische Dividendenpapiere").

C. Abgabe der Meldung

Der Vordruck „Zahlungsauftrag im Außenwirtschaftsverkehr" ist mit der Erteilung des Zahlungsauftrages beim beauftragten gebietsansässigen Geldinstitut oder der beauftragten Postanstalt im Wirtschaftsgebiet einzureichen. Die für die Deutsche Bundesbank bestimmte Ausfertigung des Vordrucks ist vom Geldinstitut oder der Postanstalt an die örtlich zuständige Landeszentralbank, Hauptstelle oder Zweigstelle, weiterzuleiten. Der Auftraggeber der Zahlung kann die für die Deutsche Bundesbank bestimmte Ausfertigung beim beauftragten Geldinstitut oder der beauftragten Postanstalt auch in verschlossenem Umschlag, auf dem sein Name und seine Anschrift als Absender angegeben sind, abgeben; in diesem Fall brauchen in der für das Geldinstitut oder die Postanstalt bestimmten Ausfertigung die statistischen Angaben, und in der für die Deutsche Bundesbank bestimmten Ausfertigung die zahlungsverkehrstechnischen Angaben nicht ausgefüllt werden.

---
[1]) MBBk 8001/87

13. Devisenvorschriften und -beschränkungen

Grundsätzlich ist der Kapital- und Devisenverkehr über Deutschlands Grenzen hinweg ins Ausland und ebenso der Rücktransfer von Kapital nach Deutschland frei. Jede Währung kann problemlos ein- und ausgeführt werden. Es gibt nur die im vorherigen Abschnitt besprochene Meldepflicht, die aber nicht im geringsten den Kapitalverkehr einschränkt oder gar behindert.

Aber in vielen Ländern Europas und der übrigen Welt existieren mehr oder weniger einschränkende Devisenbestimmungen, der freie Kapitalverkehr Deutschland ist die Ausnahme und nicht die Regel. Man findet einschränkende Devisenvorschriften z.B. in Italien, Spanien, Frankreich und Österreich. Besonders restriktiv sind die Vorschriften im Ostblock und in anderen wirtschaftlich schwachen Ländern mit einer ebenfalls schwachen Währung. Immerhin ist es erfreulich, daß im Rahmen der EG noch Anfang der neunziger Jahre die vollständige Liberalisierung des Kapitalverkehrs erfolgen soll.

13.1. Beschränkungen des freien Kapitalverkehrs

Es gibt verschiedene Möglichkeiten der Beschränkung des freien Kapitalverkehrs. *Gebietsansässige*, d.h. Personen, die ihren Wohnsitz oder ihren gewöhnlichen Aufenthalt im jeweiligen Land haben, dürfen keine Bankkonten im Ausland haben, dürfen keine ausländischen Wertpapiere im Ausland kaufen, für Reisen ins Ausland ist nur der Kauf einer beschränkten Summe von Devisen möglich. Der Zahlungsverkehr mit dem Ausland ist bewilligungspflichtig, Banken dürfen nicht unbeschränkt Devisen verkaufen, einheimische Unternehmen müssen Devisenerlöse aus dem Export in das Heimatland zurücktransferieren.

Nichtansässige Personen, d.h. Personen ohne Wohnsitz bzw. ohne gewöhnlichen Aufenthalt können folgende Einschränkungen und Vorschriften unterliegen: Devisen dürfen nur ausgeführt werden, wenn sie bei der Einreise deklariert worden sind, die Einfuhr und die Ausfuhr der Landeswährung ist insgesamt verboten, oder aber die Einfuhr ist frei, wenn auch deklarationspflichtig.

Da restriktive Devisenvorschriften eher die Regel sind, muß sich jeder Anleger bei einer Investition im Ausland vorab darüber informieren, ob und gegebenenfalls welche Beschränkungen bestehen. Dabei sollte man sich nicht auf Informationen des Vertragspartners verlassen, der weniger an die Einhaltung der Devisenvorschriften als an seinen persönlichen Profit denkt.

Insbesondere muß darauf geachtet werden, ob der Rücktransfer der investierten Gelder wieder möglich ist, wobei es natürlich keine Sicherheit dafür gibt, daß die aktuellen Devisenbestimmungen auch noch in ein paar Jahren gelten. Die Einführung oder Änderung von Devisenbeschränkungen wird nicht lange im voraus angekündigt, sondern erfolgt meist ohne Vorwarnung von heute auf morgen. Oftmals ändern sich einzelne Bestimmungen mehrmals im Laufe des Jahres, in dem z.B. Höchstbeträge heraufgesetzt oder reduziert werden, die ohne besondere Genehmigung ein- und ausgeführt werden dürfen.

Kleinere Devisenvergehen werden mit Bußgeldern geahndet, bei schwereren Devisendelikten drohen hohe Strafen und die Beschlagnahme der geschmuggelten Gelder.

13.2. Devisenvorschriften beim Immobilienkauf und -weiterverkauf

Das typische Geschäft, bei dem der Anleger mit restriktiven Devisenvorschriften konfrontiert wird, ist der Immobilienkauf im Ausland. Der Käufer einer Immobilie z.B. in Spanien muß beim Kauf von einem Spanier oder einer spanischen Gesellschaft den Kaufpreis offiziell einführen und dies mittels einer Devisenbescheinigung nachweisen.

Gewinne aus Investitionen oder aus dem Weiterverkauf oder der Vermietung von Immobilien dürfen nur mit Genehmigung und unter der Voraussetzung transferiert werden, daß der Erwerb über einen offiziellen Transfer und mit Genehmigung erfolgt ist.

13.3. Rücktransfer

Manche Anleger lassen sich im ersten Augenblick dadurch blenden, daß die DM problemlos in andere Länder eingeführt werden darf. Weichwährungs-Länder freuen sich auf die harte DM, spätestens aber beim Transfer von Gewinnen oder dem Rücktransfer der investierten Summe kann es Probleme geben. Umständliche Anträge auf Ausfuhr der Gelder müssen gestellt und im Zusammenhang damit die offizielle Einfuhr der Devisen nachgewiesen werden. Wer dann erst bei der Antragstellung auf Rücktransfer merkt, daß er eine Devisenbescheinigung über die Einfuhr vorlegen muß und diese damals nicht besorgt hat, hat schon verloren. Er hat dann nur noch die Möglichkeit, dieses Geld z.B. im Koffer über die Grenze zu schmuggeln.

Eine andere Möglichkeit besteht darin, jemand für ein Tauschgeschäft zu finden. Der Tauschpartner stellt den Geldbetrag in Deutschland in Devisen zur Verfügung und übernimmt dafür die nicht transferierbaren Beträge in der jeweiligen einheimischen Währung zu einem Wechselkurs, der für ihn günstiger ist als der normale Kurs. Aber auch dies ist nicht legal und ein Tauschpartner muß erst noch gefunden werden. Als einziger Ausweg bleibt dann nur noch die Möglichkeit, das Geld am dortigen Kapitalmarkt irgendwie unterzubringen und zu hoffen, daß die Währung nicht allzu sehr im Verhältnis zur DM an Wert verliert.

14. Beurkundungen im In- und Ausland

Gerade notarielle Urkunden werden im Ausland oftmals beim Immobilienkauf, beim Weiterverkauf, bei Schenkungen und Erbschaften, bei Vollmachten, Erbscheinen und Sterbeurkunden benötigt.

Es stellt sich dann immer wieder die Frage, ob und unter welchen Voraussetzungen deutsche Urkunden im Ausland anerkannt werden. Urkunden in deutscher Sprache werden nicht ohne weiteres anerkannt.

Damit deutsche Urkunden im Ausland anerkannt werden, müssen sie mit der sogenannten Apostille (siehe Seite 17) versehen sein. Maßgeblich dafür ist die Konvention von Den Haag aus dem Jahre 1961, der alle für die Kapitalanlage und Immobilien wichtigen Länder beigetreten sind.

Vor der Verabschiedung dieser Konvention wurden die deutschen Urkunden im Ausland in aller Regel nicht anerkannt, die Urkunden mußten von Personen erstellt werden, die nach dem Recht des jeweiligen Landes Notarstatus hatten (z.B. die ausländischen Konsulate).

Die Konvention beinhaltet, daß eine öffentliche Urkunde im Ausland anerkannt wird, wenn auf dieser ein Vermerk angebracht ist, daß die beurkundende Person nach dem jeweiligen inländischen Recht dazu berechtigt ist. Zuständig für die Anbringung der Apostille ist in Deutschland für Notarurkunden der Präsident des Landgerichts des jeweiligen Bezirks und für die von der Verwaltung ausgestellten Urkunden (z.B. Führungszeugnis) die sogenannten Mittelbehörden.

Damit eine in deutscher Sprache abgefaßte Urkunde im Ausland auch verwendet werden kann, muß sie übersetzt werden. Diese Übersetzung muß durch einen vereidigten Übersetzer erfolgen und nochmals überbeglaubigt werden, wodurch zusätzliche Kosten entstehen. Diese Übersetzung und die notwendige Überbeglaubigung entfällt, wenn schon die Beurkundung in ausländischer Sprache erfolgt.

Falls die Beurkundungen unter Beachtung ausländischer Rechtsordnungen und -gepflogenheiten vorgenommen werden müssen, empfiehlt es sich, derartige Beurkundungen bei den jeweils zuständigen ausländischen Konsulaten in Deutschland oder bei den Notaren vor Ort vornehmen zu lassen, da es für diese – im Gegensatz zu deutschen Notaren – Routinearbeit darstellt. Außerdem sollte vor jeder Beurkundung überprüft werden, was genau beurkundet werden muß und ob zusätzliche Formalitäten zu beachten sind.

Notarielle Kaufverträge über spanische Immobilien können zum Beispiel von einem deutschen Notar zwar beurkundet werden, müssen aber nochmals nachträglich ein zweites Mal von einem spanischen Notar oder einem spanischen Konsul beurkundet werden, damit diese Verträge ins spanische Eigentumsregister eingetragen werden können. Deshalb ist es zweifelsohne sinnvoller, den notariellen Vertrag sofort bei einem spanischen Konsulat oder bei einem spanischen Notar beurkunden zu lassen, also ohne die Zwischenschaltung eines deutschen Notars.

Bei Beurkundungen im Ausland wird oftmals erwartet, daß der eingeschaltete Notar ähnliche Pflichten hat wie der deutsche Notar, also zum Beispiel Neutralität des Beurkundenden, Belehrungspflicht und Haftung. Dies trifft aber nicht immer zu. Wer im Ausland einen Notar einschaltet, darf nur damit rechnen, daß dieser beurkunden darf, aber nicht damit, daß er z.B. vor der Beurkundung eines notariellen Kaufvertrages über eine Immobilie im Grundbuch Einsicht nimmt (von Land zu Land unterschiedlich). Der

Apostille

(Convention de La Haye du 5 octobre 1961)

1. Land: Bundesrepublik Deutschland
   Diese öffentliche Urkunde
2. ist unterschrieben von ....
   ....
3. in seiner Eigenschaft als ....
   ....
4. sie ist versehen mit dem Siegel/Stempel
   des (der) ....
   ....

Bestätigt

5. in .... 6. am ....
7. durch ....
8. unter Nr. ....
9. Siegel/Stempel 10. Unterschrift

....

Betroffene muß sich in einem solchen Fall selbst um alles kümmern bzw. eine fachkundige Person einschalten, die die notwendigen Überprüfungen vornimmt und bei der ganzen Abwicklung die ausländischen Besonderheiten kennt.

Als erste Anlaufstelle für Beurkundungsfragen können die ausländischen Konsulate angesehen werden. Allerdings sind die Konsulate personell sehr unterschiedlich besetzt, was sich dann auch auf die Qualität der Auskunft auswirkt.

15. Steuergünstige Anlagen im Ausland für jedermann?

Motiv für die Geldanlage im Ausland ist oftmals der Glaube daran, daß über Auslandsanlagen Steuern vermieden bzw. gespart werden können. Diese Einstellung wird unter anderem auch durch die Werbung verstärkt oder sogar verursacht, indem z.B. in Inseraten darauf hingewiesen wird, daß Erträge aus dänischen Anleihen oder Sparbüchern quellensteuerfrei sind.

Dies bedeutet aber nur, daß im jeweiligen Ausland, in unserem Beispiel Dänemark, auf die Erträge keine Quellensteuer anfällt. Dagegen müssen aber diese Erträge von einem in Deutschland ansässigen und unbeschränkt steuerpflichtigen Anleger in Deutschland versteuert werden. Wer diese Kapitalerträge nicht versteuert, begeht rechtlich gesehen eine Steuerhinterziehung.

Dies sollte auch den meisten Anlegern bewußt sein, die die im Ausland erzielten Kapitalerträge beim heimischen Fiskus nicht versteuern. Sie gehen aber zurecht von der Annahme aus, daß bei der Anlage der Gelder in ganz bestimmten Ländern die deutschen Steuerbehörden nichts von den Kapitalerträgen erfahren. Aus diesem Grunde kann auch im Ausland „Schwarzgeld“ angesammelt und angelegt werden.

Das Geld wird so angelegt, daß im jeweiligen Ausland keine Quellensteuer anfällt, so daß bei Nichtmeldung dieser Kapitalerträge an den heimischen Fiskus kein Pfennig an Steuern anfällt. Der Anleger vertraut auf das Bankgeheimnis und auf den fehlenden Informationsaustausch zwischen den jeweiligen nationalen Behörden.

Falls aber ein privater Anleger nach legalen Steuerersparmöglichkeiten im Ausland Ausschau hält, wird er sich wundern.

Als praktisch einzige Möglichkeit kommen Immobilien unter Ausnutzung von bestehenden Doppelbesteuerungsabkommen (DBA) in Betracht. Doch zuerst muß eine rentable Immobilie gefunden werden, bevor an Steuervorteile gedacht werden darf. Bauherren-Modelle im Ausland bzw. die Geltendmachung von Verlusten aus Auslandsimmobilien sind seit der Einführung des § 2a Einkommensteuergesetz nicht mehr möglich (siehe auch Abschnitt Steuern).

Unter steuerlichen Aspekten kommt der Immobilienmarkt in den USA in Frage. Der Vorteil besteht darin, daß laut DBA Deutschland-USA Einkünfte aus den in den USA belegenen Immobilien nur in den USA zu versteuern sind, in Deutschland werden die amerikanischen Einkünfte nur über den Progressionsvorbehalt zur Ermittlung des inländischen Steuersatzes dem in Deutschland steuerpflichtigen Einkommen hinzugerechnet.

Durch die Versteuerung der Erträge in den USA gelten die dortigen vorteilhaften Steuersätze. Da im allgemeinen die Immobilienerträge die einzigen Einkünfte in den USA sind, fallen entsprechend niedrigere Steuern an. Der Anleger kann also bei den Erträgen aus den USA-Immobilien der hohen Progressionszone in Deutschland entfliehen und muß nur die Steuern für die untere Tarifzone in den USA bezahlen. Im übrigen sind die Steuersätze in den USA sowieso sehr viel niedriger als in Deutschland. Nach der Steuerreform beträgt der Höchststeuersatz in den USA 28%.

Eine ähnliche Regelung enthalten auch die anderen von Deutschland abgeschlossenen Doppelbesteuerungsabkommen. Es sei aber nochmals darauf hingewiesen, daß das Hauptaugenmerk bei der Kapitalanlage allgemein und beim Kauf von Immobilien insbesondere zu allererst auf die *Rentabilität* und den *Wertzuwachs* der Immobilie ohne die Einbeziehung der steuerlichen Vorteile gelegt werden sollte.

Im Frühjahr 1990 waren die Immobilienmärkte in den USA in einer schlechten Verfassung, so daß trotz der steuerlich günstigen Situation ein Engagement nicht zu empfehlen war.

Steuerlich gesehen können *Zero-Bonds* sehr attraktiv sein, da Zinseinnahmen erst bei einem Weiterverkauf oder – falls kein Weiterverkauf – erst am Ende der Laufzeit versteuert werden müssen. Den Zeitpunkt der Versteuerung kann also der Anleger selbst bestimmen, indem er Zero-Bonds mit der gewünschten Laufzeit kauft. Es besteht z.B. die Möglichkeit, während des Erwerbslebens Zero-Bonds zu kaufen, deren Laufzeit bis in den Ruhestand andauert, so daß die Zinsen erst zu diesem Zeitpunkt versteuert werden müssen. Die Steuer dürfte dann auf diese Zinseinnahmen regelmäßig niedriger ausfallen, da die übrigen Einkünfte nicht mehr so hoch sind wie während des Berufslebens.

Lebt der Anleger zum Zeitpunkt der Fälligkeit der Zinsen und der Rückzahlung im steuergünstigen Ausland oder in einer Steueroase, so kann er die Besteuerung ganz vermeiden. Aufgrund der Wohnsitzverlagerung ist er ja in Deutschland nicht mehr steuerpflichtig, und in der Steueroase kann er steuerfrei kassieren. Allerdings haben Zero-Bonds gewisse Nachteile, die im Abschnitt Wertpapiere und Anleihen beschrieben sind.

16. Euro-Markt

Der Euro-Markt ist heute Sammelbegriff für den internationalen Geld- und Kapitalmarkt mit starker Fluktuation, bei dem zwar immer noch der US-Dollar dominiert, aber auch die wichtigsten Währungen europäischer Länder beteiligt sind. Die Zentren des Euro-Marktes sind London für Euro-Dollar und Luxemburg für Euro-DM. Zum Euro-Markt zählen aber auch die Bahamas, Cayman-Inseln, Hongkong usw. Der Euro-Markt unterliegt keiner Aufsicht und ist deshalb mit Vorsicht zu genießen. Auch Währungsbehörden haben keinen oder nur sehr geringen Einfluß auf diesen Markt.

Der *Euro-Kapitalmarkt* ist Bestandteil des Euro-Marktes und dient zur Plazierung von quellensteuerfreien Anleihen durch internationale Konsortien, die damit ihren Kreditbedarf finanzieren. Die Anleihen werden also nicht am heimischen Kapitalmarkt, sondern z.B. über Luxemburg oder London emittiert. Der Anleihemarkt umfaßt mehrere Tausend Milliarden Dollar(!).

Zwischenzeitlich läuft das Geschäft nicht mehr ganz so gut, da einige Euro-Anleihen notleidend geworden sind, d.h. daß keine Zinszahlungen mehr geleistet werden.

Kredite vom Euro-Markt gibt es im allgemeinen nur ab einer bestimmten Höhe des Kreditbetrages und für Schuldner mit einer einwandfreien Bonität. Da Kredite über den *Euro-Kreditmarkt* durchaus billiger kommen können als bei der Kreditaufnahme bei der heimischen Hausbank, lohnt es sich also, die Konditionen nachzufragen, allerdings nur ab sechsstelligen Beträgen.

II. Grenzüberschreitende Wirtschaftskriminalität

1. Was so alles passiert!

Die Schäden durch betrügerische Machenschaften auf dem Anlagemarkt gehen in die Milliarden. Hier können nur ein paar typische Fälle von Betrügereien angesprochen werden, über die in den letzten Jahren auch in verschiedenen Zeitungen und Zeitschriften zu lesen war. Wer an weiteren Betrugsgeschichten aus diesem Bereich interessiert ist, braucht nur seine Tageszeitung oder Illustrierte aufmerksam durchzulesen, er wird auch in den kommenden Jahren genügend Lesestoff finden.

Ein typisches Beispiel stellen die Betrügereien der MSF-Finanz AG (Max Schläpfer Finanz AG) dar. Diese Firma hatte ihren Geschäftssitz in Basel. Geschäftsführer war Hans Joachim Eisele, als Steuerflüchtling aus Deutschland in die Schweiz gekommen. Mit im Geschäft war auch Udo Wagner, der eine Betrugsaffäre in Deutschland hinter sich hatte. Den deutschen Anlegern wurde Vermögensverwaltung angeboten, insbesondere ein Schweizer Treuhandkonto mit mindestens 10% Rendite, Immobiliensparpläne mit Mietzinsgarantien.

Die Anleger wurden also von den Vertriebsleuten mit den üblichen Versprechungen Mietzinsgarantie, hoher Wertzuwachs, Sicherheit, Steuervorteile und Garantie-Rendite geködert. Die deutschen Anleger waren dankbare Opfer, die bereitwillig ihr Geld zur Verfügung stellten. Bei den Immobilien-Objekten wurde einmal dadurch verdient, daß die Objekte überteuert an die Anleger weiter verkauft wurden, außerdem wurden überhöhte Gebühren und Nebenkosten in Rechnung gestellt. So stellte es sich dann auch heraus, daß die versprochenen Mietzinsgarantien nicht eingehalten werden konnten.

1986 ging die Firma MSF Finanz AG an die Basler Vorbörse. Damit dies überhaupt möglich war, wurde die Bilanz frisiert und fiktive Erträge verbucht. Der Gang an die Börse beschleunigte aber nur den Konkurs. Informationen gelangten an die Öffentlichkeit, die das Schlimmste befürchten ließen. Am 27.8.1987 war es soweit, der Konkurs wurde angemeldet.

Im September 1989 wurde der ehemalige Geschäftsführer Hans Joachim Eisele zu einer Freiheitsstrafe von vier Jahren und sechs Monaten verurteilt, der ehemalige Prokurist Udo Wagner wurde zu einer Freiheitsstrafe von einem Jahr und sechs Monaten auf Bewährung sowie zu DM 10.000,– Geldbuße verurteilt.

Diese Verurteilungen mögen eine gewisse Genugtuung für die Geschädigten darstellen. Doch wer steht für den geschätzten Gesamtschaden in Höhe von rund 130 Millionen DM ein?

Mehrere Millionen Verlust erlitt auch die Schweizer Kreditanstalt in Basel, die für die Einführung der Aktiengesellschaft an der Basler Vorbörse sorgte. Daß außerdem auch noch andere Schweizer Banken Verluste hatten, ist aber für die betroffenen Anleger nur ein schwacher Trost.

In der Ausgabe April 1990 der Zeitschrift Capital wird über die Firma Inter-Continental Brokerage GmbH (ICB) folgendes berichtet:

> „Geschäftszweck der Düsseldorfer Dealer: „Unmögliches möglich zu machen" ... Noch im Januar preisen sie den Kauf an „WA II B.P." an. Mit diesem „Beteiligungspool" sei in lediglich 120 Tagen eine „Rendite von 8,95 Prozent effektiv" zu erzielen ... Insgesamt konnten die beredten Düsseldorfer Telefonverkäufer nach veröffentlichten Schätzungen ihrer Klientel bis zu 500 Millionen Mark abluchsen, und zwar über die Firma *Inter-Continental Beratungs- und Vermittlungs GmbH,* die die ICB-Kunden betreute ... Mit dem Geld verschwand Lutz Pilling, seit Anfang 1990 Geschäftsführer der ICB. Er setzte sich, nachdem im Februar der Staatsanwalt die ICB-Büroräume besuchte, ins Ausland ab."

In der Neue Zürcher Zeitung vom 25.5.1989 ist unter der Überschrift „Schweizer Großbetrüger in Kanada" folgendes zu lesen:

> „Bei der Affäre Plumey handelt es sich um eine der größten Betrugsaffären dieses Jahrzehnts in der Schweiz. Als Inhaber der Basler Finanzgesellschaft Andre Plumey S.A. soll er während Jahren Kleininvestoren mit hohen Renditeversprechen angelockt haben. In Verträgen mit den Kunden gab die Firma an, die Gelder über liechtensteinische Finanzanstalten in Öl- und Goldminengeschäfte im amerikanischen Staat Colorado zu investieren. Nach den Erkenntnissen der Basler Staatsanwaltschaft floß ein Großteil dieser Gelder gar nicht in diese Projekte, sondern diente zur Ausschüttung der den Kunden zugesicherten Renditen von bis zu 24 Prozent im Jahr beziehungsweise zur Rückzahlung von gekündigten Einlagen. Plumey, der auf diese Weise auch viele Schwarzgelder aus dem Raum Jura und Basel sowie aus dem benachbarten Frankreich angelockt haben soll, entzog sich Anfang 1986 durch Flucht dem Einsturz seines Imperiums ... Die Ermittlungen der Konkursverwaltungen in Basel und Vaduz ergaben unterdessen, daß Plumey einen Schuldenberg von über 300 Millionen Franken hinterlassen hatte."

Das Handelsblatt meldet in seiner Ausgabe vom 24.4.1989 unter der Überschrift „US-Investoren verlieren pro Jahr gut 10 Mrd. Dollar":

> „In der bisher größten Ermittlungsaktion haben amerikanische Strafverfolgungsbehörden einen betrügerischen Telefonverkäuferring in Kalifornien zerschlagen. Die Organisation soll 10000 Anleger um mindestens 50 Mill. Dollar geschädigt haben ... Die Telefonverkaufsfirmen hatten sich, wie einige ihrer Vorgänger in der Vergangenheit auch schon, auf Öl-Partnerschaften und den Verkauf von Goldminenanteilen oder ungeschürftem Gold spezialisiert ... Jährlich summieren sich die von dubiosen Telefonverkäufern ergaunerten Beträge auf annäherend 10 Mrd. Dollar."

Hingewiesen sei noch auf die im Frühjahr 1988 zusammengebrochene Frankfurter Effekten- und Edelmetallberatungsgesellschaft (EFB). Chef dieser Firma ist Heinz H.

Hensley, alias Heinz Knöpfel. Er wurde zwar festgenommen, war allerdings gegen eine Kaution von DM 100.000,– in kurzer Zeit wieder in Freiheit. Anschließend soll er wiederum blendende Geschäfte mit den Firmen Orion, Taurus und Wega gemacht haben.

Nicht vergessen werden darf auch die Betrugsaffäre mit außerbörslich gehandelten Aktien, in der rund 20 Firmen mit dem mutmaßlichen Chef Thomas Quinn 1000 gutgläubige Anleger um ca. 250 Millionen Dollar geschädigt haben. Die Namen dieser Firmen lauteten unter anderem Kettler Investment, Falcontrust Financial, oder Stockwell Financial mit der Zentrale in der Schweiz und vielen Filialen im Ausland.

Der Spiegel schreibt in seiner Ausgabe Nr. 49/1988 dazu:

> „Die Aktien, die Quinns Helfer so erfolgreich absetzten, hatten prachtvolle Namen: „Pilgrim Venture“, „Chatsworth Enterprises“, „Transworld Network“, „Vanguard Financial“, „Hillside Gold&Minerals“, „Columbia Electronic Systems“ oder „Max Talent Agency“.

Nur wenige Papier wurden tatsächlich auf dem OTC-Markt gehandelt. Die meisten waren kunstvoll aufgebaute Luftgebäude. In der deftigen Sprache der Telephon-Verkäufer heißen solche Werte „Seuchenpapiere“.

2. Das Motiv

Wirtschaftskriminelle und deren Opfer haben vielfach die gleiche Motivation: Die „schnelle Mark“ zu machen, und zwar unversteuert. Das mag zwar sehr provozierend klingen, trifft aber sicherlich zu. Der einzige Unterschied zwischen Betrügern und Betrogenen besteht in der Intensität des Gewinnstrebens und der Bedenkenlosigkeit in der Wahl der Mittel.

Beispiel: Der Anleger möchte Geld im Ausland „diskret“ und mit „hoher Rendite“ anlegen, ohne Zinsen im Inland zu versteuern. Der Täter bietet als treuhänderischer Vermögensverwalter 25% Garantie-Rendite an, beabsichtigt aber überhaupt keine Anlage des Treuhandgeldes, sondern will dieses in die eigene Tasche umleiten.

3. Psychologische Aspekte

Kapitalanlage-Betrüger bedienen sich zweier pyschologischer Komponenten: der Angst vor politischen und wirtschaftlichen Krisen, Inflation und Verarmung einerseits und des Triebs zur Spekulation (Geldzuwachs ohne Arbeit) andererseits. Vor diesem Hintergrund wird von den Betrügern die scheinbare Lösung dieser Probleme angeboten.

Hohe Garantie-Rendite, Wertsteigerung, Wertzuwachs, Absicherung vor Inflation, krisensichere Anlage, Diskretion, Steuervorteile, damit wird der Anleger zur Kapitalanlage überredet.

Hat man sich einmal entschlossen, einer bestimmten Anlageofferte näherzutreten, so hat dies paradoxerweise nicht zur Folge, daß nunmehr ein kritischer Kontroll- und Prüfungsmechanismus eingreift, sondern gerade das Gegenteil: Der Gedanke an die kritische Überprüfung des Angebotes wird verdrängt auf Grund der schon vorab getroffenen Entscheidung, in diese „Kapitalanlage" zu investieren.

4. Gefahr erkannt, Gefahr gebannt!

Kriminelle Anbieter sind nicht sofort zu erkennen. Allerdings gibt es gewisse Kriterien, die fast immer wieder bei betrügerischen Kapitalanlagevermittlern vorliegen (siehe Seite 9, Warnsignale).

Vorab muß sich der Anleger die Mühe machen, die rechtliche und wirtschaftliche Situation des Objektes oder der sonstigen Vermögensanlage vor Ort zu überprüfen, sei es persönlich, sei es durch einen geeigneten Beauftragten.

Dies kostet Zeit und Geld, dem Anleger fällt es meist leichter, den Versprechungen der Betrüger zu vertrauen als deren Angebot kritisch zu überprüfen.

Falls die Gelder bereits investiert sind, wollen sich die Anleger meist nicht zugestehen, daß sie ihr Geld verloren haben, vielmehr haben sie immer noch die Illusion, daß das Geschäft noch zu retten sei und daß es sich nur um vorübergehende Schwierigkeiten handle. Diese Einstellung ist der richtige Nährboden für Nachschußforderungen der Betrüger. Dieser Wunsch wird dann in der trügerischen Hoffnung erfüllt, sein Geld noch retten zu können. Die Folge ist der Verlust des zusätzlich investierten Geldes.

5. Aktien-Schwindel mit sogenannten „Hoffnungswerten"

Auf diesem Markt haben sich besonders kanadische Explorations-Aktien und amerikanische OTC-Aktien hervorgetan (siehe auch Abschnitt „Ausländische Aktien"). Der Betrug am Anleger vollzieht sich in mehreren Phasen:

1. Die Aktien werden geschickt zwischen Standardwerten im eigenen Börsenbrief eingebaut, meist von Gesellschaften per Telefon angeboten, die ihren Sitz im Ausland haben. Es handelt sich fast immer um neue Emissionen oder andere spekulative Werte, die nur außerbörslich gehandelt werden. Dem potentiellen Anleger wird die Aktie unter angeblich objektiven Gesichtspunkten zum Kauf empfohlen. Selbstverständlich werden hohe Gewinn- und Kurschancen versprochen, so daß dann mancher Anleger überzeugt sein dürfte, diese Aktien unbedingt kaufen zu müssen. Unentschlossene Anleger können mit einem kleinen Betrag einsteigen, um sich von den hohen Gewinnchancen überzeugen zu können.

2. Die ersten kleinen „Einsätze“ erzielen hohe Gewinne, um die Anleger davon zu überzeugen, noch mehr Geld zu investieren. Solche Kursgewinne zu manipulieren, ist für die Initiatoren kein Problem, da diese vor Beginn der Schwindel-Aktion genügend Aktien aufgekauft haben, um den Kurs manipulieren und in die Höhe treiben zu können.

3. Mit Höchstkursen können die billigst erworbenen Aktien an die vertrauensseligen Anleger verkauft werden.

4. Irgendwann läßt dann die Nachfrage nach diesen Aktien aufgrund fehlender Kunden nach und der Kurs bricht rapide zusammen. Statt der erhofften Kursgewinne muß der Anleger seine investierten Gelder abschreiben.

Diese Schilderung soll aber nicht den Eindruck erwecken, daß alle außerbörslich gehandelten Aktien für den Anleger nicht in Frage kommen. Der Anleger muß eben vor einem Engagement in Hoffnungswerten eine Vielzahl von Informationen einholen:

- wieviele Aktien wurden ausgegeben?
- wieviele davon haben die Initiatoren gekauft?
- hat sich das Management und die Vertriebsorganisation einen verbilligten Erwerb zusätzlicher Aktien eingeräumt?
- sind die geforderten Provisionen der Anlagevermittler überhöht?
- wieviele Stücke werden täglich gehandelt?
- wie hat die Kursentwicklung in der Vergangenheit ausgesehen?

Daneben muß man sich die letzten Geschäftsberichte anschauen, soweit es einen solchen bereits gibt. Gewinnprognosen sind mit größter Vorsicht zu genießen.

Am besten ist der Gang zu seriösen Experten, die dem Anleger zwar nicht das finanzielle Risiko abnehmen können, aber immerhin auf Stärken und Schwächen von Aktien aufmerksam machen und ihn vor allem vor Reinfällen mit betrügerischen Hoffnungswserten schützen können.

Diese Überprüfung ist auch dann anzuraten, wenn schon feststeht, daß die außerbörslich gehandelten Werte nicht von betrügerischen, sondern von seriösen Firmen vermittelt werden. Außerbörslich gehandelte Aktien sind meist sehr spekulative Werte mit hohem Risiko.

6. Goldminen, Gas- und Erdölexplorationen

Derartige Angebote waren schon immer ein idealer Tummelplatz für Betrüger. Der Anleger kennt sprudelnde Bohrtürme nur vom Kinofilm. Falls die angebotenen Goldminen tatsächlich existieren oder bei Öl-Probebohrungen Erfolge erzielt werden, so besteht immer noch die Gefahr der Übervorteilung durch die Initiatoren. Eine effektive Kontrolle durch den Anleger ist meist nicht möglich.

7. Vermögensverwaltung

Es ist dringend abzuraten, sein Vermögen oder Teile seines Vermögens unbekannten Vermögensverwaltern im Ausland anzuvertrauen. Es besteht immer die Gefahr, daß diese mit Ihrem Geld lautlos verschwindet oder Sie im Falle einer Schwarzgeldanlage erpreßt werden.

Unabhängig davon wird der Anleger auch im Falle eines gewonnenen Schadenersatzprozesses gegen den Vermögensverwalter in den seltensten Fällen sein Geld wiedersehen, da der Vermögensverwalter entweder kein Geld hat oder das Geld so gut versteckt hat, daß kein zugriffsfähiges Vermögen für die Zwangsvollstreckung vorhanden ist.

8. Immobilien und Landwirtschaft

Leichtgläubigen Anlegern, die sich das Land vorher nicht angesehen hatten, wurden in den USA und anderswo wertlose Wüstenparzellen als künftiges Bauland angedreht.

Der Trick: Ablenkung von der echten Problematik, nämlich des Nullwertes der Grundstücke durch Überbetonung formaler Aspekte (Urkunden, Eintragung in Eigentumsregistern) bei der Eigentumsübertragung.

Auf der Kanaren-Insel Fuerteventura wurde auf ähnliche Weise eine Mondlandschaft an der Westküste als geplante „Stadtgründung" verkauft. Es gab Rückkaufgarantien, Wertsteigerungszusagen und ein Musterobjekt (mehrere Reihenhäuser). Vom wesentlichen Punkt, der Wertlosigkeit des Grund und Bodens, wurde geschickt abgelenkt, indem im Prospekt der Schwerpunkt auf das Register und die Eigentumssituation und die Sicherheit der Abwicklung gelegt wurde. Die Kunden haben in der Tat alles rechtlich einwandfrei gekauft, nur eben wertloses Land.

In manchen Fällen mögen sogar die Initiatoren glauben, daß es zu hohen Wertsteigerungen kommen wird. Unseriös ist aber auf jeden Fall die Werbung, daß Grund und Boden angesichts ihrer Unvermehrbarkeit im Laufe der Jahre und angesichts der Zunahme der Menschen zwangsläufig eine Wertsteigerung erfahren müssen.

Wertloses Land bleibt in den meisten Fällen wertlos und wird in den seltensten Fällen Bauland mit hoher Wertsteigerung. Außerdem kann auch bestes Farmland in den USA an Wert verlieren, wie es sich gerade Ende der achtziger Jahre gezeigt hat.

9. Inzahlungsnahme-Angebote und Pleitehelfer

Oftmals wird versucht, das Opfer nicht nur einmal, sondern zweimal hereinzulegen. Raffinierte Anbieter von Kapitalanlagen sind auf den Trick verfallen, „gebrauchte" Beteiligungen in Zahlung zu nehmen. Der betroffene Anleger ist froh, wenn ihm jemand seine fast wertlosen Anteile abnimmt. Das Geld für diese Anteile wird aber nicht bar ausbezahlt, vielmehr muß sich der Anleger an einem anderen Anlageangebot beteiligen und zusätzliches Geld investieren. Dies ist dann in aller Regel ein weiteres Verlustgeschäft.

Eine andere Masche besteht darin, als Pleitehelfer aufzutreten. Gegen gutes Geld wird angeboten, dem Anleger bei der Geltendmachung seiner Forderungen zu helfen. Das Honorar dafür wird kassiert, getan wird aber nichts. Irgendwann stellen dann die Pleitehelfer ihre „Bemühungen" ein.

10. Termingeschäfte

Gerade diese Branche war und ist von unseriösen Elementen durchgesetzt. Ein Großteil der Vermittler macht diese Geschäfte ohne ausreichendes Haftungskapital und ohne entsprechende Sicherheiten. Erfolgsmaßstab ist nur die schnelle Mark. Mit aggressiven Werbe- und Vertriebsmethoden werden insbesondere der Mittelstand und Freiberufler wie Ärzte, Apotheker und Anwälte bearbeitet.

Etwaige Schadenersatzansprüche gegen die Drahtzieher sind meistens nicht zu realisieren, da diese Firmen ohnehin von vornherein nur auf ein kurzes Leben angelegt sind und schon nach wenigen Monaten oder binnen Jahresfrist sang- und klanglos wieder verschwinden.

Auch besteht die Gefahr, daß erzielte Gewinne nicht sofort, sondern erst nach langen Verzögerungen an den Anleger weitergeleitet werden. Oder der Vermittler macht mit dem Geld des Anlegers auf dessen Kosten Geschäfte. Sind diese erfolgreich, kassiert der Vermittler, gehen diese fehl, muß der Anleger schauen, wie er zu seinem Geld kommt oder gar noch Geld nachschießen.

Gefährlich ist auch der häufige Kauf und Verkauf von Termin-Kontrakten. Die jeweils fälligen hohen Vermittlungsprovisionen werden durch kleine Gewinne nicht ausgeglichen, so daß das Kapital des Anlegers von Geschäft zu Geschäft immer weniger wird und schlußendlich ganz in den Taschen des Vermittlers landet.

Auf den Terminmärkten in Chikago wurde 1989 Aufträge von Kunden zu höheren Preisen als tatsächlich bezahlt abgerechnet, um dafür erhöhte Provisionen zu kassieren. Gegen derartige Machenschaften ist der Anleger machtlos, da er kaum die Möglichkeit hat, die Geschäfte der Makler in dieser Hinsicht zu überprüfen. Siehe hierzu auch Seite 137 f.

11. Warum haben kriminelle Anlagevermittler leichtes Spiel?

Neben dem Leichtsinn, der Sorglosigkeit und auch der Dummheit der Anleger gibt es weitere Faktoren, die die Betrüger begünstigen:

- Die Ermittlungsbehörden (Staatsanwaltschaft) sind personell und sachlich nicht optimal ausgestattet,

- Ermittlungen über die Landesgrenzen hinweg (die kriminellen Täter agieren meist mit Briefkastenfirmen und vom Ausland her) sind sehr langwierig – falls überhaupt möglich.
- Je schwieriger und je länger sich die Ermittlungsarbeiten gestalten, umso größer ist die Wahrscheinlichkeit, daß die Taten verjähren.
- Geschädigte Anleger, die bei der Aufklärung helfen sollen, offenbaren sich den Behörden ungern, wenn sie Schwarzgeld angelegt haben.

Gesetzliche Vorschriften für die Bestrafung krimineller Anlagevermittler sind vorhanden. Es reicht aber nicht aus, nur Gesetze zu verabschieden, vielmehr müssen die Behörden in personeller und sachlicher Art so ausgestattet sein, daß sie den oft sehr cleveren Betrügern Paroli bieten können.

III. Vorsorge für den Krisenfall

In Zeiten der Entspannung und Abrüstung im Ost-West-Bereich und einer auch gesellschaftspolitisch gesehen stabilen Lage in Deutschland mag es nicht gerade aktuell sein, über die Vorsorge für einen Krisenfall in Deutschland nachzudenken.

Die Furcht vor wirtschaftlichen, gesellschaftlichen oder militärischen Krisen ist tief verwurzelt, deshalb soll auch auf diesen Aspekt der Kapitalanlage im Ausland eingegangen werden. Krisenvorsorge läßt sich unter zwei Aspekten planen:

1. Kauf einer Immobilie im Ausland als Fluchtburg
2. Verlagerung eines Teils des Vermögens ins Ausland als Vorsichtsmaßnahme gegen Einschränkungen der Verfügungsgewalt über das eigene Vermögen in der Heimat.

Es ist eine irrige Vorstellung, mit dem Kauf einer Immobilie automatisch eine Fluchtburg im Ausland erwerben zu können. Allein schon die verkehrstechnischen Möglichkeiten zur Flucht sind im Krisenfall kaum gegeben. Auch wenn dies möglich wäre, ist daran zu erinnern, daß Immobilienbesitz nicht mit einer Aufenthaltsgenehmigung gleichzusetzen ist. Im Krisenfall sind die Grenzen meist dicht.

Ebenso reicht es nicht aus, das Vermögen oder Teile des Vermögens ins Ausland zu schaffen. Vielmehr kann das vermeintlich in Sicherheit gebrachte Vermögen beschlagnahmt, enteignet oder eingefroren werden.

So existiert in den USA eine Feindgesetzgebung, nach der im Fall einer internationalen Krise oder eine bewaffneten Auseinandersetzung jedwedes Eigentum gewissen Verfügungsbeschränkungen unterworfen werden kann (z.B. während des Zweiten Weltkrieges und während der Irankrise). Auch Großbritannien machte während des Falkland-Krieges von der Möglichkeit Gebrauch, Vermögen zu beschlagnahmen.

1. Die Verwaltung des im Ausland befindlichen Vermögens im Krisenfall

In einem Krisenfall wird es sehr schwierig sein, das im Ausland angelegte Vermögen selbst zu verwalten bzw. kurzfristig eine vertrauenswürdige Person im jeweiligen Land zu beauftragen, diese Aufgaben zu übernehmen.

Wie kann sich der Eigentümer auf diese Situation vorbereiten? Wie kann er die aus dem Vermögen erzielten Gewinne oder das Vermögen selbst an von ihm bestimmte Personen weiterleiten lassen? Drei Möglichkeiten kommen in Betracht:

1.1 Vollmacht

Die einfachste Möglichkeit besteht darin, einer Vertrauensperson im Ausland eine Vollmacht dahingehend zu erteilen, daß der Bevollmächtigte in genau definierten Situationen die Kontrolle und Verwaltung über das Vermögen des Vollmachtgebers übernimmt.

Eine solche Vollmacht muß selbstverständlich sehr genau formuliert und der Aufgabenbereich der Bevollmächtigten genau festgelegt sein. Dazu gehört auch die Frage, ob und an wen Gewinne aus der Verwaltung des Vermögens ausgeschüttet werden sollen. Außerdem muß die Vollmacht formell richtig erteilt und im jeweiligen Ausland auch als rechtsgültig anerkannt werden.

1.2 Treuhandschaft

Eine zweite Möglichkeit stellt die in den europäischen Rechtssystemen vorgesehene Treuhandschaft dar. Der Treuhänder erwirbt das Vermögen und verwaltet dieses gemäß den Vereinbarungen mit dem Auftraggeber (Treugeber). Steuerrechtlich werden das verwaltete Vermögen und die Erträge daraus dem Auftraggeber als wirtschaftlichem Eigentümer zugerechnet.

1.3 Trust

Eine dritte Möglichkeit ist die Errichtung eines Trusts in Ländern des Common Law oder Liechtenstein. Es handelt sich um eine Vermögensübertragung seitens des Treugebers auf den Treuhänder, der dieses Treuvermögen verwaltet und an die im Treuhandvertrag bestimmten Begünstigten weiterleitet.

Der Vermögenstrust ist als Rechtsinstitut in Deutschland nicht vorgesehen. Das deutsche Recht akzeptiert aber den Trust, wenn er in einem Common-Law-Land gegründet wurde, in dem dieses Institut anerkannt ist. Auch bei der Errichtung eines Trusts müssen die Einzelheiten genauestens geregelt werden, damit klar ist, was der Treuhänder zu tun hat und was die Begünstigten erhalten sollen.

Aber auch ein Trust in den USA z.B. bietet nicht die absolute Gewähr dafür, daß das Vermögen in einem Krisenfall nicht konfisziert oder eingefroren wird. Da der Kapitalanleger bei einem Vermögenstrust weniger Einflußmöglichkeiten als bei einer direkten Investition hat, könnte dies die Sicherheitsinteressen der USA weniger tangieren und somit für die Behörden kein Grund sein, restriktive Maßnahmen zu ergreifen. Letztendlich besteht aber in den USA die Möglichkeit, Vermögen, die in irgendeiner Verbindung zu einem Kriegsgegner stehen, als feindlich zu betrachten. Deshalb ist die Zwischenschaltung einer Gesellschaft keine Patentlösung.

2. Devisenbewirtschaftung und Repatriierung von im Ausland befindlichen Vermögenswerten

Angenommen, in Deutschland wäre die Devisenbewirtschaftung eingeführt worden und alle Auslandsvermögen müßten repartriiert werden. Anleger A hat in weiser Voraussicht Teile des Vermögens im Ausland angelegt. Hat der deutsche Staat bzw. eine Besatzungsmacht nun die Möglichkeit, auf das Vermögen im Ausland Zugriff zu nehmen?

Diese Frage läßt sich nicht eindeutig mit Ja oder Nein beantworten. Letztendlich hängt dies von den ausländischen Gerichten ab, die darüber zu bestimmen haben, ob die ergriffenen Maßnahmen auch in deren Ländern gelten sollen. Die Vergangenheit hat gezeigt, daß solche Gesetze von ausländischen Gerichten in der Regel anerkannt werden.

3. Verstaatlichung von Unternehmen

In Krisensituationen oder nach einem Regierungswechsel kann es zur Enteignung von Unternehmen bestimmter Branchen kommen. Dies geschah z.B. 1982 in Frankreich. Dies war aber kein Krisenfall, sondern eine völlig legale Maßnahme einer demokratisch gewählten Regierung.

Gelten Enteignungsmaßnahmen auch hinsichtlich der im Ausland befindlichen Tochtergesellschaften dieser Unternehmen? Auch diese Frage läßt sich nicht mit Ja oder Nein beantworten. Es gibt genügend Fälle, in denen die Enteignungen von Tochtergesellschaften im Ausland von den jeweiligen ausländischen Gerichten anerkannt worden sind. Als Richtschnur kann gelten, daß entschädigungslose Enteignungen oder Enteignungen bei Verstoß gegen das Völkerrecht oder internationales Recht nicht anerkannt werden.

Sehr große Unternehmen können durch eine Verlegung ihres Sitzes ins Ausland einer Enteignung entgehen. So hat die Schweiz mit Kanada ein Abkommen geschlossen, wonach Schweizer Firmen in einem Krisenfall den Firmensitz innerhalb kürzester Zeit nach Kanada verlagern können.

IV. Erbschaften im Ausland

1. Probleme bei Erbschaften im Ausland

Ausländische Rechtsvorschriften. Erbschaftsvorschriften kollidieren in manchen Fällen mit dem deutschen Recht.

Bürokratischer Aufwand. Urkunden müssen übersetzt, mit der Apostille (siehe Seite 17) versehen, beglaubigt und von den ausländischen Konsulaten in Deutschland überbeglaubigt werden. Dennoch müssen eventuell bestehende Fristen zur Meldung der Erbschaft bei den ausländischen Behörden eingehalten werden. In manchen Ländern findet für die Übertragung der Vermögenswerte ein spezielles Erbschaftsannahme- und Erbschaftsübertragungsverfahren statt, das wiederum für die Erben einen zusätzlichen Aufwand an Geld und Zeit bedeutet.

Hohe Kosten für die Abwicklung. Meist müssen ausländische Rechtsanwälte und Notare eingeschaltet werden, unter Umständen ein Anwalt in Deutschland, der die Abwicklung mit den ausländischen Kollegen vornimmt.

Erbschaftsteuern. Oftmals erlangt man die Verfügungsgewalt über das Erbe nur dann, wenn die Bezahlung der ausländischen Steuern nachgewiesen wird. In manchen Fällen muß die Erbschaftsteuer sowohl im jeweiligen Ausland als auch in Deutschland für denselben Nachlaß bezahlt werden.

Falls kein Doppelbesteuerungsabkommen über Erbschaftsteuern vorliegt (es gibt nur sehr wenige), so gibt es immerhin Erleichterungen nach dem deutschen Erbschaftsteuergesetz. Danach wird die im Ausland gezahlte Erbschaftsteuer auf die im Inland zu zahlende Erbschaftsteuer angerechnet. Oftmals ist die ausländische Erbschaftsteuer höher als die auf das ausländische Vermögen anfallende deutsche Erbschaftsteuer, so daß es in diesen Fällen letztendlich bei der Belastung mit der ausländischen Erbschaftsteuer verbleibt (siehe auch Abschnitt Erbschaftsteuer im Ausland).

Auf folgende Punkte ist also zu achten:

Welche erbrechtlichen Vorschriften kommen zur Anwendung: Deutsches oder ausländisches Erbrecht? Wird das deutsche Testament und die deutsche gesetzliche Erbfolge im Ausland anerkannt?
Erbschaftsteuern: Gibt es zwischen Deutschland und dem jeweiligen Ausland ein Doppelbesteuerungsabkommen? Gibt es für nichtansässige Ausländer einen Freibetrag? Ist in Deutschland und im Ausland Erbschaftsteuer zu bezahlen? Wird die im Ausland gezahlte Erbschaftsteuer auf die eventuell in Deutschland zu zahlende Erbschaftsteuer angerechnet?
Abwicklung: Wer ist zuständig für die Abwicklung der Erbschaft? Welche Urkunden mit Apostille und Übersetzung müssen vorgelegt werden? Welche Fristen für die Bezahlung der Erbschaftsteuer sind zu beachten? Muß eine spezielle Erbschaftsannahmeerklärung abgegeben werden?

2. Wird das deutsche Testament oder die deutsche gesetzliche Erbfolge (der Erbschein) im Ausland anerkannt?

Nach deutschem Recht gilt das Staatsangehörigkeitsprinzip: Ein Deutscher wird unabhängig davon, wo er zum Zeitpunkt des Todes sein Wohnsitz gehabt hat, gemäß dem deutschen Erbrecht beerbt. Die Erbfolge kann sich aus dem Testament oder aus dem Gesetz ergeben. Dies gilt auch für ausländisches Vermögen. Allerdings wird das deutsche Testament und die deutsche gesetzliche Erbfolge nicht in allen Ländern anerkannt.

Schweiz:
Hat der deutsche Erblasser seinen Wohnsitz in Deutschland, so gilt das deutsche Erbstatut, die Schweiz anerkennt also den deutschen Erbschein. Hat der deutsche Erblasser seinen Wohnsitz in der Schweiz und liegt kein Testament vor, so wird er nach Schweizer Recht beerbt. Es gibt aber normalerweise keine Probleme, da das Schweizer Erbrecht dem deutschen sehr ähnlich ist.

Spanien:
Für Spanien gilt, daß ein Deutscher unabhängig von seinem Wohnsitz zum Todeszeitpunkt in Spanien oder Deutschland gemäß den deutschen Vorschriften beerbt wird. Im Gegensatz zum deutschen Recht muß aber der Erbe in Spanien notariell erklären, daß er den in Spanien belegenen Nachlaß annimmt. Ein spezielles Testament für spanischen Grundbesitz ist nicht notwendig, vereinfacht aber die Abwicklung.

Frankreich:
Für Frankreich gilt grundsätzlich, daß auch der ausländische Erblasser gemäß dem französischen Erbstatut beerbt wird, deutsches Erbrecht also nicht zur Anwendung kommt. Man kann also nicht davon ausgehen, daß der deutsche Erbe gemäß der deutschen gesetzlichen Erbfolge auch automatisch den Nachlaß in Frankreich antreten kann. Schon deshalb sollte stets ein Extra-Testament unter Beachtung der französischen Usancen unter dort üblichen Formulierungen verfaßt werden.

Italien:
Nach dem italienischen Privatrecht ist das Erbrecht der Heimat des Erblassers für die Erbfolge maßgeblich, also bei Deutschen das deutsche Erbrecht.

Österreich:
Das deutsche Erbrecht wird anerkannt, die Erben werden also nach deutschem Erbrecht bestimmt.

USA:
Es gilt amerikanisches Erbrecht. Aufgrund der großen Unterschiede zwischen dem deutschen und amerikanischen Erbrecht ist ein gesondertes Testament für den Besitz in Amerika sehr empfehlenswert.

3. Nach welchen Vorschriften findet die Übertragung der Vermögenswerte statt?

Für die Übertragung von Grundstücken finden in den meisten Ländern formalistische Verfahren statt, die oftmals sehr langwierig sind.

Bei anonymen Konten des Erblassers im Ausland muß der Erbe das Kennwort wissen, der Erbschein allein nützt nichts. Das Konto wird ja anonym gehalten. Die Bank kennt den Namen des Kunden nicht.

In manchen Ländern tritt eine Kontensperre in Kraft, wenn die Bank vom Ableben des Kunden erfährt. Die Bank ist verpflichtet, vom Erben die Vorlage einer Bestätigung des (ausländischen) Finanzamts über die Zahlung der Erbschaftsteuer vorzulegen.

Österreich:
Der Erbe muß eine notarielle Erbschaftsannahmeerklärung abgeben. Außerdem findet von Amts wegen bei einer in Österreich befindlichen Immobilie ein Verlassenschaftsverfahren statt, das sehr kompliziert und langwierig ist.

Spanien:
Der Erbe muß eine notarielle Erbschaftsannahmeerklärung abgeben. Erst nach Bezahlung der Erbschaftsteuer kann sich der Erbe als neuer Eigentümer ins spanische Eigentumsregister eintragen lassen. Die Abwicklung kann durchaus ein Jahr dauern (einschließlich der Bezahlung der Erbschaftsteuern).

Frankreich:
Der Notar ermittelt auf Grund der von den Erben beizubringenden Urkunden die Erbeneigenschaft und erteilt eine notarielle Bescheinigung über die Erbfolge für die Eintragung des Erben in das französische Grundstücksregister.

USA:
In den USA gibt es das sogenannte „probate"-Verfahren, in dem festgestellt wird, wer welche Rechte am Nachlaß geltend machen kann. Zuerst wird ein Nachlaßverwalter bestellt, der dann die Abwicklung vornimmt. Das Verfahren ist im allgemeinen sehr langwierig.

4. Wie lassen sich die Probleme mit Erbschaften im Ausland vermeiden?

Wer seinen zukünftigen Erben einen besonders großen Gefallen tun will, verfährt nach einer der folgenden Möglichkeiten.

Eine Möglichkeit besteht darin, das ausländische Vermögen schon zu Lebzeiten auf die zukünftigen Erben zu übertragen. Dann mag zwar unter Umständen Schenkungsteuer anfallen, der bürokratische Aufwand ist aber im allgemeinen geringer und die Abwicklung nicht ganz so umständlich und langwierig. Andererseits verliert der zukünftige Erblasser seine Dispositionsmöglichkeiten über dieses Vermögen.

Eine andere Möglichkeit besteht darin, den zukünftigen Erben eine Vollmacht zu erteilen, mit der diese über das ausländische Vermögen bzw. die ausländischen Bankkonten verfügen können. Diese Vollmachten müssen selbstverständlich den im jeweiligen Ausland geltenden Vorschriften entsprechen. Zu beachten ist auch, daß es in manchen Ländern eine Vollmacht über den Tod hinaus nicht gibt. In einem solchen Fall darf vom Ableben des Erblassers nichts bekannt werden, andernfalls kommt es zur üblichen Abwicklung der Erbschaft. Damit der zukünftige Erbe nicht vorschnell von der Vollmacht Gebrauch macht, kann diese bei einer vertrauenswürdigen dritten Person hinterlegt werden (z.B. Rechtsanwalt oder Notar).

Auch kann man die Vollmacht nicht den künftigen Erben, sondern einem Rechtsanwalt oder sonstigem Treuhänder erteilen, der dann entsprechend den Vorgaben des Erblassers verfährt. Das Code-Wort für ein anonymes Konto kann einer dritten Person mitgeteilt werden, die im Erbfall das Code-Wort an den vom Erblasser bestimmten Erben weitergibt.

Bei im Ausland belegenen Grundbesitz empfiehlt sich im allgemeinen, ein Extra-Testament für jedes Land zu machen. Zu beachten sind wiederum jeweils die formellen und materiellen Gesetzesvorschriften.

5. Steuerfrei und diskret vererben?

Bei richtiger Gestaltung mag die Vererbung der ausländischen Vermögenswerte steuerfrei bleiben. Allerdings ist dies in der Regel formalrechtlich gesehen eine Steuerhinterhiehung, wobei man „strafmindernd" anmerken muß, daß Steuervermeidungen dieser Art gerade in südlichen Ländern üblich sind.

Nun kann der zukünftige Erblasser dem Erben eine Vollmacht erteilen, mit der er im Erbfall den Immobilienbesitz weiterverkaufen oder auf sich übertragen kann. Erfährt der ausländische Fiskus nichts von dem Todesfall, so kann der Bevollmächtigte ohne Zahlung der Erbschaftsteuer die Immobilie weiter veräußern oder auf sich persönlich mittels eines pro-forma-Kaufvertrages übertragen, wobei im letzteren Fall Grunderwerbsteuer zu zahlen ist, die aber sehr viel niedriger ausfällt als die Erbschaft- oder Schenkungsteuer.

Vielleicht dankt der Erbe auch daran, die Erbschaftsteuer verjähren zu lassen. Allerdings betragen die Verjährungsfristen in den einzelnen Ländern mindestens fünf Jahre, so daß also der Erbe schon einen sehr langen Atem haben muß. Er kann nämlich bis zum Ablauf der Verjährungsfrist nicht über die Immobilie verfügen.

Eine übliche Methode zur Steuerersparnis und Diskretion besteht darin, das Vermögen (z.B. die Immobilie) über eine Domizilfirma (angesiedelt in Steueroasen oder im Belegenheitsland der Immobilie) zu halten.

Zu bedenken dabei ist aber, daß die Gründung der Gesellschaft Kosten verursacht, ebenso fällt alljährlich eine Verwaltungspauschale. Bei größeren Immobilienbesitz im Ausland mag die Zwischenschaltung einer Domizilfirma sinnvoll sein. Bei kleineren Appartements im Süden lohnt sich aber der Aufwand normalerweise nicht. Leute, die solche Konstruktionen empfehlen, denken vor allem an das eigene Honorar. Als Länder für die Zwischenschaltung von Domizilgesellschaften kommen z.B. Gibraltar, Liechtenstein oder die Kanalinseln in Betracht.

B. Vermögensverwaltung im Ausland

I. Die wichtigsten Aspekte

Wer sich für die Vermögensverwaltung im Ausland entscheidet, muß mit einem erhöhten Aufwand an Zeit und Kosten rechnen. Dieser Aspekt spielt aber in den allermeisten Fällen keine Rolle, da die interessierten Anleger vor allem an den Vorteilen interessiert sind, die die in Deutschland ansässigen Banken und Vermögensverwalter nicht bieten können:

- Diskretion aufgrund des im jeweiligen Land geltenden Bankgeheimnisses,
- die Möglichkeit der – meist illegalen – Vermeidung von Steuern,
- spezielle gesellschafts- oder erbrechtliche Gestaltungsmöglichkeiten, z.B. über sehr billige Gesellschaftsgründungen.

1. Kontaktaufnahme

In den überregionalen Tageszeitungen finden sich viele Inserate von Tochtergesellschaften deutscher Banken in Luxemburg und von Schweizer und liechtensteinischen Banken, die eine individuelle Vermögensverwaltung anbieten. Ebenso finden sich Anzeigen von privaten Vermögensverwaltern und Vermögensverwaltungsgesellschaften, die im Ausland domiziliert sind. An Adressen für die Kontaktaufnahme mangelt es also nicht.

Informationsmaterial wird Ihnen gerne zugeschickt. Es ist auch kein Problem, einen persönlichen Gesprächstermin zu vereinbaren. Auf jeden Fall sollte man sich bei der Auswahl der Angebote sehr viel Zeit lassen und durchaus bei mehreren Banken und Vermögensverwaltern vorsprechen, um auch einen persönlichen Eindruck zu bekommen.

2. Vermögensverwaltung durch Banken

Wer sein Vermögen einer bekannten Bank in der Schweiz, Liechtenstein oder Luxemburg anvertraut, muß sich um deren Seriösität keine Sorgen machen. Seriösität ist aber nicht gleichzusetzen mit hoher Beratungsqualität oder der Erzielung hoher Gewinne für den Anleger. Der Nachteil bei Großbanken kann darin bestehen, daß die Berater öfter wechseln und der Kunde den Verantwortlichen für die Vermögensverwaltung gar nicht kennt. Deshalb ist es durchaus angebracht, daß der potentielle Kunde seinen Ansprechpartner danach fragt, wer die maßgeblichen Entscheidungen über die Vermögensverwaltung treffen wird.

Im Gegensatz dazu kann man bei Privatbanken davon ausgehen, daß die Entscheidungswege kürzer sind. Auch haftet den Privatbanken der Ruf an, klein, aber sehr fein zu sein, ebenso soll die Atmosphäre persönlicher sein. Ob dies im Einzelfall tatsächlich so ist, sei dahin gestellt. Zumindest ist auch dies keine Garantie für eine erfolgreiche Vermögensverwaltung.

3. Vermögensverwaltung durch unabhängige Vermögensverwalter und Vermögensverwaltungsgesellschaften

Es muß eindringlich dazu geraten werden, sich bei Auskunfteien und sonstigen Institutionen Informationen über die Seriösität und Bonität einzuholen. Letztendlich bieten aber auch diese Auskünfte keine hundertprozentige Sicherheit.

Gerade auf dem Gebiet der Vermögensverwaltung gibt es viele schwarze Schafe. Die Bezeichnung „Vermögensverwalter" bzw. „Vermögensverwaltungsgesellschaft" ist nicht an fachliche Voraussetzungen gebunden. Diese Berufsbezeichnung kann jeder führen. Entsprechend groß ist die Anzahl derjenigen, die sich ohne jede Vorbildung auf diesem Gebiet betätigen. Und dann gibt es leider auch solche, die sich zwar durchaus auf diesem Gebiet auskennen, diese Kenntnis aber für kriminelle Machenschaften ausnutzen.

Ist der Vermögensverwalter gleichzeitig Treuhänder, so bietet diese Verbindung den von vielen gewünschten Vorteil einer umfassenden Diskretion. Der Treuhänder tritt in eigenem Namen auf. Nach außen hin erfährt niemand, wer der eigentliche Inhaber des Vermögens ist.

> Aber auch hier gilt: niemals einem unbekannten Vermögensverwalter Vermögenswerte übergeben noch Vollmachten erteilen.

4. Der Umfang der Beratung und der zusätzlich angebotene Service

Wenn ein Anleger im Safe einer Bank Vermögenswerte lagert, so wird dies niemand als Vermögensverwaltung durch Dritte bezeichnen.

Ein sehr selbständiger Anleger mag der Bank Aufträge zum Kauf und zur Verwahrung von Wertpapieren geben. Auch dies ist keine Vermögensverwaltung im obigen Sinne, auch dann nicht, wenn ein Anleger Ratschläge seiner Bank in seine Anlageentscheidungen einbezieht.

Die Vermögensverwaltung durch dritte Personen oder Banken beginnt eigentlich erst dann, wenn eine Vollmacht mit dem Auftrag zur aktiven Vermögensverwaltung erteilt wird. Gerade in einem solchen Falle muß es sich aber nicht um eine individuelle Vermögensverwaltung handeln, vielmehr wird unter Umständen das Vermögen nur nach standardisierten Vermögensverwaltungsrichtlinien verwaltet. Individuelle Bedürfnisse des Anlegers finden dabei keine Berücksichtigung. Der kleine Sparer, der neben seinem obligatorischen Sparbuch eine Lebensversicherung und festverzinsliche Wertpapiere besitzt, darf sich von den Angeboten zur Vermögensverwaltung nicht angesprochen fühlen. Es sollte sich zumindest um eine sechsstellige Summe handeln, erfreut sind Banken und Vermögensverwalter meist nur dann, wenn Sie Beträge ab einer Million mitbringen. Je mehr Geld der Privatkunde mitbringt, um so mehr darf er auf individuelle Beratung hoffen.

Daß sich die umfassende Beratung auf den finanziellen Gewinn niederschlägt, ist aber leider keine logische Konsequenz. Sie können aber von einer individuellen Vermögensverwaltung immerhin erwarten, daß auch Ihre persönlichen Lebensumstände und Ihre steuerliche Situation beachtet und bei den jeweiligen Engagements berücksichtigt werden.

Dazu ist zumindest ein persönliches Beratungsgespräch notwendig. Aufgabe der Bank ist es, ein individuell auf Sie zugeschnittenes Konzept zur Verwaltung Ihres Vermögens vorzulegen. Im übrigen sollte ihr Vermögensverwalter auch ein kompetenter Ansprechpartner für Erbschaftsfragen sein.

5. Der Service

Regelmäßige Konto-Auszüge und Vermögensübersichten sollten selbstverständlich sein, ebenso eine Erfolgsrechnung, aus der sich ersehen läßt, wie erfolgreich (oder erfolglos) der Vermögensverwalter im letzten Quartal für Sie gearbeitet hat. Es darf auch erwartet werden, daß die Korrespondenz in neutralen Briefumschlägen verschickt wird. Wer absolute Diskretion schätzt, sollte die Kontoauszüge bei der jeweiligen Bank verwahren lassen.

Die Verwahrung von Wertgegenständen ist bei allen Banken problemlos möglich. Sie können Gold, Edelsteine und sonstige Wertgegenstände deponieren.

6. Das persönliche Beratungsgespräch: Analyse und Anlagepolitik

Das persönliche Beratungsgespräch zwischen Kunde und Vermögensverwalter soll die Vertrauensbasis für die geplante Vermögensverwaltung schaffen. Der Kunde stellt seine persönlichen Lebensumstände dar (Alter, Beruf, Familie, Vermögen, Einkommen, Altersvorsorge, steuerliche Situation usw.). Diese Daten und eine mit dem Anleger abgesprochene Anlagepolitik bilden die Grundlagen für die Konzeption einer individuellen Vermögensverwaltung.

Vorneweg ist abzuklären, welches die Referenzwährung ist (in welcher Währung abgerechnet wird) und welche Risiko-Strategie gewählt wird. Schon diese Entscheidung kann für die Zukunft Verlust oder Gewinn bedeuten.

Als Anlagekriterien kommen laufende Erträge, größtmögliche Sicherheit oder möglichst hoher Wertzuwachs in Betracht. Standardisierte Anlagerichtlinien sind im Anhang (Seite) beispielhaft dargestellt.

Vorgaben allgemeiner Natur können z.B. so aussehen, daß dem Anleger vier verschiedene Vorgehensweisen zur Auswahl vorgeschlagen werden:

Konservative Politik. Ziel ist die Erhaltung des investierten Kapitals sowie die Erzielung einer Rendite, deren Höhe zumindest der Inflationsrate des Landes, in dessen Währung die Anlage getätigt wird, gleichkommt. Anlageformen: Festgeldkonten, Obligationen von erstklassigen Schuldnern oder andere Anlagemöglichkeiten mit fester Rendite.

Dynamische Politik. Der Vermögenszuwachs soll kurzfristig durch Auswahl an erstklassigen Aktien erzielt werden.

Wachstums- und Ertragspolitik. Der Vermögenszuwachs soll mittel- oder langfristig erzielt werden. Anlageformen: Obligationen in harten Währungen, Wandelanleihen.

Wachstums-, Ertrags- und dynamische Politik. Die Auswahl der Anlageform erfolgt nach Markteinschätzung der Bank.

Selbstverständlich können Sie Ihre Vorstellungen darüber, welche Geschäfte (auch spekulative?) durchgeführt werden sollen, über die Aufteilung des Vermögens auf die verschiedenen Anlagemöglichkeiten wie Aktien, festverzinsliche Wertpapiere, Gold und über die Bevorzugung von Anlagen in bestimmten Ländern, in das Gespräch einbringen und zum Gegenstand des Vermögensverwaltungsvertrages machen.

Falls Sie nach einiger Zeit feststellen, daß Ihnen die Anlageentscheidungen des Vermögensverwalters nicht zusagen, haben Sie selbstverständlich die Möglichkeit, dem Vermögensverwalter neue Anweisungen zu geben oder den Auftrag zu kündigen. Nur wenn die Bank keine Zielvorgaben erhält, kann sie nach ihrem freien Ermessen handeln. Je genauer Sie die Bank bzw. den Vermögensverwalter im Vermögensverwaltungsvertrag und in der Vollmacht festlegen bzw. einschränken, um so weniger haben diese dann die Möglichkeit, Ihnen nicht genehme Anlagedispositionen zu treffen. Die Einschränkung des Entscheidungsspielraums kann sich natürlich auch zum Nachteil des Kunden entwickeln, wenn dessen grundsätzliche Dispositionen falsch waren.

Schlußendlich ist noch darauf zu achten, daß der Auftrag zur Vermögensverwaltung kurzfristig widerrufen werden kann. Bei einem Widerruf der Vollmacht ist die vorgeschriebene Form zu beachten. Meist ist in den Vollmachtsformularen festgestellt, daß der Widerruf schriftlich erfolgen muß. Im Anhang (Seite 244 f.) finden Sie Formulare für die Kontoeröffnung und den Verwaltungsauftrag zur Vermögensverwaltung mit Anmerkungen.

7. Auftragserteilung

Rechtlich notwendig ist ein Konto- und Depoteröffnungsantrag und ein Verwaltungsauftrag bzw. eine Anlage-Vollmacht. Damit hat der Bevollmächtigte die Möglichkeit, Anladispositionen zu treffen und durchzuführen, ebenso sind darin Ihre ergänzenden und einschränkenden Weisungen aufzuführen.

Einheitliche Formulare gibt es nicht. Jede Bank und jede Vermögensverwaltungsgesellschaft hat ihr eigenes Formular. Es ist dringend zu empfehlen, den Text genau durchzulesen und darauf zu achten, in welchem Umfang Sie die betreffenden Personen bevollmächtigen.

Achten Sie darauf, daß Ihnen nicht zusätzliche Formulare zur Unterschrift unterschoben werden, in denen Sie zum Beispiel einer Vermögensverwaltungsgesellschaft alle Ihre Wertpapiere, Edelmetalle und andere Wertgegenstände, die bei der betreffenden Vermögensverwaltungsgesellschaft liegen, zur Sicherheit für etwaige Ansprüche der Vermögensverwaltungsgesellschaft verpfänden. Eine solche Erklärung sollte nur in Ausnahmefällen abgegeben werden.

Üblich ist die Vereinbarung, daß der Verwaltungsauftrag mit dem Tode oder bei allfällig eintretender Handlungsunfähigkeit des Betroffenen nicht erlischt. Der schriftliche Vermögensverwaltungsvertrag sollte folgende Punkte enthalten bzw. regeln:

1. Auftraggeber/Auftragnehmer
2. Bezeichnung der zu verwaltenden Vermögenswerte (Depots/Konti)
3. Anlageziel des Klienten
4. Vom Vermögensverwalter einzuhaltende Anlagerichtlinien:
4.1 Depotstruktur (Depotanteil Beteiligungspapiere, Edelmetall, Festverzinsliche etc.)
4.2 Länder/Währungen und Branchen, in denen angelegt werden darf bzw. nicht investiert werden soll
4.3 Maximales Engagement in einem einzelnen Land, Wirtschaftssektor, Unternehmen zwecks Vermeidung von Klumpenrisiken
4.4 Mindestanforderungen bezüglich Qualität und Handelbarkeit der zu tätigenden Anlagen
4.5 Zulässigkeit und allenfalls Umfang:
4.5.1 (dauernder) Kreditbeanspruchung
4.5.2 Wertschriftentermingeschäft*)
4.5.3 Edelmetalltermingeschäfte*)
4.5.4 Devisentermingeschäfte*)
4.5.5 Optionsgeschäfte*)
4.5.6 „financial futures“*)

---

*) Es sei denn, diese dienen der Kurssicherung

N.B. Es wird den Mitgliedern empfohlen, alle Gespräche zu protokollieren (Datum, Ort, Status, geplante Einzahlungen/Rückzüge, Instruktionen etc.) und gegebenenfalls visieren zu lassen.
Quelle: Anhang zum Ehrenkodex des Verbandes Schweizerischer Vermögensverwalter

5. Direktorders und Rückzüge des Kunden
6. Rechnungslegungstermin(e)
7. Referenzwährung
8. Honorarsatz (vgl. Art. 10 Ehrenkodex)
9. Vertragsauflösung
9.1 durch Kündigung
9.2 durch Tod oder Handlungsunfähigkeit des Auftraggebers/Auftragnehmers
10. Korrespondenzregelung zwischen Auftraggeber/Auftragnehmer (Revers bei zurückbehaltener Korrespondenz)
11. Haftungsausschluß für in guten Treuen vorgenommene Handlungen oder Unterlassungen
12. anzuwendendes Recht, Erfüllungsort und Gerichtsstand

8. Vollmachten auf Dritte

Neben dem Konto- und Depoteröffnungsauftrag sowie dem Verwaltungsauftrag besteht die Möglichkeit, einer dritten Person die Vollmacht über das Konto und das zu verwaltende Vermögen zu erteilen. Die Vollmacht kann dahingehend beschränkt werden, daß der Bevollmächtigte dem Vermögensverwalter zwar Anweisungen gibt, die Vermögenswerte von der beauftragten Bank aber nicht transferieren darf. Falls gewünscht, kann dem Bevollmächtigten zusätzlich die Vollmacht erteilt werden, seinerseits weitere Bevollmächtigte zu ernennen. Im übrigen kann eine Vollmacht über den Tod hinaus durch die Erben wiederrufen werden.

9. Die zukünftige Kontaktaufnahme durch den Vermögensverwalter

Absprachen über und Aufträge für Anlagedispositionen können telefonisch erfolgen. Eine persönliche Vorsprache ist dafür nicht notwendig. Falls Sie bei den einzelnen Entscheidungen mitreden wollen, muß der Vermögensverwalter Sie jederzeit erreichen können. Auf der anderen Seite ist eine solche Kontaktaufnahme nicht immer erwünscht, wenn dritte Personen nichts davon erfahren dürfen. Sie müssen Ihren Beratern also aufklären, wem gegenüber er offen reden darf.

10. Erfolgsmaßstab bzw. Performance

Als Performance bezeichnet man Wertzuwachs und Ertrag einer Kapitalanlage. Es gibt aber weder Statistiken noch Ranglisten, aus denen sich entnehmen läßt, wer der beste Vermögensverwalter ist. In wirtschaftlich stabilen Zeiten ist es keine große Kunst, mit einem positiven Ergebnis abzuschließen. Der wahre Meister in der Vermögensverwaltung zeigt sich in den mageren Jahren, in denen man froh sein muß, wenn sich das Vermögen nicht vermindert.

Vergleichsmaßstäbe für den Erfolg des Vermögensverwalters können die Aktienindizes der jeweiligen Börsen und die Anlageergebnisse von Investmentfonds sein, die sich auf eine bestimmte Börse oder Branche konzentrieren.

Wer beim Kauf von festverzinslichen Wertpapieren in „Weichwährungen“ ein hohes Währungsrisiko eingeht, darf auch mit Recht einen deutlich höheren Zinsgewinn als bei festverzinslichen Papieren in Hartwährungen erwarten.

Banken und Vermögensverwalter verdienen immer an der Vermögensverwaltung. Dies gilt ganz besonders für Termingeschäfte, bei denen Vermittler und Broker besonders hohe umsatzabhängige Kommissionen verdienen. Natürlich haben die großes Interesse an einem hohen Umsatz, wollen möglichst viele Käufe und Verkäufe tätigen, leider oft ohne Rücksicht darauf, ob dies dem Kunden nutzt.

11. Kosten und Gebühren der Vermögensverwaltung

Hier gibt es große Unterschiede zwischen den Banken und privaten Vermögensverwaltern.

In der Regel verlangen die Banken nur eine Fixgebühr, der private Vermögensverwalter hingegen zusätzlich noch eine Erfolgsgebühr. Dies läßt sich damit begründen, daß die Banken schon an den Kommissionen für die einzelnen Transaktionen verdienen. Außerdem sind sie zu einer besseren Transparenz ihrer Konditionen verpflichtet. Kosten und Gebühren müssen jedenfalls im Vermögensverwaltungs-Auftrag eindeutig geregelt sein.

In der Schweiz verlangen Vermögensverwaltungsgesellschaften zwischen 0,3% und 0,7% an Fixgebühren und ein Erfolgshonorar um 10%. Gefordert werden in der Regel höhere Mindestsummen für die Vermögensverwaltung im Vergleich zu den Banken, die teilweise durchaus bereit sind, schon DM 100.000,– für die Vermögensverwaltung zu akzeptieren. Die Mehrheit der Schweizer Banken verlangt aber auch eine Mindestsumme von DM 300.000,–. Die Fixgebühren sind teilweise sehr niedrig und bewegen sich zwischen 0,1% bis 0,5%.

Im Fürstentum Liechtenstein wird als Minimum ca. DM 300.000,– verlangt, die Fixgebühren liegen im Bereich von 0,2%–0,5%, also verhältnismäßig billig.

In Luxemburg finden Sie bereits Banken, die einen Betrag in Höhe von DM 100.000,– für die Vermögensverwaltung akzeptieren, bei den meisten Banken sind es DM 250.000,–. Die Fixgebühren betragen wiederum ca. 0,5%.

Bei der Vermögensverwaltung mit geringen Mindestsummen handelt es sich nur um eine standardisierte und nicht um eine individuelle Vermögensverwaltung. Bei einem Kapital von DM 100.000,– wird Ihnen wohl keine Bank eine individuelle Vermögensverwaltung anbieten.

Im folgenden sei noch ein Auszug zum Thema Gebühren aus dem Ehrenkodex des Verbandes Schweizerischer Vermögensverwalter wiedergegeben, an den sich die Mitglieder zu halten haben:

> „Die Entschädigung für die Verwaltung des Portefeuilles wird mit dem Klienten vereinbart und kann nach der Größe des betreuten Vermögens sowie des erforderlichen Arbeitsaufwandes abgestuft werden. Grundsätzlich gelten jedoch die folgenden Richtlinien:
>
> a) *Verwaltungshonorar* von maximal 1.5% p.a. auf dem verwalteten Kapital;
> b) *Erfolgshonorar* von maximal 20% der Nettokapitalzunahme, d.h. der Wertsteigerung unter Berücksichtigung von Einlagen und Rückzügen sowie allfälliger nicht realisierter Verluste. Davon abzuziehen sind Verlustvorträge, d.h. Verluste aus früheren Abrechnungsperioden, welche noch nicht durch Gewinne kompensiert wurden
> oder
> c) *Verwaltungshonorar* von maximal 1% und *Erfolgshonorar* von maximal 10% wenn die beiden vorerwähnten Honorarsysteme kombiniert werden.
>
> Spezielle Dienstleistungen wie z.B. Rechts-, Steuer-, Vertrags- und Versicherungsberatung oder Vermittlung und Verwaltung von Liegenschaften, Beteiligungen etc. können separat in Rechnung gestellt werden.“

Im übrigen gilt der Grundsatz: Je höher das eingesetzte Kapital, desto niedriger die prozentuale Vergütung für die Vermögensverwaltung.

12. Kreditaufnahmen

Einer Kreditaufnahme im Rahmen einer Vermögensverwaltung sollte nicht vorschnell zugestimmt werden, auch wenn der jeweilige Vermögensverwalter hohe Renditen in Aussicht stellt. Solche Renditen korrespondieren selbstverständlich mit größeren Risiken, die unter Umständen vom Vermögensverwalter eher verniedlicht und vom Kunden nicht erkannt werden.

Für die Banken besteht kein Risiko, dem Kunden ein Kredit zu geben, da ja das verwaltete Vermögen für diesen Kredit haftet. Oftmals werden auch Lebensversicherungen beliehen, um umfangreichere und risikobehaftete Geschäfte durchführen zu können.

Akzeptabel erscheint eine kurzfristige Beleihung des Vermögens dann, wenn z.B. Aktien kurzfristig günstig zu erwerben und andere im Depot befindliche Aktien noch nicht verkauft sind, also Überbrückungskredite.

13. Haftung

In den Verwaltungsverträgen wird regelmäßig vereinbart, daß der Vermögensverwalter nur die Sorgfaltspflichten erfüllen muß, die er auch in eigenen Angelegenheiten anwendet. Dies bedeutet schlicht und einfach, daß für leichte Fahrlässigkeit nicht gehaftet wird.

Leider sind auch die Banken nur bereit, die Verantwortung für grobe Fahrlässigkeit zu übernehmen. Hinsichtlich der Haftung ist also der Anleger sowohl bei den privaten Vermögensverwaltern als auch bei den Banken gleich gut oder meiner Meinung nach gleich schlecht bedient.

Immerhin besteht eine Haftung aber zumindest in den Fällen, in denen die schriftlich festgelegten Anlage-Richtlinien mißachtet und davon nicht umfaßte Geschäfte ausgeführt werden.

14. Kündigung im Erbfall

Die Kündigung des Vermögensverwaltungsauftrages muß zu jeder Zeit möglich sein. Dies ist üblich und sollte dementsprechend im Auftrag zur Vermögensverwaltung vereinbart werden.

Für den Erbfall können vorab individuelle Vereinbarungen für die Übergangszeit getroffen werden. Damit bis zum Antritt der Erbschaft die Vermögensverwaltung weitergeben kann, empfiehlt es sich für den Anleger, eine Vollmacht auf eine dritte Person über den Tod hinaus auszustellen, und zwar unter dem Vorbehalt des Widerrufs durch den oder die Erben. Wer den Erben in dieser Hinsicht nicht oder wenig traut, kann die Vermögensverwaltung durch eine dritte Person (Treuhänder) nach seinem Ableben durchführen lassen.

15. Ausländische Finanzplätze für die Vermögensverwaltung

In der näheren Umgebung in Deutschland sind die Schweiz, Luxemburg und Liechtenstein empfehlenswert. Noch zu Europa gehören auch die Kanalinseln, die aber von Deutschland sehr viel schwieriger erreichbar sind.

Näheres zu diesen Ländern und zu anderen Ländern, die für die Vermögensverwaltung in Betracht kommen, finden Sie im Abschnitt Anlageländer und Steueroasen.

II. Beispiel einer standardisierten Vermögensverwaltung

Viele Schweizer Banken haben ihre Vermögensverwaltung standardisiert, wie Sie aus dem Auszug aus einer Broschüre sehen können.

Bei den Musterdepots handelt es sich nicht um Anlagefonds, sondern um Rahmenvorgaben für die Verwaltung Ihres individuellen Depots. Sie geben uns für die Depotverwaltung zwei Vorgaben:

1) die Referenzwährung
2) die Risikostrategie.

Für jedes der nachfolgend beschriebenen Depots wurde ein Währungs- und Anlagerahmen erstellt. Diese Rahmen sind generelle Richtlinien, die den Minimal- bzw. Maximalanteil einzelner Währungen und Anlagen am Gesamtdepot festlegen. Damit wird sichergestellt, dass einerseits eine flexible Anpassung der Portefeuillestrukturen an die Marktverhältnisse möglich ist und andererseits jedoch immer eine gesunde Streuung gewährleistet bleibt. Innerhalb dieser Rahmenvorgaben setzt unser Anlagekomitee die anzuwendende, aktuelle Struktur fest.

Die Währungsstruktur Ihres verwalteten Depots

Unabhängig von der Risikostrategie, die Sie wählen, gilt es zuerst festzulegen, in welcher Referenzwährung Ihr Depot geführt werden soll. Das Anlageland der Referenzwährung wird im Depot am stärksten gewichtet und sämtliche Bewertungen werden in dieser Basiswährung erstellt. Die nebenstehende Tabelle zeigt Ihnen den für alle Risikostrategien gültigen Währungsstrukturrahmen.

0 – 70%	Andere Anlageländer (SFr., DM, US $, Yen, Gold)
30 – 100%	Referenzwährung (SFr., DM oder US $)

Die konservative Risikostrategie B

Die Strategie B wurde geschaffen für Investoren, die ein einkommensorientiertes Portefeuille mit minimalstem Risiko wünschen. Die Anlage im B-Depot erfolgt mehrheitlich in Geldmarktpapieren, Qualitätsanleihen und zu einem kleinen Teil in Wandelanleihen. Minimaleinlage: SFr. 150'000.–

Den Anlagestrukturrahmen des B-Depots können Sie der nebenstehenden Tabelle entnehmen.

0 – 25%	Wandelanleihen
35 – 85%	Obligationen
20 – 50%	Schatzanweisungen und Barreserve

Die untere Risikostrategie Y

Diese Strategie wurde entwickelt für Anleger, die eine gute Rendite bei minimalem Risiko anstreben. Ein Y-Depot wird hauptsächlich in Geldmarktpapieren, Qualitätsanleihen und Wandelanleihen investiert.
Ein kleiner Teil Ihrer Mittel wird in Gold und Aktien angelegt. Minimaleinlage: SFr. 200'000.–. Den Anlagestrukturrahmen des Y-Depots zeigt die nebenstehende Tabelle.

0 – 20%	Gold
0 – 25%	Aktien
10 – 40%	Wandelanleihen
30 – 75%	Obligationen
10 – 50%	Schatzanweisungen und Barreserve

Die nebenstehende Grafik zeigt Ihnen die Entwicklung des Y-Depots im Verlauf der letzten Jahre. Die in der Vergangenheit erzielten Renditen können von uns selbstverständlich nicht für die Zukunft garantiert oder auch nur versprochen werden. Es ist jedoch unser erklärtes Ziel, in den verwalteten Depots ein reales Wachstum zu erwirtschaften, das über den aktuellen Geldmarktansätzen liegt.

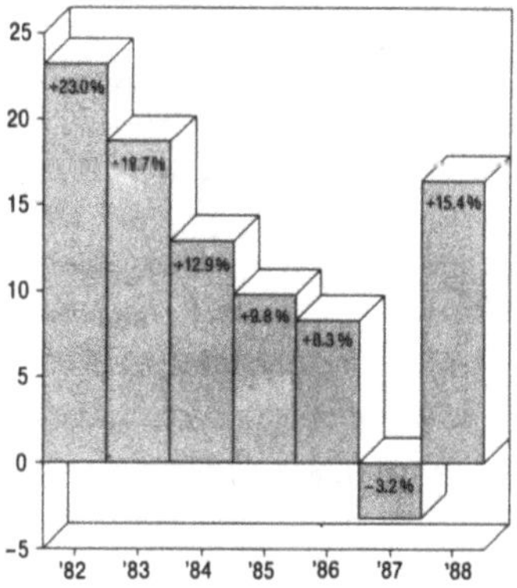

SFr.-Depot »Y« Wertzuwachs

Die mittlere Risikostruktur M

Wenn Sie sowohl ins Y- als auch ins G-Depot investieren möchten, so kann mit einer Minimaleinlage von SFr. 250'000.– ein M-Depot eröffnet werden. Das M-Depot liegt in der Risikostruktur genau zwischen dem Y- und dem nachfolgend beschriebenen G-Depot.

0 – 20%	Gold
10 – 45%	Aktien
10 – 50%	Wandelanleihen
20 – 60%	Obligationen
5 – 45%	Schatzanweisungen und Barreserve

Die neue Risikostrategie C

Diese Strategie besitzt die gleiche Anlage- und Risikostruktur wie unsere «M»-Strategie. Der Unterschied besteht darin, dass der Aktienanteil durch Ueberseebank Aktienfonds und nicht durch Einzelinvestitionen abgedeckt wird.
Dies ermöglicht die notwendige Streuung der Aktienrisiken auch in kleineren Depots.
Die Minimaleinlage: SFr. 100'000.–

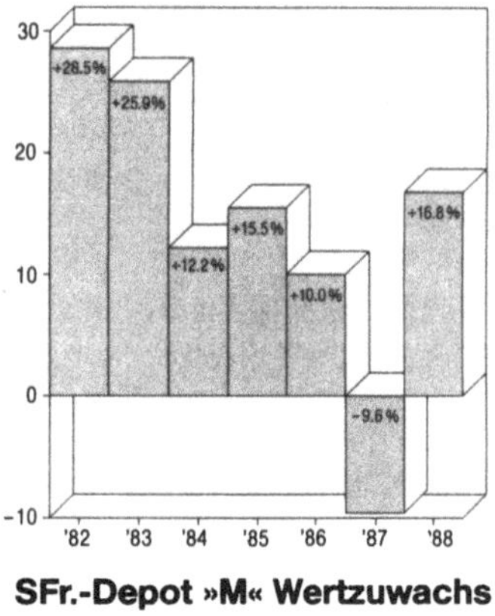

SFr.-Depot »M« Wertzuwachs

III. Vermögensverwaltungsrichtlinien einer privaten Vermögensverwaltungsgesellschaft

„Die Verwaltungstätigkeit soll auf das Erzielen mittelfristiger Kapitalgewinne unter besonderer Berücksichtigung der Substanzerhaltung ausgerichtet sein. Im Rahmen einer Risikobegrenzung bzw. Risikoverteilung soll sich die Vermögensverwaltungsgesellschaft an folgende Richtlinien halten:
a) Vom verwalteten Vermögen sollten in der Regel entfallen: Etwa 10% auf Edelmetalle oder Anlagen mit Edelmetallcharakter (incl. Edelmetallaktien etc.)
etwa 45% auf Festgelder, Geld- und/oder Kapitalmarktanlagen (incl. Wandel- oder Optionsanleihen)
etwa 45% auf Aktien (exklusive Edelmetallaktien) oder ähnliche Anlagen.
b) Anlagen dürfen an allen großen Weltbörsen getätigt werden. Das Schwergewicht soll aber auf ... liegen. Es ist auf eine angemessene geographische und branchenmäßige Diversifikation zu achten. Eine einzelne Aktienposition soll 10% des verwalteten Vermögens nicht übersteigen.
c) Es dürfen nur Wertpapiere (Obligationen, Aktien etc.) von mindestens durchschnittlicher Qualität gekauft werden.
d) Leerverkäufe von Aktien etc. dürfen keine getätigt werden, andere Termingeschäfte im banküblichen Rahmen.
Devisentermingeschäfte sollen insbesondere zur Absicherung von Anlagen abgeschlossen werden. Von den vorstehenden Richtlinien darf nur mit Einverständnis des Auftraggebers abgewichen werden."

Anmerkung: Die Regelung d) ist zu allgemein gehalten. Mit dieser Vereinbarung sind hochspekulative Termingeschäfte gedeckt, die unter Umständen nicht zur Substanzerhaltung (wie anfangs in den Verwaltungsrichtlinien erwähnt) dienen, sondern unter Umständen der Substanzverminderung Vorschub leisten.

VI. Anlagerichtlinien für ein Sammelkonto einer privaten Vermögensverwaltungsgesellschaft

„a) Zweck des Sammelkontos – Anlagerichtlinien
Mit dem Sammelkonto ... bietet sich die Möglichkeit, durch einen beauftragten und bevollmächtigten Treuhänder in der Schweiz – im folgenden Treuhänder genannt – auch kleinere und mittlere Anlagebeträge an den internationalen Börsen professionell anzulegen. Dabei wird durch Ausnutzung des Zinsgefälles und zusätzlicher Erzielung von Kursgewinnen ein über dem jeweiligen Zinsniveau liegendes Anlageergebnis angestrebt. Es werden ausschließlich festverzinsliche Wertschriften wie Obligationen, Wandelobligationen sowie Geldmarkttitel und Kontenguthaben in schweizerischer oder fremder Währung gehalten. Aktienkäufe sind nicht zulässig. Fremdwährungsbestände können durch Devisen-Terminkontrakte abgesichert werden. Bei bestehenden oder absehbaren Inflations- oder Kriegsgefahren oder anderen außergewöhnlichen geldwertgefährdenden Krisen können als Sicherheitsmaßnahmen auch Barrengold oder Goldzertifikate aufgenommen werden. Die Erträge werden nicht ausgeschüttet, sondern kumuliert, wodurch sich eine Erhöhung des Anteilswertes ergibt. Ziel der Verwaltung ist die langfristige und überdurchschnittliche Wertentwicklung der investierten Mittel. Diese Anlagerichtlinien machen das Sammelkonto ... zum geeigneten Anlagemedium für den risikoscheuen, an einer kontinuierlichen Wertentwicklung interessierten Anleger."

Anmerkung: Die Absicherung von Fremdwährungsanlagen durch Devisen-Terminkontrakte kann teuer werden und sollte nicht der Normalfall sein.

Nicht empfehlenswert sind Beteiligungen an sogenannten Sammelkontos. Lassen Sie Ihre Gelder nur auf ein Konto deponieren, das Ihnen allein gehört und auf Ihren Namen lautet. Nur so ist jederzeit ersichtlich, was Ihnen gehört und nur so besteht die Möglichkeit, die Gelder innerhalb kürzester Zeit vom Konto herunterzuholen.

Deshalb: Hände weg von derartigen Sammelkonten!!

C. Anlageländer und Steueroasen

I. Europa

1. Andorra

Obwohl Andorra noch immer bei manchen Leuten als eine der attraktivsten Steueroasen gilt, zählt Andorra zu den am wenigsten attraktiven.

Politisch gesehen ist Andorra ein Unikum, es wird von zwei gleichberechtigten Feudalherren (Co-Prinzen) regiert. Die Co-Prinzen sind der jeweilige französische Präsident und der spanische Bischof von Urgell. Faktisch haben aber weder der französische noch der spanische Staat direkten politischen Einfluß in Andorra.

Es gibt wohl keine europäische Steueroase, die so umständlich und mühsam wie Andorra zu erreichen ist. Sowohl von Spanien als auch von Frankreich her ist die Anreise mit dem Auto sehr mühsam. Über kurvenreiche Land- und Bergstraßen dauert die Anreise von der französischen Grenze oder von Barcelona aus mehrere Stunden.

In Prospekten wird zwar darauf hingewiesen, daß Andorra einen Flughafen besitze, dies ist aber – gelinde ausgedrückt – eine Übertreibung. Eine Flugverbindung besteht nur mit Barcelona.

1.1 Wohnsitz

Andorra mag für manche Leute ein Zufluchtsort in Krisenfällen sein. Für die Wohnsitznahme auf Dauer ist aber Andorra kaum geeignet. Das mitteleuropäische Ambiente fehlt völlig, darüber hinaus ist Andorra in einem Hochgebirgstal gelegen, man ist von der Zivilisation abgeschnitten. Die Hauptstadt gleicht einem großen Duty-Free-Shop, in dem Alkohol, Zigaretten und Parfüm verkauft werden.

Die Voraussetzung für die Erteilung einer Daueraufenthaltsgenehmigung ist Immobilieneigentum. Damit läßt sich Geld für den Vermittler verdienen, die Immobilien sind nicht preiswert und die Qualität läßt sich auch nicht mit deutschen Maßstäben messen.

1.2 Steuern

Eine Einkommensteuer wird in Andorra nicht erhoben. Der Staat finanziert sich durch relativ niedrige Einfuhrzölle. Andorra hat mit Deutschland kein Doppelbesteuerungsabkommen abgeschlossen. Formalrechtlich sind Einkünfte aus Kapitalanlagen in Andorra oder über Andorra deshalb für in Deutschland ansässige Anleger voll zu versteuern.

1.3 Vermögensverwaltung und Gesellschaftsgründung

Devisenbeschränkungen existieren nicht, außerdem kann der Anleger auf das zwar nicht im Gesetz verankerte, aber praktisch vorhandene Bankgeheimnis vertrauen. Ein Bankgeheimnis bieten aber auch viele andere Steueroasen, die viel einfacher erreichbar sind und mehr Erfahrung und Kenntnis in der privaten Vermögensverwaltung bieten können.

Auch für Gesellschaftsgründungen ist Andorra nicht empfehlenswert, da zwei Drittel der Anteile an den Gesellschaften in andorranischem Besitz bleiben müssen. Zwar ist eine Bestimmung in der Satzung der Gesellschaft möglich, daß wichtige Beschlüsse nur mit 75%iger Mehrheit getroffen werden können, so daß nicht genehme Beschlüsse der andorranischen Partner blockiert werden können. In anderen Ländern sind wiederum Gesellschaftsgründungen ohne Beteiligung der einheimischen Einwohner möglich und noch billiger.

2. Büsingen

Der Ort Büsingen in der Nähe von Singen/Hohentwiel stellt eine Exklave dar, gehört politisch zur Bundesrepublik Deutschland, ist aber in das Schweizer Zollgebiet eingebunden. Ein Wohnsitz in Büsingen bringt keine besonderen Vorteile, wer sich dort niederlassen will, muß dies auch tatsächlich tun, andernfalls bekommt er mit den Behörden Schwierigkeiten.

Steuerlich gesehen unterliegen die Büsinger dem deutschen Steuerrecht und müssen ihre Steuern an das deutsche Finanzamt abführen. Nur durch Steuerhinterziehung – dies ist für Freiberufler in Büsingen leichter möglich, da die Kontrollmöglichkeiten des deutschen Finanzamtes erschwert sind – lassen sich Steuern sparen.

2.1 Vermögensverwaltung

Für Geldanlage und Vermögensverwaltung im Ausland ist Büsingen eigentlich uninteressant. Da aber verhältnismäßig viele Leute sich dafür interessieren, sei Büsingen kurz erwähnt.

Eine eher kuriose Begleiterscheinung der Lage Büsingens ist die Tatsache, daß die Büsinger einen steuerlichen Freibetrag erhalten, da sie durch die Schweizer Kaufkraftverhältnisse Nachteile erleiden. Ansonsten ist aber die Besteuerung gemäß dem deutschen Einkommensteuerrecht verfassungsmäßig, so entschied der Bundesfinanzhof (Urteil vom 13.4.89 - IV R 196/85).

Irgendwelche Vorteile für Investitionen im Kapitalanlagebereich oder in der Vermögensverwaltung gibt es nicht.

3. Campione

Die Enklave Campione gehört zwar zu Italien, ist aber völlig von Schweizer Gebiet umgeben, außerdem in reizvoller Lage am Luganer See. Campione gehört zum Schweizer Zoll- und Währungsgebiet, Zahlungsmittel ist der Schweizer Franken.

Leute, die beruflich oder persönlich nicht in Deutschland gebunden sind, können sich steuergünstig in Campione niederlassen. Faktisch zahlen die dort Ansässigen nur eine niedrige Steuerpauschale, obwohl sie de jure den hohen italienischen Einkommensteuersätzen unterliegen. Die italienischen Finanzbehörden geben sich aber mit weniger zufrieden, so daß Campione als Steueroase bezeichnet werden kann.

3.1 Vermögensverwaltung und Gesellschaftsgründung

In diesem Bereich bietet Campione keine speziellen Vorteile. Kapitalanleger können Campione getrost vergessen.

4. Gibraltar

Wenn die Affen aussterben, fällt Gibraltar an Spanien zurück, so geht die Mär um. Um dies zu verhindern, wird den vom Aussterben bedrohten Affen regelmäßig Nachwuchs aus dem Ausland zugeführt. Dies könnte man so interpretieren, daß Gibraltar auch in ferner Zukunft britische Kron-Kolonie bleiben wird.

Die Spanier, die schon seit langem auf die Rückgabe Gibraltar pochen, unterbrachen jahrelang die Landverbindung nach Gibraltar, so daß der Zugang nur noch mittels Flugzeug oder Schiff möglich war. Zwischenzeitlich ist aber der Landweg wieder offen, das Verhältnis zwischen England und Spanien hat sich aber nur ein wenig gebessert. Die Spanier werfen Gibraltar vor, ein Paradies von Drogenhändlern, Geldwäschern und Schmugglern zu sein.

Flüge nach Gibraltar gibt es von Tanger und London aus. Von Deutschland aus reist man mit dem Flugzeug nach Malaga und anschließend mit Auto oder Bus nach Gibraltar.

4.1 Steuern und Bankgeheimnis

Gibraltar bietet freien Devisentransfer, ein Doppelbesteuerungsabkommen gibt es nur mit England, mit allen anderen Ländern gibt es keinen fiskalischen Informationsaustausch. Kapitalgewinne können von Nichtansässigen steuerfrei kassiert werden. Das Bankgeheimnis ist gewährleistet. Gold kann mehrwertsteuerfrei erworben werden.

4.2 Immobilien und Niederlassung

Genutzt wird Gibraltar vor allem von den an der Costa del Sol ansässigen englischen Ruheständlern. Diese haben ihr Vermögen mitgebracht und legen dieses bei Off-Shore-Gesellschaften in Gibraltar quellensteuerfrei an. Zwar müßten diese Zinsen bei erstem Wohnsitz in Spanien auch in Spanien versteuert werden, einen Informationsaustausch zwischen den spanischen Behörden und den Behörden auf Gibraltar gibt es aber nicht.

Im Prinzip kann so jeder Ausländer verfahren, der sich an der Costa del Sol oder Costa de la Luz niederläßt. Allerdings ist größte Vorsicht bei der Auswahl der Geschäftspartner geboten, damit nicht die angelegten Spargroschen auf Nimmerwiedersehen in den Taschen eines Betrügers verschwinden. Empfehlenswert sind nur anerkannte Banken und deren Anleger wie z.B. Barclays Bank, Lloyds Bank, Bank Inter/Suez ...

4.3 Vermögensverwaltung und Gesellschaftsgründung

Die Attraktivität von Gibraltar gründet auf der Möglichkeit, sehr billige Briefkasten-Firmen gründen zu können. „Exempted companies“sind von jeglicher Steuer befreit, wenn

- die Aktionäre keinen Wohnsitz in Gibraltar haben
- die Gesellschaft über ein Mindestkapital von 100 Pfund verfügt und
- die Gesellschaft keine Geschäfte auf Gibraltar betreibt.

Diese „exempted companies“ bringen also den Vorteil mit sich, daß kein Einwohner von Gibraltar an der Gesellschaft beteiligt sein muß (im Gegensatz z.B. zu Gesellschaften in Andorra, in der Schweiz oder Liechtenstein), außerdem können Gesellschafterversammlungen auch außerhalb Gibraltars abgehalten werden. Vermögenstrusts können ebenfalls fast ohne Formalitäten gegründet werden und sind bei Erfüllung bestimmter Voraussetzungen nicht steuerpflichtig.

Dies alles wären sehr gute Voraussetzungen für eine Steueroase, wenn die Verkehrsanbindung besser wäre, die private Vermögensverwaltung auf einer breiteren professionellen Basis stattfinden würde und die Querelen mit Spanien nicht andauern würden. Immerhin aber eine Alternative für Leute, die für Ihre Immobilien in Spanien Diskretion suchen.

5. Isle of Man

In der irischen See gelegen, versucht sich die Isle of Man als Off-Shore-Paradies zu profilieren. Innenpolitisch ist die Insel völlig autonom, außenpolitisch wird die Insel durch Großbritannien vertreten.

Bei Time-Sharing-Experten ist diese Insel auch bekannt als Sitz von Time-Sharing-Firmen, die unter anderem auf den Kanarischen Inseln sehr negativ aufgefallen sind. Die Anreise ist sehr umständlich.

5.1 Steuern, Vermögensverwaltung und Gesellschaftsgründung

Die Insel kann aufgrund der sehr niedrigen Steuern durchaus als Steueroase bezeichnet werden. Das Bankgeheimnis scheint gewährleistet, das Angebot für eine professionelle Vermögensverwaltung ist aber sehr gering, der Aufbau zu einem Off-Shore-Finanzzentrum dauert an.

Zusammenfassend läßt sich sagen, daß es attraktivere Steueroasen gibt und im allgemeinen die Kanal-Inseln für die Geldanlage und Vermögensverwaltung besser geeignet sind.

6. Kanal-Inseln

Diese Inseln liegen im Ärmelkanal westlich der Küste Frankreichs. Dabei handelt es sich um die größeren Inseln Jersey, Guernsey, Alderney und Great Sark, hinzu kommen noch ein paar kleinere Inseln. Zwar stehen sie unter britischer Hohheit, die einzelnen Inseln haben aber eigene Regierungen. Innerhalb der EG haben die Kanal-Inseln einen Sonderstatus, in dieser Hinsicht ist besonders die steuerliche Unabhängigkeit von Bedeutung.

6.1 Gesellschaftsgründung und Steuern

Wirtschaftliche Stabilität, politische Eigenständigkeit (aber nicht Unabhängigkeit), keine Devisenbeschränkungen, Bankgeheimnis, einfache und sehr billige Gesellschaftsgründung und eine erträgliche Einkommensteuer in Höhe von 20% sind der überzeugende Beweis für den Status einer Steueroase.

Die Behörden selbst sehen die Inseln lieber als internationales Finanzzentrum, womit sie nicht Unrecht haben. Jersey und Guernsey haben sich zu florierenden Off-Shore-Zentren entwickelt. Viele bekannte Banken und Versicherungen ließen sich aufgrund der hervorragenden Bedingungen auf den Inseln nieder.

Briefkasten-Firmen, die keine Geschäfte auf der Insel tätigen, unterliegen keiner Einkommensteuer, sondern lediglich einer Pauschale in Höhe von cirka 300 Pfund jährlich.

6.2 Vermögensverwaltung

Private Kunden sind gern gesehene Gäste, eine langjährige Tradition in der privaten Vermögensverwaltung fehlt allerdings. Aufgrund der Geltung des englischen Common Law haben Vermögenstrusts Hochkonjunktur, da diese neben der Einfachheit der Gründung Steuervorteile und Diskretion bieten und die Gründung sehr billig ist.

Wer als privater Anleger eine Briefkasten-Firma oder einen Vermögenstrust gründen will und Diskretion sucht, ist bei den Kanal-Inseln an der richtigen Stelle.

7. Kleinwalsertal und Jungholz

Im Kleinwalsertal und der Ortschaft Jungholz, die zwar politisch zu Österreich gehören, aber wirtschaftlich zur BRD, ist es möglich, anonyme Konten auch in deutscher Währung zu halten. Ein Geldumtausch wie bei anderen Auslandskonten ist also nicht notwendig. Daß diese Verhältnisse Schwarzgeld magisch anziehen, ist nicht verwunderlich.

8. Liechtenstein

Das Fürstentum Liechtenstein bietet sehr stabile wirtschaftliche Verhältnisse, das Bankgeheimnis ist unangetastet und gewährleistet. Kapital- und Devisenverkehr sind vollkommen frei, zudem ist das Fürstentum ein echtes Steuerparadies.

Entscheidend für die Qualität des Bankgeheimnisses und der Anonymität in Liechtenstein ist die Tatsache, daß bei Vergehen gegen ausländische Steuer- und Devisenvorschriften Rechts- und Amtshilfe an ausländische Behörden und Gerichte nicht geleistet wird, im Gegensatz zur Schweiz, wo im Falle eines Abgabebetruges Rechtshilfe geleistet wird. Auch gibt es kein Doppelbesteuerungsabkommen mit der Pflicht zum Informationsaustausch mit der Bundesrepublik Deutschland.

Der Schweizer Franken ist die amtliche Währung, der ausländische Anleger kann sich also ohne Probleme Geld auf einem Sparbuch in Schweizer Währung anlegen und die Zinsen darauf steuerfrei kassieren. Nur bei liechtensteinischen Kassenobligationen ist eine 4%ige Quellensteuer zu bezahlen.

Als Finanzplatz kann Liechtenstein nicht bezeichnet werden, es gibt keine Börse, außerdem existieren nur drei Banken, deren Solidität aber unbestritten ist: Die Liechtensteinische Landesbank (führende Hypothekarbank) die Bank in Liechtenstein AG (Anlageberatung und Vermögensverwaltung) und die Verwaltungs- und Privat-Bank AG (ebenso Anlageberatung und Vermögensverwaltung). Ausländische Banken gibt es also nicht, Neugründungen sind nicht zugelassen. Schlagzeilen hat der frühere Chef der Bank in Liechtenstein, Christian Norgren gemacht. Er stolperte über Insider-Geschäfte und mußte sich als Präsident der Bank in Liechtenstein verabschieden lassen.

8.1 Gesellschaften

Typisch für Liechtenstein sind die fast unzähligen Domizilfirmen, Stiftungen und Holdings, mögen es nun nach den verschiedenen Schätzungen 30.000, 45.000 oder 60.000 an der Zahl sein. In jedem Fall gibt es mehr Gesellschaften als Einwohner (knapp 30.000).

Liechtensteinische Anstalten oder Trusts laufen Gefahr, im Ausland nicht anerkannt zu werden, obwohl sie nach liechtensteinischem Recht gegründet worden sind. In Italien und in den USA kann man davon ausgehen, daß liechtensteinische Anstalten nicht anerkannt werden. Im übrigen hat auch das Landgericht Rottweil in einem Urteil die Wechselklage einer liechtensteinischen Domizilfirma mangels Existenz abgewiesen, da das Gericht davon ausging, daß in Liechtenstein keine Geschäfte betrieben wurden, die aktive Tätigkeit nur in Deutschland stattfand, aber in Deutschland die Handelsregistereintragung fehlte. Dies ist ein begrüßenswertes Urteil, da oftmals Briefkasten-Firmen nur dazu dienen, Geschäftspartner und Anleger de facto rechtlos zu stellen. Briefkasten-Firmen als Geschäftspartner sind jedenfalls nicht empfehlenswert.

8.2 Vermögensverwaltung und Diskretion

Meist werden liechtensteinische Gesellschaften zur Vermögensverwaltung eingeschaltet. Beispiel: Eine schweizerische Treuhandgesellschaft (hinsichtlich Anonymität, Bankgeheimnis und Amts- und Rechtshilfeverkehr ist Liechtenstein der Schweiz eindeutig vorzuziehen) empfiehlt dem deutschen Anleger für die Vermögensnachfolgeregelung im Todesfall „eine liechtensteinische Stiftung eventuell in Kombination mit einer Panama-Aktiengesellschaft als treuhänderische Stifterin“ als „ideale Lösung“.

Ausgangspunkt für diese Empfehlung ist das (dem Finanzamt) nicht deklarierte Vermögen. Wenn dieses Vermögen im Todesfall zum Vorschein komme, könne es zu empfindlichen fiskalischen oder strafrechtlichen Konsequenzen führen, und/oder es könnten dem Erblasser unerwünschte Begünstigte die Vermögensnachfolge antreten. Die „ideale Lösung“ ist gemäß Abbildung (siehe Seite 58) konzipiert.

Diese Konstruktion sollen die Anonymität sichern: „Damit in der Stiftungsurkunde der Name des Stifters nicht erscheint und dieser vollkommen anonym bleibt, sollte die Gründung der Stiftung und die Vermögensordnung durch einen Treuhänder, eine treuhänderisch zur Verfügung gestellte oder eine eigene panamaische Gesellschaft erfolgen. Die Variante der eigenen Panama-Gesellschaft hat zudem den Vorteil, daß diese für eine im voraus limitierte Zeit gemäß Stiftungsreglement als Erstbegünstigte anstelle des effektiven Stifters erscheinen kann“.

9. Luxemburg

Die Frage wie lange Luxemburg noch frei von Quellensteuer bleibt, läßt sich zumindest vorläufig damit beantworten, daß sie den Anlegern erhalten bleibt. Allerdings steht nun im Raum, daß innerhalb der EG eine intensive Amts- und Rechtshilfe zwischen den EG-Staaten eingeführt wird, wodurch dann die Diskretion des Finanzplatzes Luxemburg untergraben werden würde. Noch ist es aber nicht soweit, so daß die Anleger auch weiterhin ihr Geld diskret und quellensteuerfrei in Luxemburg anlegen können.

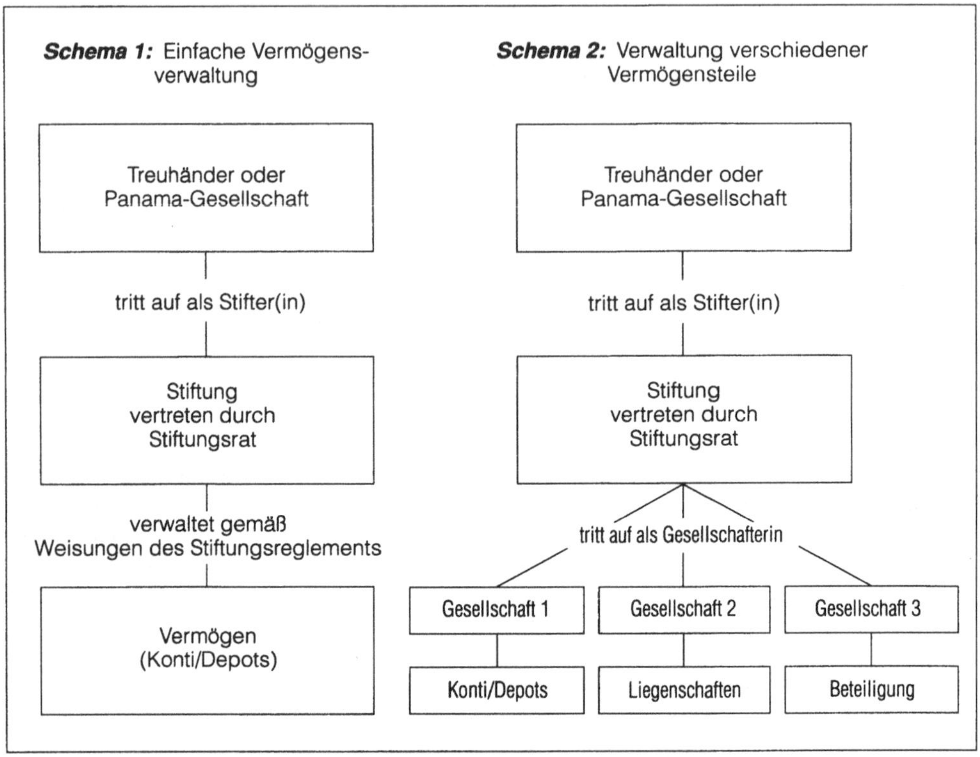

Vermögensverwaltung in Liechtenstein

Der Finanzplatz Luxemburg ist mit dem Euromarkt-Geschäft großgeworden. Das Fehlen einer Mindestreservepflicht für die Banken war dafür die beste Voraussetzung, darüber hinaus bietet Luxemburg sehr stabile politische, wirtschaftliche und soziale Verhältnisse.

Diese hervorragenden Rahmenbedingungen in Verbindung mit dem strikten Bankgeheimnis und der Quellensteuerfreiheit machen Luxemburg zu einem idealen Ort der Geldanlage und Vermögensverwaltung.

Neuerdings wird Luxemburg genausowenig wie andere Steueroasen oder Finanzplätze nicht von schmutzigen Geldern verschont. Aufgrund eines Gesetzes vom 7.7.1989 wurde bereits die unwissentliche Beteiligung an Geldwäsche durch den Drogenhandel unter Strafe gestellt, sofern die berufliche Sorgfaltspflicht mißachtet wird. Die Banken sind verpflichtet, bei der Annahme von Geldern die Herkunft und der Eröffnung von Konten die Identität zu kontrollieren. Dies braucht aber den typischen steuerflüchtigen Anleger nicht zu beunruhigen, verhindert werden soll nur die Geldwäsche aus dem Drogenhandel, aber nicht die übliche Steuerhinterziehung.

9.1 Steuern

In Luxemburg nicht ansässige Anleger müssen weder Einkommens-, Vermögens-, Erbschafts- noch sonstige Kapitalertragsteuern bezahlen. Gold und andere Edelmetalle können mehrwertsteuerfrei erworben werden.

9.2 Vermögensverwaltung und Geldanlage

Die geographische Nähe zu Deutschland und die verkehrstechnische Anbindung sind weitere hervorragende Voraussetzungen für die Geldanlage in Luxemburg. Bei der Vermögensverwaltung kann sich Luxemburg immer mehr als Alternative zur Schweiz profilieren. Die deutschen Banken sind in der Vermögensverwaltung besonders stark und zahlreich vertreten, sowohl Geschäftsbanken als auch Privatbanken.

Eine deutsche Bank macht so Werbung für ihr dortiges Büro: „Zum persönlichen Kennenlernen und zur Wahrung der Vertraulichkeit dieses individuellen Geschäftes würde sich ein persönlicher Besuch bei uns am besten empfehlen". Wer bei indivuellen Geschäften und der zu wahrenden Vertraulichkeit an Schwarzgeld und Nichtversteuerung von Kapitalerträgen denkt, denkt sicherlich in den meisten Fällen nicht falsch.

Der Anleger hat freie Auswahl an quellensteuerfreien Anlagen, sei es ein Sparbuch oder seien es Terminanlagen in allen gängigen Währungen. Aufgrund der fehlenden Mindestreservepflicht werden die DM-Bankeinlagen in Luxemburg höher verzinst als in Deutschland.

Eine besondere Bedeutung für Luxemburg haben auch die unzähligen Fonds, seien es nun Geldmarkfonds, Immobilienfonds oder Off-Shore-Fonds. Die bisher liberale Gesetzgebung bietet den Investmentsfond hervorragende Voraussetzungen.

9.3 Gesellschaften

Tausende von Finanzholdings kommen in Luxemburg in den Genuß des Holding-Privilegs. Die Gewinne der Holdings sind in Luxemburg steuerfrei. Allerdings darf die Holding im Land nicht aktiv werden, sie kann also nur Wertpapiere und/oder Beteiligungen an Unternehmen usw. verwalten. Briefkastenfirmen sind übrigens nicht im Angebot des Finanzplatzes Luxemburg zu finden.

10. Monaco

An der Mittelmeerküste gelegen und mit einem angenehmen Klima kommt Monaco für reiche Ruheständler, Profi-Sportler und andere Leute in Betracht, die ihren Arbeitsplatz nach Monaco verlegen können (z.B. Schriftsteller).

10.1 Wohnsitznahme und Immobilien

Die Immobilienpreise sind dazu angetan, niederlassungswillige Ausländer in billigere Gefilde zu treiben. Wer nur Sonne, Strand und Meer sucht, wird z.B. in Spanien sehr viel billigere Domizile finden.

Wer nicht arbeitet, braucht einen Kapitalnachweis, d.h. er muß eine Bestätigung vorlegen können, wonach er genügend Mittel für den Unterhalt hat.

10.2 Steuern

Die Einwohner von Monaco zahlen keine direkten Steuern. Allerdings müssen Franzosen, die sich erst nach 1963 in Monaco niedergelassen haben, ihr Einkommen in Frankreich versteuern.

10.3 Vermögensverwaltung und Gesellschaftsgründung

Für private Anleger, die ihr Brot in Deutschland verdienen müssen, ist Monaco nur als Urlaubsort interessant. Briefkasten-Firmen werden nicht geduldet. Im Bereich der Vermögensverwaltung bietet Monaco nichts.

11. Österreich

11.1 Anonyme Bankkonten

Österreich hat für private Anleger, Steuerflüchtlinge und Diskretion suchende Geldanleger eine Spezialität anzubieten: anonyme Konten und anonyme Wertpapieranlage.

Die Sparbücher lauten auf den „Überbringer", wobei als zusätzliche Sicherung ein Codewort vereinbart werden kann. Nachteilig ist, daß diese anonymen Sparbücher nur in Österreichischen Schillingen gehalten werden können und eine relativ geringe Verzinsung aufweisen.

Anonyme Konten können nicht nur bei den österreichischen Banken, sondern auch bei der österreichischen Bundespost eröffnet werden, die für derartige Konten große Werbung macht.

Der Vorteil dieser anonymen Konten besteht darin, daß die Banken bzw. die Postämter keinerlei Auskünfte über den Inhaber der anonymen Konten geben können, da sie ja deren Identität nicht kennen. Sie sind nicht in der Lage, Auskunft zu geben, auch wenn sie aus irgendwelchen Gründen von Strafverfolgungsbehörden angefordert würden. Es ist bekannt, daß zwischen den österreichischen und deutschen Finanzbehörden ein reger Informationsaustausch stattfindet, die anonymen Konten in Österreich sind davon völlig ausgenommen.

11.2 Anonyme Wertpapieranlage

Genauso anonym wie bei Bankkonten ist der Erwerb und Weiterverkauf von Wertpapieren in Österreich möglich. Allerdings wird in einem solchen Fall eine 10% Kapitalertragsteuer einbehalten. Die Anonymität bei Wertpapiergeschäften hat also ihren Preis.

Wer auf Anonymität verzichtet und lieber keine Kapitalertragsteuer zahlt, kann ausländische festverzinsliche Wertpapiere erwerben und zahlt für Erträge aus diesen Papieren keine Steuer, wenn er sich legitimiert und seinen Wohnsitz bekannt gibt.

Anzumerken ist noch, daß österreichische Anleihen etwas höhere Zinsen erzielen als deutsche Anleihen, obwohl das Währungsrisiko praktisch gleich Null ist.

11.3 Devisenvorschriften

Verwunderlich ist immer noch das Vorhandensein devisenrechtlicher Beschränkungen in Österreich. Österreicher bzw. in Österreich ansässige Ausländer können sich in devisenrechtlichen Angelegenheiten durchaus nicht so frei verhalten wie Deutsche. Dagegen bestehen aber für Devisenausländer bzw. nicht in Österreich ansässige Deutsche praktisch keinerlei Beschränkungen. Sind für den Kauf von Wertpapieren Devisen eingeführt worden, so kann auch der Erlös beim Weiterverkauf in jeder frei konvertierbaren Währung ins Ausland transferiert werden. Im übrigen ist die Ausfuhr von inländischen Zahlungsmitteln, also Schilling-Banknoten, pro Person und Grenzübertritt auf maximal ÖS 100.000. – beschränkt.

11.4 Vermögensverwaltung

Die österreichischen Banken besitzen keine so lange Tradition wie die Schweiz. Die Auswahl an Banken für die Vermögensverwaltung ist in der Schweiz und Luxemburg sehr viel größer als in Österreich.

Immerhin teilt aber eine österreichische Bank in der Broschüre „Geld in Österreich“ mit: „Die Vermögensverwaltung wird Ihnen von der Österreichischen Länderbank ab 1 Million Schilling bzw. dem Gegenwert in Fremdwährung angeboten. Auch anonym, doch sehr persönlich“.

12. Schweiz

Als Fluchtburg für privates Kapital hatte die Schweiz jahrzehntelang einen untadeligen Ruf. Zwischenzeitlich ist die Schweiz als Finanzdrehscheibe für Drogengelder und Fluchtgelder von Diktatoren ins Gerde gekommen. Auch wird beklagt, daß die Entwicklung an den internationalen Finanzmärkten die Tendenz zu globalen Finanzmärkten und damit die großen Zentren in New York, Tokio und London begünstige.

Außerdem gerate der Finanzplatz Schweiz (mit den Zentren Zürich, Genf, Basel und Lugano) durch hausgemachte Probleme wie fehlende Innovationskraft, überkommene Konventionen und marktfeindliche Praktiken ins Hintertreffen. Demgegenüber seien die traditionellen Trümpfe wie die hervorragenden Rahmenbedingungen, die harte Währung und das Bankgeheimnis von nachlassender Bedeutung, da zumindest die institutionellen Anleger weniger an einem strikten Bankgeheimnis als an einer sehr guten Performance interessiert seien.

Zweifelsohne war es in der jüngsten Vergangenheit nach dem Sturz eines Diktators nur noch eine Frage der Zeit, bis der Name Schweiz genannt wurde, wenn nach den veruntreuten und verschwundenen Geldern von Ex-Diktatoren gefahndet wurde, sei es nun Marcos, Somoza, der persische Schah oder Ceausescu gewesen. Auch Erich Honneckers Devisenstatthalter Alexander Schalk-Golodkowski und der panamesische Diktator Noriega hatten mit Schweizern Nummernkonti gearbeitet.

Nun wollen die Schweizer ihren Ruf als Fluchtburg für Kapital gegenüber Privatleuten natürlich nicht verlieren, auf der anderen Seite möchte man aber auch nicht regelmäßig wegen der Flucht- und Drogengelder ins Gerede kommen, dies könnte dem politischen Renommee der Schweiz allzu sehr schaden. Hinzu gekommen ist auch noch das Problem der Geldwäsche von Drogengeldern. Läßt sich die Schweiz als Weltwaschanstalt des Drogen- und Fluchtgeldes bezeichnen?

12.1 Bankgeheimnis

Um erwünschte Gelder aus dem Ausland von der Schweiz fernzuhalten, kam es 1977 zwischen der Schweizerischen Bankiervereinigung und der Schweizerischen Nationalbank zur „Vereinbarung über die Sorgfaltspflicht bei der Entgegennahme von Geldern und die Handhabung des Bankgeheimnisses (VSB)“. Diese Vereinbarung sollte die Pflichten der Banken im Umgang mit ausländischen Kunden, die ihr Geld zum Zwecke der Kapitalflucht und der Steuerhinterziehung bei Schweizer Banken in Sicherheit bringen wollen, präzisieren. Es handelte sich um eine freiwillige Vereinbarung, die nicht den erhofften Erfolg brachte, da Personen mit einem gesetzlich geschützten Berufsgeheimnis und Treuhänder im Verkehr mit den Banken eine Sonderbehandlung erhielten.

Diese mußten gegenüber der Bank nur erklären, daß der Konto-Berechtigte bekannt sei und verpönte Handlungen im Sinne der Vereinbarung nicht vorliegen. So war es also dennoch möglich, über Treuhänder oder Anwälte zweifelhaftes Geld bei den Banken unterzubringen. Im Falle eines Amts- und Rechtshilfeverfahrens konnten dann die Banken auch mit gutem Gewissen darauf hinweisen, daß nach ihrer Kenntnis keine zweifelhaften Gelder bei der Bank angelegt sind.

Um das „Geldwaschen“ über Schweizer Banken noch mehr zu reduzieren, gibt es seit 1.1.1987 eine verschärfte Vereinbarung über die Standesregeln zur Sorgfaltspflicht der Banken. Bei jeder Bareinzahlung ab SFr. 100.000 muß der Name des Einzahlers genannt werden. Rechtsanwälte und Treuhänder unterliegen einer verschärften Sorgfaltspflicht. So muß z.B. ein Anwalt, der treuhänderisch Geld verwaltet, erklären, daß „der Hauptzweck des Mandats weder direkt noch indirekt Vermögensverwaltung ist“. Ebenso müssen die Anwälte und Treuhänder in dieser Erklärung aussagen, daß die Identität des wirtschaftlich Berechtigten an den eingezahlten Geldern bekannt ist. Ob sich alle Anwälte und Treuhänder daran halten?

Trotz dieser Regelungen kamen die Schweizer in den letzten Jahren eher noch mehr in den Ruf einer „Weltwaschanstalt des Drogen- und Fluchtgeldes“. In der Diskussion stehen zur Zeit noch weitergehende Regelungen, die den guten Ruf der Schweiz wieder herstellen sollen. Dies mag zwar gelingen, aber nur, wenn die Schweizer Banken auf Kunden verzichten, mit denen sie bisher viel Geld verdient haben.

Im Früjahr 1990 hat die Schweizerische Bankenkommission in Bern beschlossen, daß die Anwälte den „wirtschaftlich Berechtigten“ der Bank gegenüber bekannt geben müssen. Diese Regelung kann dazu führen, daß Anleger, die eine völlige Anonymität wünschen, ihr Geld künftig anderswo verwalten lassen werden.

12.2 Schweizerische Rechts- und Amtshilfe

Früher hatte die Schweiz die Gewährung von Rechtshilfe für Fiskaldelikte grundsätzlich abgelehnt, aber seit der Einführung des innerschweizerischen Gesetzes über internationale Rechtshilfe in Strafsachen (IRSG) vom 10.3.1981 hat die Schweiz für ausländische Steuerfahnder die Möglichkeit der Rechtshilfe eröffnet, wenn es sich nicht nur um einen „einfache Steuerhinterziehung“, sondern um sogenannte „Abgabebetrug“ handelt.

Der Begriff des Abgabebetruges ist umstritten. Fest steht, daß die einfache Steuerhinterziehung keinen Abgabebetrug darstellt, ebensowenig die Zwischenschaltung einer Domizilgesellschaft zum Zwecke der Gewinnverlagerung. Rechtshilfe muß aber geleistet werden, wenn jemand in der Schweiz Bankkonten unterhält und diese bei einer eidesstattlichen Versicherung in Deutschland nicht angibt. Da es sich um einen Straftatbestand (falsche eidesstattliche Versicherung) handelt, muß die Rechtshilfe gewährt werden. Das Bankgeheimnis ist dann durchbrochen und hier hilft auch kein sogenanntes Nummernkonto, denn auch bei einem Nummernkonto ist die Identität des Kunden zumindest einigen leitenden Angestellten bekannt. Völlig anonyme Konten, wie etwa in Österreich, sind in der Schweiz nicht zugelassen.

Falls es sich um einen Abgabebetrug handelt und die Schweiz Rechtshilfe leistet, sind die Banken verpflichtet, Informationen zu erteilen und zwar auf Grund der Weisung der jeweiligen kantonalen Behörde.

Die Gefahr der Rechts- und Amtshilfe wurde aber schon bisher von den Anlegern dadurch vermieden, daß Treuhänder und Anwälte zwischengeschaltet wurden und damit auch der Antrag auf Rechts- und Amtshilfe ins Leere ging.

Hingegen kann der „einfache" Steuerhinterzieher bis heute seine Schwarzgelder in die Schweiz bringen und auf das dortige Bankgeheimnis vertrauen. Nur im Falle einer Amts- und Rechtshilfe auch bei einfacher Steuerhinterziehung könnte dies verhindert werden.

12.3 Vermögensverwaltung

Die Tradition im privaten Vermögensverwaltungsgeschäft, der (noch) harte Schweizer Franken, stabile politische, wirtschaftliche und soziale Verhältnisse, problemlose Kommunikationsmöglichkeiten und die deutsche Sprache ebenso wie die verkehrstechnische Anbindung und die leichte Erreichbarkeit von Deutschland aus werden auch in Zukunft der Schweiz einen großen Anteil am privaten Vermögensverwaltungsgeschäft garantieren.

Dies sollte den Anleger nicht dazu verleiten, sich allzu vorschnell und ohne nähere Informationen den Schweizer Banken und sonstigen freiberuflichen Vermögensverwaltern in der Schweiz anzuvertrauen. Gerade die Solidität in der Schweiz wird oftmals von betrügerischen Anlagevermittlern ausgenutzt.

Wer sein Vermögen aktiv verwalten lassen will, ist bei den Großbanken, Kantonal- und Privatbanken im allgemeinen gut aufgehoben. Allerdings hat der Börsen-Crash 1987 mit aller Deutlichkeit gezeigt, daß auch die sogenannten professionellen Vermögensverwalter (wie überall) keine Wunder bewirken können und in schlechten Jahren auch mit einem Rückgang des Vermögens gerechnet werden muß.

Schweizer Privatbanken wird zugute gehalten, daß der Service individueller und die Beziehungen zum Kunden persönlicher sind. Dafür muß aber auch der Anleger höhere Mindestsummen mitbringen.

Daneben gibt es auch bankenunabhängige Vermögens-Verwalter, die gegen eine fixe Gebühr und ein zusätzliches Erfolgshonorar arbeiten. Das größte Problem für die Anleger besteht darin, die seriösen von den unseriösen und kriminellen Vermögensverwaltern zu unterscheiden. Im Zweifelsfall sollte man lieber zu einer Schweizer Bank gehen, deren Ruf zumindest Solidität verspricht. Es gibt viele dubiose Vermögensverwalter, die den Standort Schweiz als Zeichen für Solidität für sich vermarkten und damit Kunden gewinnen. Gerade Deutsche tun sich in dieser Hinsicht sehr unrühmlich hervor.

Zwischenzeitlich gibt es einen Verband Schweizerischer Vermögensverwalter in Zürich. Die Mitgliedschaft eines privaten Vermögensverwalters bei diesem Verband ist zumindest ein positives Indiz für die Seriosität und Bonität.

Auch viele deutsche Banken bieten über ihre Niederlassungen in der Schweiz Vermögensverwaltung an, wobei das dortige Bankgeheimnis gilt.

12.4 Geldanlage

Bei Treuhandanlagen in Termingeldern, insbesondere auf dem Euro-Markt, besteht die Möglichkeit, die Schweizerische Verrechnungssteuer zu vermeiden. Das Geld des Kunden wird im Namen der Bank, aber für Rechnung und auf Risiko des Anlegers angelegt. Auf diese Weise kann der Kunde die Schweizer Diskretion in Anspruch nehmen, ohne Verrechnungssteuer bezahlen zu müssen.

Partizipationsscheine sind eine Besonderheit des schweizerischen Aktienmarktes. Die Inhaber dieser Partizipationsscheine haben bei Ertrag und Substanz im allgemeinen die gleichen Rechte wie Aktionäre, dagegen aber keine Stimm-, Kontroll- und Auskunftsrecht. Die Partizipationsscheine sind stimmrechtslose Vorzugsaktien deutscher Aktiengesellschaften ähnlich. Sie müssen als Aktien zweiter Klasse bezeichnet werden.

Schweizer Franken-Anleihen sind nicht immer die erhoffte sichere Anlage. In der Vergangenheit gab es verschiedene notleidende Franken-Anleihen, die jeden Anleger zur Vorsicht veranlassen sollten.

12.5 Immobilien als Kapitalanlage?

Der Erwerb von gewerblichen Immobilien als Kapitalanlage ist in der Schweiz nicht möglich. Nur derjenige, der beabsichtigt, in der Schweiz einen Betrieb oder eine gewerbliche Niederlassung zu gründen, kann dafür Grundstücke erwerben. Zu Ferienimmobilien siehe Kapitel D.

Die einzige Möglichkeit, in Schweizer Immobilien zu investieren, ist der Kauf von Investmentanteilen an Schweizer Immobilienfonds. Anteile an diesen Fonds können ohne Einschränkungen erworben werden, eine Ausländergenehmigung ist nicht notwendig.

Allerdings sind die Erträge aus Miet- und Zinseinnahmen steuerpflichtig, und zwar ist eine Quellensteuer (sogenannte Verrechnungssteuer) in Höhe von 35% zu bezahlen.

Von diesen 35% Verrechnungssteuer müssen auf Grund des Doppelbesteuerungsabkommens Deutschland-Schweiz 20% von der Schweiz zurückerstattet werden, die verbleibenden 15% werden auf die deutsche Einkommensteuer angerechnet.

Zur Zeit gilt die Lex Friedrich (vorausgegangen waren die Lex Furgler und die Lex von Moos), wonach Ausländer nur in sehr wenigen Ausnahmefällen Immobilien in der Schweiz erwerben dürfen.

Wer seine Immobilie über die Zwischenschaltung einer Schweizerischen AG erworben hat, geht ein sehr großes Risiko ein. Wird diese Vorgehensweise den Behörden bekannt, können die Schweizer Gerichte die entschädigungslose Enteignung der Gesellschaft und die Anordnung der Liquidation der Gesellschaft aussprechen. Dies ist schon in der Vergangenheit von den Schweizer Gerichten durchexerziert worden, es ist sehr wahrscheinlich, daß es noch zu mehreren Zwangsauflösungen und entschädigungslosen Enteignungen kommen wird.

Auf Grund der stark anziehenden Bodenpreise in der Schweiz sah man sich 1989 zu radikalen Maßnahmen im Immobilienbereich gezwungen. Es wurde in der Schweiz eine fünfjährige Sperrfrist und eine 80%ige Pfandbelastungsgrenze (100% Fremdfinanzierungen sind also nicht mehr möglich) beschlossen, um Spekulationen und kurzfristige Verkäufe von Grundstücken zu unterbinden. Diese fünfjährige Sperrfrist bedeutet praktisch ein befristetes Veräußerungsverbot, allerdings gibt es einige Ausnahmeregelungen.

12.6 Niederlassung in der Schweiz

> „Viel Geld, gute Schweizer Freunde, bekannter Name: Ausländern mit solchen Eigenschaften öffnen sich Schweizer Grenztore wie geschmiert".

So beschreibt der Schweizerische Beobachter in Heft 7/89 die Situation für Ausländer, die sich in der Schweiz niederlassen wollen. In der Ausgabe vom 1.6.1989 „Blick durch die Wirtschaft" berichtet Heinz Brestel über die finanziellen Voraussetzungen für eine Niederlassung als Rentner oder Pensionär im Tessin:

> „Jetzt verlangt die Tessiner Steuerverwaltung die Deklaration von mindestens 200.000 SFr. pauschal von einem Zuwanderer. Von dieser angenommenen Einkommensumme (in Wirklichkeit kann der Betreffende viel mehr verdienen) sind dann in der Schweiz Bundes-, Kanton- und Gemeindesteuern zu bezahlen. Der Steueraufwand dürfte also 60.000–70.000 SFr. jährlich betragen".

13. Osteuropäische Länder

Falls die positive Entwicklung in diesen Ländern anhält, wird es im Laufe der nächsten Jahre auch für private Kapitalanleger die Möglichkeit geben, sich dort zu engagieren. Im Augenblick fehlt es aber noch an liberalisierten Finanz- und Kapitalmärkten. In Budapest soll die Aktienbörse am 21.6.1990 wieder eröffnet werden. Beim Erscheinen dieses Buches wird also der westdeutsche Kapitalanleger schon die Möglichkeit haben, ungarische Aktien zu kaufen.

Auch wurden in Ungarn schon in den letzten Jahren Nummernkonten in allen wichtigen Währungen angeboten. Die Zinsen lagen höher als im westlichen Ausland, das Bankgeheimnis soll absolut garantiert gewesen sein. Die Zinserträge wurden quellensteuerfrei und diskret ausbezahlt.

Zu einem Finanzplatz internationalen Zuschnitts fehlt aber noch viel, die dazu notwendige Infrastruktur ist nicht vorhanden, für die Vermögensverwaltung fehlt das notwendige Know-how und die Erfahrung.

Jeder Kapitalanleger sollte also die Entwicklung im Osten genau verfolgen, auch wenn sich im Augenblick noch keine konkreten Möglichkeiten für ein Engagement bieten. Anders sieht dies bei unternehmerischen Engagements aus, die schon jetzt geplant und in die Tat umgesetzt werden sollten.

II. Karibik

1. Bahamas

Östlich von Florida gelegen bieten die Bahamas mit der Hauptstadt Nassau noch mehr Inseln als Bermuda (circa 700). Auf Grund der dortigen Verhältnisse und der Nähe zu den USA ist es nicht verwunderlich, daß besonders viele Amerikaner auf den Bahamas Urlaub machen und dort ihren Lebensabend verbringen. Seit 1973 unabhängig, gehören die Bahamas zum Commonwealth.

1.1 Gesellschaftsgründung und Steuern

Das Rechtssystem ist immer noch vom Common Law geprägt. Die Gründung von Vermögenstrusts ist also problemlos möglich. Es werden keine direkten Steuern erhoben. Wie Bermuda müssen auch die Bahamas dem Druck amerikanischer Behörden auf Weitergabe von Informationen Widerstand leisten.

2. Cayman-Inseln

Die Inseln liegen circa 700 km südlich von Florida. Der Britischen Krone zugehörig, sind die politischen Verhältnisse sehr stabil.

2.1 Steuern und Bankgeheimnis

Eine ideale Steueroase mit allen Vorzügen, die man sich unter diesem Begriff vorstellt. Der einzige Nachteil ist die weite Entfernung von Europa.

Es gibt keine Steuern, das strenge Bankgeheimnis ist gewährleistet. Die Inseln sind ein Off-Shore-Zentrum mit hunderten von Banken und Trusts und tausenden Gesellschaften.

2.2 Gesellschaftsgründung und Vermögensverwaltung

Gesellschaftsgründungen sind einfach. Empfehlenswert sind die Cayman-Inseln für Trusts nach englischem Recht oder für Leute, die einen Teil ihres Vermögens weit weg von Europa anlegen wollen. Wer aber nur an einem strengen Bankgeheimnis oder an einer diskreten Vermögensverwaltung oder einer billigen Gesellschaftsgründung interessiert ist, findet dies auch in einigen Steueroasen Europas. Devisenbeschränkungen existieren nicht, Konten können in allen Währungen geführt werden.

Wie Bermuda und die Bahamas sind auch die Cayman-Inseln dem Durck der amerikanischen Behörden ausgesetzt, Informationen weiterzuleiten. Dennoch ist der Inselstaat der größte Off-Shore-Finanzplatz der Welt.

III. Pazifik

1. Bermuda

Die älteste Kolonie Großbritanniens ist mit ihren 360 Inseln (davon sieben Hauptinseln) bekannt als exklusiver Urlaubsort. Die Verkehrsanbindung ans Ausland ist sehr gut, die Kommunikationsmittel sind hervorragend, New York ist nur zwei Stunden mit dem Flugzeug entfernt, London sieben Stunden.

1.1 Gesellschaftsgründung und Vermögensverwaltung

Exempted Companies (prädestiniert für Briefkasten-Firmen) können ohne Inländer-Beteiligung gegründet werden. Voraussetzung ist, daß diese Firmen auf den Inseln nicht geschäftlich tätig werden. Allerdings sind die Kosten für die Gründung verhältnismäßig hoch, sie lassen sich mit ca. DM 5.000,– beziffern.

Viel billiger ist die Gründung eines Trusts, der sich auch für die Vermögensverwaltung anbietet und schon für unter DM 1.000,– möglich ist. Die hierfür zu zahlenden Steuern sind unbedeutend oder werden gleich gar nicht erhoben.

Nach allgemeiner Auffassung ist das Bankgeheimnis gewährleistet. Ein großes Manko besteht aber darin, daß von den USA Druck ausgeübt wird mit dem Ziel, einen Informationsaustausch zu erzwingen. Dieses Gerangel dauert schon seit ein paar Jahren an und ist nicht gerade förderlich für den Ruf als Steueroase. Im übrigen ist diese Steueroase für eine aktive Vermögensverwaltung zu weit entfernt, als daß man sie uneingeschränkt empfehlen könnte.

IV. Mittel- und Südamerika

Hin und wieder kommen die Länder Südamerikas als Zufluchtsort von Kriminellen und Steuerflüchtlingen ins Gerede. Aufenthaltsgenehmigungen sind nämlich verhältnismäßig leicht erhältlich, in vielen Ländern ist man vor einer Auslieferung nach Deutschland (meist) sicher.

Das Problem dieser Leute besteht darin, daß sie zwar einen Zufluchtsort finden, wenn sie genügend Geld bei sich haben und sich mit den Einheimischen gut verstehen und arrangieren können. Falls es jedoch zu „Verständigungsschwierigkeiten" kommen sollte, das Verhalten des Ausländers nicht mehr gefällt oder die internationale Politik ins Spiel kommt, so hat dieser schnell das Nachsehen. Der Hinauswurf droht.

1. Geldanlage allgemein

Für den privaten Anleger bieten diese Länder kaum eine Möglichkeit zu einer gesicherten Kapitalanlage. Die wirtschaftlichen Verhältnisse sind nicht gerade investitionsfördernd. Schlechte wirtschaftliche Rahmenbedingungen, Inflation, Devisenbeschränkungen und fehlende Infrastruktur erschweren nicht nur gewerbliche Investitionen.

Immobilienkäufer wurden oftmals mit wertlosem Land hereingelegt, unerfahrenen Anleger ließen sich aufgrund der optisch billigen Grundstückspreise blenden. Wer Grundbesitz nur als Geldanlage kauft, ist auf die Zuverlässigkeit eines dortigen Verwalters angewiesen. Die Kontrollmöglichkeiten sind von Deutschland aus praktisch gleich null. Wozu das führen kann, ist leicht vorstellbar. Außerdem erschweren die einschränkenden Devisenbestimmungen den Rücktransfer von Gewinnen – falls tatsächlich Gewinne erzielt werden sollten – bzw. machen den Rücktransfer fast unmöglich.

2. Paraguay

Vermittler von Geldanlagen in Paraguay preisen dieses Land als einen Hort der Stabilität in Südamerika an, mit angeblich stabiler Demokratie, ohne Inflation, ein paradiesisches Land für Anleger, Landkäufer, Auswanderungswillige, Führerschein- und Passaspiranten.

Nach dem Sturz von Stroessner sind die politischen Verhältnisse unter demokratischen Gesichtspunkten nicht gerade vorbildlich. Der Putschgeneral Rodriguez hat nicht den allerbesten Ruf. Daß die wirtschaftlichen Verhältnisse im Vergleich zu anderen Staaten noch verhältnismäßig akzeptabel sind, wird in der ausländischen Berichterstattung mit dem florierenden Schmuggel begründet.

2.1 Immobilien

Vor vielen Jahren wurde deutschen Anlegern im Gran Chaco (das Sibirien Paraguays) völlig wertloses Land verkauft. Dies ist kein Einzelfall. Nicht nur mit Schmuggel, sondern auch mit naiven ausländischen Anlegern läßt sich Geld verdienen. Drahtzieher dabei sind nicht immer die Einheimischen. Insgesamt gesehen ist Paraguay keine Empfehlung wert.

3. Panama

Ein Schlupfwinkel für Briefkasten-Firmen, geschütztes Bankgeheimnis, keine Devisenkontrollen, Nummernkonten, problemlose und billige Firmengründungen, keine Steuern auf Dividenden und Zinsen.

So sah zumindest die Vergangenheit aus. Panama paßte genau in das Klischee einer Steueroase, wenn nur nicht die politischen Verhältnisse wären. Nach dem Sturz Noriegas gilt es nun abzuwarten, wie sich Panama politisch und wirtschaftlich entwickelt. Ausweichmöglichkeiten: Bahamas, Cayman-Inseln.

V. USA

Die Anlagemöglichkeiten in den USA sind den meisten Anlegern bekannt. Bei Aktien gibt es die bekannten Standardwerte, die im Dow Jones-Index enthalten sind, daneben Spezialpapiere und O.T.C.-Aktien für Spekulanten, bei Anleihen amerikanische Staatspapiere ebenso wie die neuesten Finanzkreationen. Auf den Terminmärkten können Rohstoffe, Schweinebäuche, Sojabohnen usw. an den wichtigsten Börsen in New York und Chikago auf Termin ge- und verkauft werden.

Bei den Immobilien kommen Farmland, Lagerhäuser, Einkaufszentren, Bürogebäude, Hotels, Baugrundstücke usw. in Frage.

Die USA bieten politische Sicherheit, den Schutz des Privateigentums und einen freien Kapitalverkehr. Dies sind sehr gewichtige Kriterien für den Anleger. Allerdings sind die hohe Staatsverschuldung (die größte Schuldnernation) und die damit einhergehende Schwäche des US-Dollar nicht gerade eine gute Voraussetzung für die weitere wirtschaftliche Entwicklung in den USA.

Der US-Dollar als Leitwährung der Welt und die damit verbundene Möglichkeit der USA, dies zu Lasten anderer Länder auszunutzen sollte ein Gegengewicht in einer anderen Währung erhalten. Hoffentlich kann diese Funktion einmal eine europäische Währung übernehmen.

Der Informationsaustausch zwischen amerikanischen und deutschen Finanzbehörden funktioniert ausgezeichnet. Wer also sein Geld diskret anlegen will, ist in den USA an der falschen Stelle.

1. Auswirkungen der US-Steuerreform auf den ausländischen Anleger

Zum 1.1.1987 ist die sehr bemerkenswerte amerikanische Steuerreform in Kraft getreten. Für Privatpersonen gibt es nur noch zwei Steuerklassen: 15% bis zu einem Einkommen von 17.850,– US-Dollar bei Unverheirateten und bis zu einem Einkommen von 14.875,– US-Dollar bei Verheirateten, sowie 28% für Einkommen, die über diesen Beträgen liegen. Der Freibetrag wird der Inflationsrate angepaßt. Der ehemalige Spitzensteuersatz für natürliche Personen wurde also von 50% auf 28% reduziert.

Im Gegenzug dazu dürfen künftig nicht mehr Zinsen auf Verbraucherkredite vom steuerpflichtigen Einkommen abgezogen werden. Es dürfen auch nur noch Hypothekenzinsen für maximal zwei Häuser abgesetzt werden.

Auf dem Immobilienmarkt sind Abschreibungsgesellschaften sehr schlechten Zeiten entgegengegangen. Verluste aus „passiven“ Beteiligungen wie Abschreibungsgesellschaften können nur noch insoweit steuermindernd geltend gemacht werden, als entsprechende Gewinne aus anderen passiven Beteiligungen vorliegen. Von dieser Einschränkung sind ausländische Anleger weniger betroffen, da im Gegensatz zu den amerikanischen steuersparwilligen Anlegern für Ausländer keinerlei Anreiz besteht, in Abschreibungsgesellschaften (sogenannte „Tax-Shelters“) zu investieren: die Buchverluste sind in der Regel nicht auf das Heimatland des Anlegers übertragbar. Deshalb haben die Ausländer hauptsächlich in Objekte investiert, die eine rasche und sehr hohe Rendite (zumindest) versprachen.

Negativ wirkt sich auf den Immobilienmarkt die längere Abschreibungsdauer aus. Diese betrug früher für Immobilien 19 Jahre, für Wohngebäude beträgt diese jetzt 27,5 Jahre, für gewerbliche Immobilien 31,5 Jahre.

Sowohl kurzfristig als auch langfristig erzielte Veräußerungsgewinne werden einheitlich besteuert (Höchstsatz 28%). Langfristige Veräußerungsgewinne sind also nicht mehr steuerlich begünstigt.

2. Wall Street

Wall Street ist das Synonym für den westlichen Kapitalismus in seiner ureigensten Form. Die Schlagzeilen über die Wall Street mit der New York Stock Exchange (Wertpapierbörse) sind noch immer das Barometer für die Stimmung an allen großen Börsen der Welt.

Der Vergleich mit einer Spielhölle ist zumindest insofern berechtigt, als an der Wall Street wie bei Glücksspielen mit Manipulationen große Gewinne gemacht werden und der unwissende Kleinanleger dadurch geschädigt wird. Als Stichworte seien genannt: Insiderhandel, Short-Manipulationen, Risikoanleihen (sogenannte „Junk-Bonds“).

Die Insider Ivan Boesky, Arnim Levine und andere hatten vertrauliche Informationen über Aktien-Transaktionen zum eigenen Vorteil benutzt, obwohl dies in den USA verboten ist. Bei einer anderen Art von Insider-Geschäft wurden Aktienempfehlungen des Magazins „Business week“ schon vor der Veröffentlichung zum Kauf der jeweiligen Aktie genutzt.

In Junk-Bonds ist die Kapitalanlage hochspekulativ. Die Anleger sind über die Risiken schlichtweg getäuscht worden. Zwischenzeitlich ist der Junk-Bond-Markt zusammengebrochen, nachdem die in diesem Markt führende Firma Drexel Burnham Lambert in Konkurs gegangen ist und noch niemand in der Lage ist, einen funktionierenden Markt für diese „Wertpapiere“ herzustellen.

Die amerikanische Börsenaufsichtsbehörde SEC, die als Reaktion auf die große Krise Ende der zwanziger Jahre geschaffen wurde, ist nicht in der Lage, Manipulationen durch Leerverkäufe zu verhindern. Diese Leerverkäufer haben ein einfaches Rezept: Sie setzen negative Gerüchte in Umlauf und spekulieren darauf, daß auf Grund dieser negativen Gerüchte die Kurse sinken. In Erwartung darauf hat der Leerkäufer schon vorneweg Aktien verkauft, die er später billiger zurückkaufen kann.

Mit der gegenteiligen Masche sollen Gesellschaften und Manager den Aktienkurs manipuliert haben. Es werden positive Nachrichten in die Welt gesetzt, um die Aktienkurse in die Höhe zu treiben, nachdem vorher schon Aktien des Unternehmens zu günstigen Kursen gekauft worden sind.

Sehr hohe Verluste bis zum Verlust des gesamten Vermögens gab es am 19.10.1987, dem „Schwarzen Montag", vor allem bei den Leuten, die am Termin- und Optionsgeschäft beteiligt waren. Spekulanten und Kleinaktionäre hatten sich daraufhin bei der starken Börsenkontrolle SEC beschwert. Die Verkaufsaufträge seien zu spät durchgeführt und Anrufe nicht entgegengenommen worden, man sei zu spekulativen Geschäften überrumpelt worden. Was anfangs nur ein Gerücht war, wurde dann in der von der US-Regierung eingesetzten Brady-Kommission bestätigt. Tatsächlich wurden Anrufe entweder gar nicht entgegengenommen oder die Aufträge verspätet ausgeführt. Die Broker dachten also nicht zuerst an ihre Kunden, sondern an ihre eigene Tasche und versuchten, die eigenen Verluste in Grenzen zu halten.

Eine andere Spielart der Börsenmakler, sich zu Lasten der Kunden schadlos zu halten bzw. Gewinne zu machen wird als „Front-Running" bezeichnet. Umfangreiche Aufträge von Großanlegern werden dazu genutzt, bei Ausführung dieser Aufträge mit eigenen Geschäften der erwarteten Kursentwicklung zuvorzukommen und damit Geld zu verdienen. Bezieht sich der Auftrag auf den Verkauf von Aktien, der einen fallenden Aktienkurs zur Folge haben wird, so verkaufen die Makler Put-Optionen, die einen Gewinn bringen, wenn der Kurs der Aktie fällt. Diese Aktion bleibt den anderen Marktteilnehmern nicht verborgen, so daß diese entsprechend reagieren und es letztendlich zu Kursverlusten der Aktie kommt. Wenn dann der Verkaufsauftrag der Kunden ausgeführt wird, kann dieser die Aktie nur noch zu ermäßigten Preisen abstoßen.

Anzumerken bleibt, daß von diesen Machenschaften nur institutionelle Anleger betroffen sind, die mit ihren Großaufträgen den Aktienkurs beeinflussen. Kleinanleger sind davon nicht betroffen, da ein Kauf- oder Verkaufsauftrag über eine geringe Zahl amerikanischer Aktien keinerlei Auswirkung auf den Aktienkurs hat. Diese Vorgänge schaden aber nicht nur den Kleinanlegern, die auf die Seriosität der Börsen vertrauen, sie schaden auch dem Ruf des westlichen Wirtschaftssystemes.

Man kann nur hoffen, daß diesen Leuten, die auf der einen Seite am meisten profitieren und auf der anderen Seite Kleinanleger und die westlichen Volkswirtschaften insgesamt schädigen, schnellstens das Handwerk gelegt wird. Solange nicht seriöse und für jeden Anleger klar erkennbare Regeln auf dem Wertpapiermarkt herrschen, darf man sich nicht wundern, wenn die Anleger von der Spielhölle Wall Street nichts mehr wissen wollen.

3. Kapitalanlage in Immobilien

Auf Grund der niedrigen Steuersätze sind Investments in US-Immobilien unter steuerlichen Gesichtspunkten ideal, da die Erträge daraus nur in den USA versteuert werden müssen und nicht von der hohen Progression der deutschen Einkommensteuer betroffen sind. Allerdings dürfen diese steuerlichen Vorteile nicht dazu verleiten, Immobilienangebote ungeprüft zu kaufen.

Gerade bei Objekten, die in Deutschland zum Kauf angeboten werden, ist Vorsicht geboten. Überspitzt formuliert läßt sich durchaus feststellen, daß in Deutschland das angeboten wird, was sich in den USA nicht losschlagen läßt.

Der amerikanische Immobilienmarkt befindet sich insgesamt in einer sehr kritischen Phase, d.h. auf Talfahrt. Allerdings gibt es regionale Unterschiede, so daß die Lage nicht überall gleich schlecht ist.

Bei direkten Investitionen in Immobilien in den USA ist die Einschaltung eines Beraters und Anwalts unabdinglich. Wer glaubt, sich die Kosten dafür nicht leisten zu können, sollte lieber ganz verzichten.

Schlechte Zeiten herrschten in den vergangenen Jahren auch für die amerikanischen Farmer. Es gab viele Zwangsversteigerungen, über 2 Millionen Hektar Acker- und Weideland fielen von pleitegegangenen Landwirtschaftsbetrieben an Gläubiger (Banken und Versicherungen). Zwischenzeitlich hat sich der Preis für US-Agrarland auf einem unteren Niveau stabilisiert. Angesichts der weiteren extrem niedrigen Preise für Agrarerzeugnisse auf dem Weltmarkt ist aber auch weiterhin bei Investments in Farmland Vorsicht angebracht. Immerhin läßt sich aber eine solche Investition in Farmland oder auch Waldbesitz als inflationssichere Anlage bezeichnen.

Die Aussichten auf dem US-Immobilienmarkt wurden im Frühjahr 1990 nicht positiv beurteilt. In der deutschsprachigen Presse ist von „schlechten Zeiten für US-Immobilien" und „nach dem Boom jetzt Katzenjammer" und „der Wertverfall greift auf private Wohnbauten über" die Rede.

Zwar galten diese Schlagzeilen noch nicht für alle Gebiete in den USA und gewerbliche Immobilien sind vom Verfall mehr betroffen als private Wohnbauten, doch wird man beim Erwerb einer Immobilie in den USA sehr vorsichtig sein müssen, da ein Ende der schlechten Zeiten auf dem Immobilienmarkt noch nicht sichtbar ist, ja sogar noch mit einem weiteren Preisverfall gerechnet werden muß.

In diesem Zusammenhang ist der sogenannte „Ausverkauf des Jahrhunderts" von Bedeutung. Die Ursache dafür sind die insolventen Savings-and-Loan-Banken, also Sparbanken, die hauptsächlich im Hypothekarkreditgeschäft tätig sind und in diesem Bereich horrende Verluste machten. Daneben sollen auch Wirtschaftskriminelle bei diesen Pleiten ihre Hände im Spiel gehabt haben. Nach neuesten Schätzungen sollen die Kosten für die Sanierung dieser Banken hunderte von Milliarden Dollar betragen.

Für den Verkauf der Sparbanken und vor allem der von diesen Banken finanzierten Immobilien wurde eine Auffanggesellschaft gegründet, die „Resolution Trust Company". Diese Gesellschaft hat einen 3.000 Seiten starken Versteigerungskatalog mit Immobilien herausgegeben. Schon allein die Ankündigung dieser Notverkäufe ist für den Immobilienmarkt nicht gerade positiv. Andererseits bietet sich für Investoren eine gute Gelegenheit, verhältnismäßig billig an amerikanische Immobilien zu kommen.

Apartements und Eigentumswohnungen sind für westdeutsche Anleger als Kapitalanlagen nicht geeignet.

4. Beteiligungen an Immobiliengesellschaften: Master Limited Partnerships (MLPS) und Real Estate Investment-Trusts (REITS)

Master Limited Partnerships sind etwa vergleichbar mit deutschen Kommanditgesellschaften, die aber an der Börse gehandelt werden. Ein ganz gewichtiger Unterschied zu den Kapitalgesellschaften besteht darin, daß die Gewinne nur beim Anteilseigner, also nicht auf der Ebene der Gesellschaft, besteuert werden.

In der deutschen Presse hat diese Art von Beteiligungen eine gute Aufnahme gefunden, da MLPS teilweise zweistellige Renditen erzielten. Doch gab es auch Kursverluste. Außerdem arbeiten einige MLPS mit sehr wenig Eigenkapital und einer riskant hohen Fremdfinanzierung, so daß man letztendlich wieder zu der Feststellung kommt, daß man sehr wählerisch sein muß, um nicht am Ende bei den Verlierern zu sein.

Leider ist es für einen deutschen Anleger sehr schwierig, die notwendigen Informationen über diese Gesellschaft zu erhalten. Man wird auch meist vergeblich bei seiner Hausbank nachfragen, welche MLPS empfehlenswert sind. Dies ist besonders bedauerlich, da diese Art von Kapitalanlage ein äußerst kompliziertes Gebilde darstellt und es nicht ausreicht, wenn sich der Anleger „nebenbei" informiert.

Für Kleinanleger kommt auch eine Beteiligung an Real Estate Investment-Trusts (REITS) in Betracht. Rechtlich gesehen ist dies eine eigenartige Konstruktion, nämlich eine Art Stiftung mit den Charakteristika einer Aktiengesellschaft. Der Vorteil besteht darin, daß Gewinne nur beim Anteilseigner besteuert werden. Es ist aber eine Mindestanzahl von Anteilseignern vorgeschrieben, die Erträge müssen hauptsächlich aus Immobilienvermögen erwirtschaftet werden. Darüber hinaus müssen die Erträge laufend an die beteiligten Kapitalanleger ausgeschüttet werden. Von Vorteil ist, daß die Anteile an der Börse gehandelt werden, wodurch zumindest die Weiterveräußerung gewährleistet ist.

Der Kauf von Anteilen an amerikanischen Immobiliengesellschaften ist ganz bestimmt kein Muß für das persönliche Portefeuille. MLPS und REITS sind für deutsche Anleger kaum überschaubar und mit dem Nachteil behaftet, daß in den USA eine Einkommensteuererklärung abgegeben werden muß.

Es sollten vielmehr nur Anleger mit sehr großen Vermögen – und dann durch Direktinvestitionen – im amerikanischen Immobilienmarkt investieren, die mindestens 500.000 US-Dollar als Eigenkapital mitbringen.

Die Gesichtspunkte, die beim Direkterwerb in die verschiedenen Investitionsmöglichkeiten zu beachten sind, können dem folgenden tabellarischen Vergleich aus dem sehr empfehlenswerten Leitfaden „USA-Immobilienkauf" von Dipl. Kfm. J. Vogel, 1987; 6, Lacets Saint-Leon, MC-Monte Carlo, Monaco, entnommen werden.

Tabellarischer Vergleich der verschiedenen Investitionsmöglichkeiten in amerikanischem Grundbesitz

	Kauf mit Rückpacht	Einkaufszentren	Bürogebäude	Hotels, Motels	Fabrik- und Lagerhallen
Investitionsrisiko	Niedrig	Niedrig bei guten Lagen	Durchschnittlich	Überdurchschnittlich	Überdurchschnittlich
Wertsteigerungspotential	Abhängig vom Standort und den geltenden Zinssätzen sowie der Bonität des Pächters	Standortabhängig; überdurchschnittlich in guten Lagen	Abhängig von der Vermietungsquote und dem Standort	Unterdurchschnittlich	Unterdurchschnittlich
Laufendes Einkommen	8 bis 11%, »triple net«, garantiert über die Vertragsdauer, auch umsatzabhängige Miete	7 bis 12% netto, je nach Alter und Lage	5 bis 9% netto, abhängig von dem örtlichen Büroraumüberhang	8 bis 14% netto, sehr abhängig von der Lage sowie den Wirtschafts- und Umwelteinflüssen	8 bis 12% netto
Wiederverkaufbarkeit	Gut bei Mietern erste Bonität	Gut wenn in guter Lage und voll vermietet	Gut wenn voll vermietet	Durchschnittlich	Ziemlich schwierig
Betriebsrisiko	Entfällt	Niedrig wenn in guter Lage	Überdurchschnittlich	Hoch	Überdurchschnittlich
Hypothekenfinanzierung	Abhängig von der Bonität des Mieters, bis 85%	Abhängig von der Bonität des Hauptmieters, bis 80%	Abhängig vom Mieteinkommen, bis 80%	Sehr abhängig vom bisherigen Betriebsergebnis	Abhängig vom Mieteinkommen, bis 80%
Größenordnung	Verschieden; typisch für Supermärkte, Restaurants, Lagerhallen	40.000 bis über 1 Mill. squarefeet Verkaufsfläche	Viele Größenordnungen und Bauausführung	Alle Größen von 40 bis über 1000 Zimmer	Verschiedene Größen je nach Verwendungszweck
Länge der Mietverträge	15 bis 40 Jahre einschl. Verlängerungsoption	Hauptmieter 10 bis 30 Jahre; andere 1 bis 5 Jahre	3 bis 10 Jahre, gelegentlich auch länger	Wenn verpachtet 10 bis 15 Jahre	3 bis 15 Jahre
Management Erfahrung	Wenig; »Know-How« bei der Pachtvereinbarung	Viel; »Know-How« bei den Mietvertragsverhandlungen	Durchschnittlich; »Know-How« bei den Mietverträgen	Viel bei großen Komplexen	Durchschnittlich

	Rohland und Bauerwartungsland	Erschlossene Baugrundstücke	Farmland	Einfamilienhäuser u. Eigentumswohngn.	Appartmentgebäude
Management Zeit	Wenig; es sei denn Entwicklung in Eigenregie		Wenig bei Verpachtung; sehr viel bei Betrieb in Eigenregie	Wenig	Viel
Nachfrageeinflüsse	Bevölkerungszuwachs; Ausdehnungsrichtung der Stadt; Verkehrswege; Kapitalverfügbarkeit und Zinsen; Gesetzgebung; Städteplanung; Wirtschaftslage; Standort	Bevölkerungszuwachs; Standort; Verkehrslage Zinssätze; allgemeine Wirtschaftslage	Weltweiter Bevölkerungszuwachs; steigende Nahrungsmittelpreise; technischer Fortschritt in der Landwirtschaft; staatliche Stützungsprogramme; Inflationsangst	Bevölkerungszuwachs; Standort Verkehrslage; Zinssätze; »Life-Style«; Steuern; Inflationsangst	Bevölkerungszuwachs; »Life-Style«; Zinssätze; Freizeiteinrichtungen; Standort; Migration
Eignung für den europäischen Investor	**Gut** für den **risikobewußten** Investor. Sehr sorgfältige Standortwahl ist notwendig. Sehr hohe Gewinnchancen.	**Gut** bei Baugrundstücken in bester Lage; sorgfältige Standortwahl ist Voraussetzung. Einfamilienhausgrundstücke für den Investor mit kleinem Budget, der zum ersten Mal in den USA anlegt. Gewerbliche Grundstücke – teuer und spekulativ mit hohen Gewinnchancen – für den erfahrenen Investor.	**Gut** für den **konservativen** Investor, der sich mit einer niedrigen laufenden Verzinsung zufrieden gibt. Hoher Eigenkapitaleinsatz. Wichtig: Sorgfältige Auswahl der Farmregion, der Bodenqualität und eines qualifizierten Pächters.	Nur für den Investor, der eine Zweitwohnung sucht; die Vermietung ist schwierig! Z.Zt. (1987) grosses Angebot an unverkauften Eigentumswohnungen in Florida, Texas und anderen Staaten.	Ja, aber nur nach sorgfältiger Standortwahl; bei Komplexen mit weniger als 80 Wohneinheiten kann es Verwaltungsschwierigkeiten geben! Z. Zt. (1987) hohe Leerstandsquoten in den Südstaaten.

Tabellarischer Vergleich der verschiedenen Investitionsmöglichkeiten in amerikanischem Grundbesitz

	Rohland und Bauerwartungsland	Erschlossene Baugrundstücke	Farmland	Einfamilienhäuser u. Eigentumswohngn.	Appartmentgebäude
Investitionsrisiko	Hoch	Niedrig	Sehr niedrig	Durchschnittlich	Durchschnittlich
Wertsteigerungspotential	Sehr hoch wenn in Ausdehungsrichtung einer Stadt	Hoch bei gewerblichen Grundst., sonst Durchschn.	doppelt so hoch wie die amerik. Inflationsrate	Amerik. Inflationsrate, höher in guten Lagen	Abhängig von der Vermietungsquote
Laufendes Einkommen	Negativ	Negativ	4 bis 6% netto bei Ackerland, bis zu 12% (vor Abschreibung) bei Baum- und Strauchfruchtplantagen	Kostendeckung	8 bis 12% netto
Wiederverkaufbarkeit	Schwierig	Ziemlich schwierig	Gut bei guter Bodenqualität	Gut	Gut bei kleineren Komplexen
Betriebskosten	Niedrig Hoch bei Entwicklung	Niedrig in Eigenregie	Hoch bei Betrieb in Eigenregie	Niedrig	Durchschnittlich
Hypothekenfinazierung	Sehr schwierig Oft nur Verkäuferfinanzierung	Schwierig	Relativ ungünstig, um 50%	Sehr gut, bis zu 90%	Gut, bis zu 80%
Größenordnung	Minimum 50 acres	Abhängig von der geplanten Nutzung	Abhängig von den Anbauprodukten und der Region; in California Minimum 200 acres, im Mittl. Westen Minimum 600 acres	Im allgemeinen 1/3 bis 2/3 grössere Wohnflächen als in Europa	Von 40 bis 350 Wohnungen; große Anlagen sind i.a. besser ausgestattet und kostengünstiger zu bewirtschaften
Länge der Mietverträge	Im allgemeinen nicht verpachtbar	Gelegentlich langfristige Verpachtung (Minimum 40 Jahre) an Bauherren (»ground lease«)	Verpachtung 1 bis 10 Jahre, gelegentlich länger	Schwierig vermietbar	1,3,6 oder 12 Monate, nur selten länger; Mieterschutz in einigen Großstädten
Management Erfahrung	Wenig; »Timing« des Wiederverkaufs ist wichtig! Bei Entwicklung in Eigenregie ist sehr viel Erfahrung notwendig		Wenig bei Verpachtung; sehr viel bei Betrieb in Eigenregie	Wenig	Durchschnittlich

	Kauf mit Rückpacht	Einkaufszentren	Bürogebäude	Hotels, Motels	Fabrik- und Lagerhallen
Management Zeit	Entfällt	Viel für die Mietverhandlungen, und um die Anlagen in gutem Zustand und die Mieter zufrieden zu halten	Viel für die Mietverhandlungen	Sehr viel	Wenig
Nachfrageeinflüsse	Kapitalmarktzinshöhe; Bonität des Pächters; Pachtvertragsgestaltung; Standort	Bewohner im Einzugsbereich; Verkehrslage; Zugkraft der Hauptmieter; Konkurrenz; Standort; Wirtschaftslage	Wirtschaftslage; Arbeitsmarkt; Arbeitstechnik; »Prestige«-Lage; Büroraumüberhang; Verkehrslage	Wirtschaftslage; Standort; Anzugskraft der Hotelkette; »Life-Style«; Konkurrenz; Belegungsziffern	Wirtschaftslage; Verkehrslage; technischer Fortschritt; Konkurrenz; Umweltschutz
Eignung für den europäischen Investor	**Sehr gut** für den **konservativen** Investor, der laufendes Einkommen sucht. Verkäufer/Pächter sollte einer Unternehmenskette erster Bonität angehören. Fairer Pachtvertrag und guter Standort sind Bedingung	Nur für den Investor mit »Know-How« und Zeit zum Eigeneinsatz; die Standortwahl ist besonders wichtig!	Ja, aber regelmäßiger Eigeneinsatz ist unumgänglich; sehr abhängig von der Wirtschaftslage und zeitweiligem Büroraumüberhang. Z. Zt. (1987) sehr hohe Leerstandsquoten in allen Großstädten, vor allem in den Süd- und Weststaaten.	Nur für den Investor mit »Know-How«; sehr konjunkturabhängig; sehr sorgfältige Standortwahl. Das Hotel sollte einer bekannten Hotelkette angehören. Z. Zt. (1987) überbaut; die Belegungsziffern decken oft nicht mehr die Kosten.	Ja, bei Mietern erster Bonität und langfristigen Pachtverträgen Z. Zt. (1987) zu hohe Bestände an unvermieteten Lagerhallen.

	Mini-Lagerhäuser	**»Commercial Strip-Property« (+)**	**Öffentlich angebotene Grundbesitzbeteiligungen aller Art**	**Private Grundbesitzbeteiligungen (»Partnerships«)**
Investitionsrisiko	Durchschnittlich	Überdurchschnittlich	Abhängig von der Art des Grundbesitzes, dem Einsatz und der Seriösität d. Initiators	Abhängig von der Art des Grundbesitzes und der Erfahrung des »General Partners«
Wertsteigerungspotential	Sehr abhängig von der Lage	Sehr abhängig von der Lage	Sehr niedrig, da mindestens 20% Vorkosten	Durchschnittlich; abhängig von der Lage
Laufendes Einkommen	Hoch, 10 bis 16% netto	8 bis 12% netto	Unterdurchschnittlich	Abhängig von der Art des Grundbesitzes
Wiederverkaufbarkeit	Gut, abhängig von der Lage	Ziemlich gut	Sehr, sehr schwierig; Rückkaufversprechungen werden selten eingehalten	Ziemlich schwierig
Betriebrisiko	Durchschnittlich	Hoch	Der Investor hat keinen Einfluß	Durchschnittlich
Hypothekenfinanzierung	70 bis 80%	70 bis 80%	Nur selten möglich	Hängt von der Partnerschaftsvereinbarung ab
Größenordnung	4000 bis 6000 m^2 vermietbare Flächen	Unterschiedlich, 2000 bis 8000 m^2 vermietbare Fläche	Ab 10.000 Dollar Barkapital	Ab 100.000 Dollar Barkapital
Länge der Mietverträge	Monatlich	1 bis 10 Jahre	Entfällt	Entfällt
Management Erfahrung	Durchschnittlich	Durchschnittlich	Der Investor hat keine Entscheidungsbefugnisse	Nur der »General Partner«
Management Zeit	Sehr viel	Überdurchschnittlich	Entfällt	Nur der »General Partner«

	Mini-Lagerhäuser	**»Commercial Strip-Property« (+)**	**Öffentlich angebotene Grundbesitzbeteiligungen aller Art**	**Private Grundbesitzbeteiligungen (»Partnerships«)**
Nachfrageeinflüsse	Appartmentgebäude im Einzugsbereich; Verkehrslage; Bevölkerungszu- und -wegzug; Geschäfte im Einzugsbereich; Konkurrenz	Bewohner im Einzugsbereich; Verkehrslage; Parkplätze Konkurrenz; Standort	Inflationsangst; politische Spannungen in Europa; Wirtschaftslage; Seriösität des Initiators; Kapitalverfügbarkeit	Kapitalverfügbarkeit; Risikobereitschaft.
Eignung für den europäischen Investor	Ja, aber nur nach sorgfältiger Standortwahl. Der Investor sollte viel Zeit für den Eigeneinsatz mitbringen. Hände weg von Beteiligungsangeboten! Viele Märkte sind bereits überbaut.	Ja, aber nur nach sorgfältiger Standortwahl. Die Verwaltung kann Schwierigkeiten bereiten. Z. Zt. (1987) zu viele neue, auf Spekulation gebaute kleine Centers, die nur teilweise vermietet sind. (+) Kleine, gewerblich genutzte Gebäudeanlage – Einzelhandel, Büros oder Lagerräume – an Hauptstraßen gelegen.	Hände weg von öffentlich angebotenen Beteiligungen aller Art: Zu hohe versteckte Vorkosten; praktisch keine Wiederverkaufbarkeit der Anteile und Wertsteigerung; keine Entscheidungsbefugnis des Investors. Der Investor sieht selten sein Geld wieder!	Grundsätzlich geeignet. Die Partner sollten sich persönlich kennen, und nicht mehr als fünf sein. Der Erfolg hängt von der Erfahrung und dem Einsatz des »General Partners« ab.

D. Einzelne Anlageformen und deren typische Risikofaktoren

I. Immobilien

1. Ferienimmobilien

Mit dem Kauf einer Ferienimmobilie glaubt mancher Erwerber mehrere Ziele gleichzeitig verwirklichen zu können:

- billiger oder sogar kostenloser Urlaub,
- Rendite aus der Vermietung,
- Steuerersparnis,
- eine Fluchtburg für Krisenzeiten,
- Wertzuwachs.

Weit gefehlt: Weder ist der Urlaub in der eigenen Ferienwohnung billig, in aller Regel wird durch eine Vermietung keine Netto-Rendite erzielt, Steuern sparen ist auch nicht möglich, Fluchtburgen sind in Krisenzeiten meist nicht mehr erreichbar, noch wird ein Wertzuwachs erzielt.

Der Erwerb von Immobilien im Ausland ist allgemein mit sehr vielen rechtlichen und tatsächlichen Schwierigkeiten verbunden. Der potentielle Käufer ist regelmäßig überfordert, wenn er die eigentumsrechtliche Situation einer Immobilie überprüfen soll. Die im Ausland geltenden Formvorschriften für den Abschluß der Kaufverträge sind meist nicht bekannt, Devisenvorschriften werden nicht beachtet. Dies führt spätestens beim Weiterverkauf zu fast unlösbaren Problemen im Falle eines Rücktransfers nach Deutschland.

Oftmals geht der Käufer auch von völlig falschen Erwartungen aus, wenn er glaubt, daß der ausländische Notar vor Abschluß des Kaufvertrages das Grundbuch oder Details des Kaufvertrags überprüft. Dies ist aber nicht in allen Ländern der Fall. Außerdem geht er von der irrigen Vorstellung aus, daß für jedes fertiggestellte oder schon bewohnte Haus eine Baugenehmigung vorliegen müßte und auch sonstige Genehmigungen schon vorhanden sind. Gerade aber in südlichen Ländern trifft dies wiederum nicht zu.

1.1 Kauf einer noch nicht fertiggestellten Immobilie

Beim Kauf eines erst geplanten Hauses bzw. Appartements besteht die Hauptgefahr darin, daß die Immobilie nicht zum vereinbarten Termin und nicht mängelfrei fertiggestellt wird.

Da in den meisten Verträgen für derartige Fälle keine Vertragsstrafen vereinbart worden sind und ein gerichtliches Vorgehen zur Erlangung von Schadenersatz im Ausland meist nicht in Frage kommt, können sich die Baufirmen sehr viel Zeit lassen. Hauptsache, das Haus ist schon bezahlt und das Geld ist in den Taschen der Baufirma.

Es kann auch passieren, daß der Bauträger bei einer größeren Anlage das Geld für andere Zwecke verwendet oder einfach nicht genügend Käufer für die Anlage gefunden werden. Der Käufer ist dann sein Geld los, übrig bleibt nur eine Bauruine.

Außerdem läßt die Bauqualität zu wünschen übrig, da oft schlechtere Materialien als vereinbart verwendet wurden. Mängel sind für einen sachunkundigen Käufer nicht erkennbar.

1.2 Verwaltung einer Ferienimmobilie

Funktioniert die Verwaltung nicht richtig, so hängen die Eigentümer – die sich entweder nicht kennen oder meist nicht als Interessengemeinschaft auftreten – in der Luft. Die Verwalter sind unumschränkte Herrscher über die Anlage. Wenn einige Eigentümer versuchen, Ordnung zu schaffen, so merken sie bald, daß dies nur Zeit, Geld und Ärger kostet und letztendlich doch nichts bewirkt.

Auf Grund der im Vergleich zu deutschen Maßstäben schlechteren Bauqualität vor allem im Süden müssen für Ferienimmobilien höhere Instandhaltungs- und Renovierungskosten eingeplant werden. Bei einer Vermietung wird die Immobilie stärker abgewohnt, so daß sich dadurch die Kosten erhöhen. Außerdem läßt sich die Einschaltung einer Vermietungsgesellschaft oder eines Verwalters vor Ort kaum vermeiden. Davon profitiert hauptsächlich die Vermietungsgesellschaft bzw. der Verwalter, meist aber nicht der Eigentümer. Die Auszahlung der Miete läßt auf sich warten, die Abrechnungen sind unvollständig.

1.3 Steuern

Jedes Jahr müssen Steuern (Grundsteuer, Vermögensteuer und gegebenenfalls Einkommensteuer und sonstige Abgaben für die Eigennutzung der Vermietung) bezahlt werden, die die erhoffte Rendite schmälern. Beachtet werden muß auch noch der bürokratische Aufwand für die Erledigung dieser Dinge, viele Eigentümer sind damit tagelang beschäftigt. Wer einen Berater hinzuzieht, muß Honorar zahlen.

1.4 Resumee

Sicherlich gibt es Eigentümer von Ferienimmobilien, die sehr zufrieden sind und eine schöne Rendite auf Grund der Vermietung im Freundes- und Bekanntenkreis und ohne Einschaltung einer Vermittlungsgesellschaft erzielen. Diese sind aber nur Ausnahmen, die die Regel bestätigen.

Auf Grund der normalerweise schlechten Bauqualität sind Veräußerungsgewinne nur bei wirklich guten Objekten in sehr guter Lage erzielbar. In allen anderen Fällen sind die Besitzer bereits dann gut dran, wenn der ehemalige Einstandspreis erzielt wird. Unter finanziellen Gesichtspunkten kommt jedenfalls die Anmietung einer Ferienwohnung billiger.

Verluste im Zusammenhang mit Auslandsimmobilien können in Deutschland steuermindernd nicht geltend gemacht werden gemäß § 2 a Einkommensteuergesetz (siehe auch Abschnitt Steuern).

Als Kapitalanlage ist eine Ferienimmobilie also nicht zu empfehlen. Selbstverständlich bleibt es aber jedem überlassen, sich eine Ferienwohnung anzuschaffen. Eine eigene Ferienwohnung hat zweifelsohne einen gewissen Reiz, der nicht abgeleugnet werden soll. Als Konsumartikel also durchaus erstrebenswert, als Kapitalanlage uninteressant.

1.5 *Italien*

Der Immobilienerwerb ist ohne Einschränkungen möglich. Allerdings muß der Kaufpreis in Devisen offiziell eingeführt werden. Normalerweise wird zunächst ein Vorvertrag abgeschlossen, der aber bereits voll verbindlich ist.

Der Notar nimmt üblicherweise Einsicht in die Register, läßt sich entsprechende Auszüge vorlegen, die Umschreibung erfolgt verhältnismäßig schnell. Üblich ist in Italien die Unterverbriefung des Kaufpreises. Der Kaufpreis darf nicht allzu niedrig angesetzt werden, da andernfalls eine kostspielige Nachversteuerung erfolgt.

In Südtirol gibt es noch das österreichische Grundbuchsystem, das dem deutschen sehr ähnlich ist und entsprechend dem deutschen Recht die Grundbucheintragung rechtsbegründend (konstitutiv) ist.

Insbesondere in Süditalien, aber auch in nördlichen Landesteilen ist fast die Hälfte aller Gebäude ohne Baugenehmigung errichtet. In der Vergangenheit gab es verschiedentlich „Bausündererlasse“, d.h. es war eine nachträgliche Legalisierung der Schwarzbauten möglich. Dennoch gibt es genügend Objekte, die ohne Baugenehmigung errichtet und auch nicht nachträglich legalisiert wurden. Achten Sie also darauf, daß für das Objekt, das Sie erwerben wollen, auch die Baugenehmigung erteilt wurde.

1.6 *Österreich*

Grundsätzlich ist in Österreich der Erwerb von Immobilien durch Ausländer genehmigungspflichtig. Verträge ohne Genehmigung sind unwirksam. Zuständig für die Erteilung der Genehmigung sind die in der jeweiligen Hauptstadt des Bundeslandes bestehenden Grundverkehrs-Landeskommissionen. In den westlichen Bundesländern, also Vorarlberg, Tirol und Salzburg werden fast gar keine Genehmigungen mehr erteilt. In den östlichen Bundesländern, die weniger gefragt sind, sind die Chancen bedeutend besser, eine Immobilie erwerben zu können.

1.7 Schweiz

Der Erwerb von Ferienimmobilien in der Schweiz ist auf Grund der sogenannten „Lex Friedrich" sehr eingeschränkt. Die Bewilligung für Immobilienkäufe von Ausländern ist sehr restriktiv. Pauschal kann gesagt werden, daß ein deutscher oder sonstiger Ausländer in der Schweiz keine Immobilien mehr kaufen kann, falls er nicht besondere Beziehungen zur Schweiz vorweisen kann.

Meist gibt es noch überteuerte Apart-Hotel-Einheiten zu kaufen, deren Verkauf an Ausländer zur Förderung der einheimischen Bauindustrie bewilligt wird. Derjenige, der eine Immobilie gekauft hat, darf diese nur für eigene Ferienzwecke nutzen und nicht auf Dauer vermieten.

Umgehungsgeschäfte, die oft versucht werden, sind nicht nur strafbar, sondern führen auch zur Nichtigkeit des zu Grunde liegenden Vertrages. Im Zuge der Rückabwicklung eines solchen Umgehungsgeschäftes erleidet der ausländische Käufer erhebliche Schäden, denn das Gesetz gibt dem Kanton auch das Recht auf entschädigungslose Enteignung nach einem solchen Umgehungsgeschäft.

Wer als Ausländer in der Schweiz Immobilien erwerben durfte, der bekam stets die im Grundbuch fixierte Auflage einer fünfjährigen Verkaufssperre. Nach Ablauf dieser Verkaufssperre darf grundsätzlich nur an Schweizer Bürger verkauft werden. Die Genehmigung für einen Deutschen, an einen anderen Ausländer weiterverkaufen zu dürfen, wird nur erteilt, wenn ein Schweizer Käufer nicht gefunden werden kann und dies auch nachgewiesen wird (z.B. durch erfolglose Inserate in Schweizer Zeitungen) oder auf Grund einer unverschuldeten Notlage, die anders nicht zu beheben ist (sogenannte Härteklausel).

Die restriktiven Erwerbsvorschriften sind insofern positiv zu bewerten, als viele Deutsche gezwungenermaßen auf den Kauf einer Immobilie verzichten und damit viel Geld sparen. In der Vergangenheit mußten viele Deutsche, die eine Immobilie erworben hatten und von Rendite träumten, feststellen, daß sie viel zu teuer gekauft hatten und beim Weiterverkauf nicht einmal mehr den Einstandspreis erzielten, sondern Verluste in Höhe von 30 bis 40% des ursprünglichen Kaufpreises hinnehmen mußten.

Der Erwerb einer Immobilie in der Schweiz brachte noch nie automatisch eine Aufenthaltsgenehmigung mit sich.

1.8 Spanien

In Spanien kann jeder Ausländer Immobilien ohne Genehmigung erwerben. Allerdings muß der Kaufpreis beim Kauf von Inländern offiziell in Devisen eingeführt werden.

Regelmäßig gibt es aber mit dem Kauf von noch zu erstellenden Objekten Probleme. Der Fertigstellungstermin wird nicht eingehalten oder es werden schlechtere Materialien als vereinbart verwendet. Die gesetzlich vorgeschriebene Absicherung in Form einer Versicherungspolice oder einer Bankbürgschaft für Anzahlungen während der Bauzeit (gemäß dem spanischen Avalgesetz) wird von den Baufirmen normalerweise nicht angeboten. Geht die Baufirma in Konkurs, steht der Anleger ohne Absicherung da und verliert sein gesamtes Geld.

Man kann den Immobilienmarkt in Spanien als einen regelrechten Sumpf bezeichnen. Wer etwas kaufen will, sollte sich unbedingt sachkundiger Hilfe bedienen. Notwendig ist die Überprüfung der eigentumsrechtlichen Situation, wobei zu beachten ist, daß mündliche oder privatschriftliche Abmachungen über Immobilien voll umfänglich rechtsverbindlich sind und nicht jeder Eigentümerwechsel im Register verzeichnet ist.

Wie in Italien ist auch in Spanien die Unterverbriefung üblich. Allerdings sollte man zwischenzeitlich nicht wie früher üblich einen Betrag in Höhe von 40 bis 50% des tatsächlich gezahlten Kaufpreises beurkunden lassen, sondern den Notar danach fragen, inwieweit unterverbrieft werden kann, ohne daß Strafsteuern zu befürchten sind.

Probleme gibt es beim Kauf von Immobilien aus Erbschaften. Die Erben müssen voreingetragen sein und die Erbschaftsteuer bezahlt haben, bevor der neue Eigentümer ins Register eingetragen werden kann.

Bei einem Immobilienverkauf dürfen Ausländer spanische Peseten nicht ausführen, wenn über diesen Betrag keine offizielle Devisenausfuhrbescheinigung vorliegt.

1.9 Jugoslawien

Ausländer können Immobilien in Jugoslawien nur durch Erbschaft (gesetzlich oder testamentarisch) erwerben. Auf andere Weise (durch Kauf oder Schenkung) ist ein Eigentumserwerb nicht möglich. Immerhin besteht aber die Möglichkeit für Ausländer, Grundstücke und Häuser langfristig (5 bis 30 Jahre) zu pachten.

Die Eröffnung des Grundstücksmarktes auch für Ausländer würde zumindest an der jugoslawischen Küste einen wirtschaftlichen Boom mit sich bringen, aber auch die von Spanien und Italien her bekannten negativen Begleiterscheinungen.

1.10 Türkei

Seit etwa zwei Jahren ist eine verstärkte Nachfrage nach Ferienimmobilien in der Türkei festzustellen.

Im Gegensatz zu Schweizern können Deutsche, Engländer und Franzosen außerhalb der militärischen Verbotszonen und Sicherheitsgebiete Immobilien erwerben. Zu beachten sind die Devisenvorschriften.

2. Time-Sharing: Überflüssig!

2.1 Definition: Die Urlaubsidee der Zukunft?

Time-Sharing bei Ferienhäusern und Ferienwohnungen läßt sich als periodisch wiederkehrendes Wohn- und Nutzungsrecht, auch: Ferienwohnrecht definieren. Die Käufer erwerben also das Recht, eine Ferienwohnung während eines bestimmten Zeitraumes (z.B. in der 30. und 31. Woche jeden Jahres) nutzen zu können.

Erstmals wurde Time-Sharing schon vor gut 20 Jahren angeboten. Damals gewann Time-Sharing nicht nachhaltig an Bedeutung. Zwischenzeitlich wird aber Time-Sharing in Deutschland und vor allem im Ausland wieder verstärkt angeboten, es läßt sich durchaus von einer Time-Sharing-Welle sprechen. Leider sind schon sehr viele Urlauber von dieser Welle überrollt worden.

Unseriöse Anbieter sind nämlich sehr stark vertreten, aber auch die Angebote von seriösen Firmen sind nicht frei von den dem Time-Sharing angeborenen Nachteilen. Eine an sich gute Idee ließ sich leider nicht ohne die Inkaufnahme von großen Nachteilen für den Verbraucher in die Praxis umsetzen.

2.2 Mieter zweiter Klasse

Dies dürfte die realistische Bezeichnung für Time-Sharing-Käufer sein, die nämlich die Miete für etliche Jahre im voraus bezahlen müssen, ohne daß sie letztendlich wissen, ob sie die Wohnung auch tatsächlich und in einem sehr guten Zustand für den anvisierten Zeitraum nutzen können.

Wer Time-Sharing kauft, ist normalerweise nicht Miteigentümer. Aber auch wenn von manchen Firmen ein grundbuchrechtlich abgesichertes Wohnrecht oder sogar ein Miteigentumsrecht angeboten wird, so ist dies eine formalrechtliche Absicherung, die in Wirklichkeit dem Käufer nicht sehr viel bringt.

Die Qualität einer Time-Sharing-Anlage hängt nämlich entscheidend von der Solidität und nachhaltigen Leistungsbereitschaft der Betreibergesellschaft ab. Dafür gibt es aber keine Garantie.

2.3 Werbung

„Sie müssen nicht ein ganzes Rind kaufen, wenn Sie nur ein saftiges Steak essen wollen". „Der Genuß einer Flasche Wein setzt nicht den Kauf eines Weinberges voraus".

Mit diesen Slogans soll Time-Sharing den Interessenten schmackhaft gemacht werden. Sicherlich kommt der Kauf einer Ferienwohnung teurer als der Kauf eines Ferienwohnrechtes. Die bessere Alternative auch unter finanziellen Gesichtspunkten ist aber immer noch die Anmietung einer Ferienwohnung oder eines Hotelzimmers über das Reisebüro. Dann muß man auch nicht einen Anteil eines Rinds oder einen Anteil an einem Weinberg kaufen, um das Steak oder die Flasche Wein genießen zu können, würde man die „Logik“ der Time-Sharing-Verkäufer weiterspinnen.

Welcher Time-Sharing-Verkäufer kauft sich ein Nutzungsrecht an einem Rind oder an einem Weinberg um ein Steak oder ein Glas Wein zu genießen? Genau diese Vorgehensweise empfiehlt aber der Verkäufer den Time-Sharing-Interessenten, die ein Nutzungsrecht an einer Ferienanlage kaufen sollen.

So wie der Steakesser und Weintrinker in einen Laden oder in ein Restaurant geht und dann das gekaufte Steak ißt oder ein Glas Wein trinkt, so wär es auch jedem Time-Sharing-Interessenten zu empfehlen, daß er in ein Reisebüro geht und sich dort eine Ferienwohnung für eine gewisse Zeit mietet. Und im nächsten Jahr geht er wieder in das Reisebüro, um erneut irgendwo zu dem ihm angenehmen Termin wiederum eine Ferienwohnung oder ein Hotelzimmer zu mieten.

2.4 Time-Sharing Modelle

Es hat sich eine Vielzahl unterschiedlich ausgestalteter Time-Sharing-Modelle auf dem Markt herausgebildet. Dazu zählen:

- Bruchteilsgemeinschaft mit Nutzungsrecht und Verwaltungsregelung, d.h. die Immobilie steht im Miteigentum der Verkäufer, gleichzeitig erhält jeder ein Nutzungsrecht.
- Erwerb eines dinglich abgesicherten Nutzungsrechtes, d.h. das Nutzungsrecht ist durch die Eintragung im Grundbuch abgesichert, der Erwerber erhält aber kein Miteigentum.
- Kauf eines obligatorischen Nutzungsrechtes, d.h. es handelt sich um ein einfaches vertragliches Mietrecht.
- Vereins- oder aktienrechtliche Gestaltung, d.h. die Immobilie steht im Eigentum eines Vereins oder einer Aktiengesellschaft, wobei jedes Mitglied oder Aktionär ein Nutzungsrecht an der Immobilie erhält.

2.5 Urlaub von morgen zu Preisen von heute?

Glaubt man der Werbung, so bezahlt der Urlauber für die gebuchten Wochen nur einmal einen festen Betrag, in den Jahren danach soll der Urlaub völlig kostenlos sein. Dabei wird in der Werbung gerne verschwiegen und vom Interessenten übersehen, daß alljährlich Pauschalgebühren und Nebenkosten gesondert bezahlt werden müssen. Oftmals wird auch vergessen, daß der Tausch von Ferienwohnungen durch Tauschorganisationen nicht kostenlos ist, sondern ein paar hundert DM kosten kann.

Eine beliebte Masche von Time-Sharing-Verkäufern ist der Hinweis, daß damit die Kostenexplosion im Tourismus-Bereich vermieden werden könne. Auch dies trifft nicht zu.

Die alljährlich anfallenden Pauschalgebühren und Nebenkosten sind nicht auf Jahre hinaus auf einen festen Betrag fixiert, sondern können von Jahr zu Jahr erhöht werden.

Für Deutsche müssen die Kosten des Urlaubs im Ausland auf Grund der DM-Stärke nicht zwangsläufig explodieren, manchmal wird der Urlaub sogar teilweise billiger. Der Hinweis „billiger als im Vorjahr" läßt sich in vielen Reisekatalogen finden.

Die Time-Sharing-Firma TSH machte z.B. mit Statistiken Werbung, aus denen Mietpreissteigerungen weltweit von über 10% pro Jahr herausgelesen werden. Es wird behauptet, daß die Unterbringungskosten in Ferienhotelanlagen im Mittelmeer von 1981 bis 1986 um 20,8% gestiegen seien.

Kostenentwicklung von Ferienhotel-Anlagen in Europa von 1981 bis 1986*

Region	Land	Durchschnitts-Verteuerung pro Jahr in Prozent	Zusammen in Prozent
Deutschsprachig	Schweiz BRD Österreich	6,6 5,2 5,5	**5,8**
Mittelmeer	Portugal Spanien Frankreich Italien Jugoslawien Griechenland	23,8 16,2 10,6 17,6 37,7 18,3	**20,8**
Skandinavien	Finnland Schweden Norwegen	11,8 13,6 13,2	**12,9**
Westeuropa	Großbritannien Niederlande	13,9 3,5	**8,7**
Gesamt Europa			**12,0**

* Quelle: Tourism Policy OECD (= Organisation für wirtschaftliche Zusammenarbeit und Entwicklung), Paris 1987

Es kann dahin gestellt bleiben, ob die Preise in der jeweiligen Landeswährung tatsächlich in dieser Höhe gestiegen sind. Jedoch berechnen Deutsche ihre Urlaubskosten nicht in der jeweiligen Landeswährung, sondern in DM. Deshalb haben sich für einen deutschen Urlauber z.B. die Urlaubspreise in Spanien nicht jährlich um 16,2% erhöht. Genausowenig hat sich der Urlaub für Deutsche in Jugoslawien von 1981 bis 1986 um 37,7% pro Jahr verteuert, dies ist offensichtlich unsinnig und kann von jedem Urlauber bestätigt werden.

Auch die Entwicklung der Hotelkosten in Deutschland kann nicht als Vergleichsmaßstab herangezogen werden, daß Time-Sharing günstiger komme als die Anmietung eines Hotelzimmers. Die Ausstattung und der Komfort in den Hotelzimmern der sechziger Jahre lassen sich mit dem heutigen Standard nicht mehr vergleichen. Es zeigt sich leider, daß Statistiken anscheinend nur benutzt werden, um sie zu mißbrauchen.

Entwicklung der Hotelkosten*

Ort	Hotel	1964/65 DM	1987/88 DM	Steigerung in Prozent
Achern	Sonne-Eintracht	12,–	125,–	**1.042**
Berchtesgaden	Geiger	25,–	150,–	**600**
Claustal	Wolfs-Hotel	12,–	77,–	**642**
Daun	Hammers	13,–	71,–	**546**
Ems	Kurhaus	26,–	112,–	**431**
Feuchtwangen	Greifen-Post	9,–	105,–	**1.167**
Garmisch	Posth. Clausings	25,–	125,–	**500**
Herrenalb	Posthotel Mönchs	25,–	148,–	**592**
Inzell	Falkenstein	8,–	60,–	**750**
Lindau	Bayerischer Hof	30,–	166,–	**533**
Mittenwald	Post	19,–	85,–	**447**
Nesselwang	Bergcafé	15,–	80,–	**533**
Oberstdorf	Filser	17,–	82,–	**482**
Reichenhall	Axelmannstein	40,–	197,–	**493**
Tölz	Kolbergarten	10,–	65,–	**650**
Überlingen	Parkh. St. Leonhard	20,–	122,–	**610**
Villingen	Post/Parkhotel	20,–	85,–	**425**
Wangen i, Allgäu	Alte Post	12,–	70,–	**583**
Zwiesel	Post/Sonnenberg	12,–	49,–	**408**
	Summe	**350,–**	**1.974,–**	**11.454**
geteilt durch vorstehende 19 Häuser sind im Durchschnitt = DM		**18,42**	**103,89**	**602,84**

Diese Zahlen sind dem jeweiligen VARTA-Führer entnommen, aus jedem Ortsanfangsbuchstaben wurde das erste noch heute existierende Hotel ausgewählt. Es wurde jeweils der teuerste Bettpreis (EZ) gegenübergestellt. In die Auswahl hat man nur Orte mit Sommer- und Wintersaison einbezogen.

2..6 Die laufenden Kosten

Die größte Gefahr beim Time-Sharing besteht darin, daß es überteuert angeboten wird und die zukünftigen Kosten außer acht gelassen werden. Es klingt zwar verlockend, wenn an der französischen Mittelmeerküste Nutzungsrechte ab DM 10.000,– angeboten werden. Die auf Schulferien angewiesenen Urlauber werden aber schnell merken, daß in diesen Zeiten die Preise beim Doppelten und Dreifachen liegen.

Wenn besonders billige Angebote gemacht werden, handelt es sich meistens um Time-Sharing in der Nebensaison. Zu diesen Zeiten sind aber auch Hotels und Ferienwohnungen sehr günstig zu bekommen, da die Nachfrage geringer ist.

Der Urlauber muß also genau rechnen und den Vergleich mit der normalen Anmietung einer Ferienwohnung anstellen. In den allermeisten Fällen wird er zu dem Ergebnis kommen, daß Time-Sharing teurer ist. Aber auch bei Angeboten, die zur Zeit billiger scheinen als die Anmietung einer Ferienwohnung, muß der Käufer das wirtschaftliche Risiko über Jahrzehnte in Kauf nehmen.

Es ist nicht möglich, realistische Kostenprognosen für Immobilien über Zeiträume von mehreren Jahrzehnten zu erstellen. Gerade aus diesem Grunde werden auch Jahresbeiträge und jährliche Nebenkosten gefordert.

Ebensowenig ist es möglich, Voraussagen über die Qualität einer Ferienanlage und die Leistungsfähigkeit einer Time-Sharing-Firma auf Jahrzehnte hinaus zu treffen. Aber gerade dies wird jedem Interessenten mit dem Hinweis suggeriert, daß er nur einmal einen Festbetrag zahlen müsse und dann kostenlos und ohne Probleme in alle Ewigkeit Urlaub machen könne.

2.7 Übernahme des unternehmerischen Risikos

Ein weiterer Grund, weshalb von Time-Sharing dringend abgeraten werden muß, besteht darin, daß die Verkäufer die üblichen unternehmerischen Risiken, die die Betreiber von Hotels und Ferienanlagen normalerweise übernehmen müssen, auf die Käufer abwälzen. Als krasses Beispiel mag die Adria-Küste mit der Algenpest dienen. Wer dort ein Ferienwohnrecht gekauft hatte, mußte an der mit Algen verpesteten Küste Urlaub machen. Einen Tauschpartner wird er nicht finden.

Der Urlauber aber, der über das Reisebüro bucht, wird – wie dies viele Urlauber gemacht haben – einfach eine andere Küste oder ein anderes Land für den Urlaub auswählen. Verliert eine Urlaubsregion wie z.B. die Kanarischen Inseln wegen der Umweltverschmutzung, wegen des schlechten Service oder wegen der Verschandelung mit Bettenburgen an Attraktivität, so verliert auch das Ferienwohnrecht an Wert und man wird weniger – falls überhaupt – Tauschpartner finden.

2.8 Wie ist der Time-Sharing-Erwerber abgesichert?

Ist die Ferienwohnung in einem schlechten Zustand, sind die Serviceleistungen mangelhaft oder arbeitet die Verwaltung schlampig, so gibt es ungelöste rechtliche und taktische Probleme bei der Geltendmachung und Gewährleistung von Schadensersatz. Jeder

Urlauber, der die Ferienwohnung oder das Hotelzimmer über ein deutsches Reisebüro bucht, ist da besser gestellt, da im Falle des Urlaubs über das deutsche Reisebüro das verbraucherfreundliche Reisevertragsrecht gilt. Unter Umständen kann der geschädigte Urlauber sogar Schadenersatz für entgangene Urlaubsfreude geltend machen. Diese Möglichkeit haben die Time-Sharing-Käufer nicht.

Ausländische Firmen haben außerdem ihren Gesellschaftssitz im Ausland, z.B. auf der von englischen Time-Sharing-Firmen sehr beliebten Isle of Man, so daß der Geschädigte im Ausland klagen müßte. Leicht einsehbar, daß dies zu zusätzlichen Problemen und hohen Kosten führen würde. Meist ist in den Verträgen vereinbart, daß das jeweilige ausländische Recht zur Anwendung kommt, das für den Urlauber nicht gerade vorteilhaft ist.

2.9 Weiterverkauf von Ferienwohnrechten

Die Übertragung, die Rücknahme oder der Weiterverkauf von Ferienwohnrechten ist – falls überhaupt – nur sehr beschränkt möglich. Ein Markt oder eine Börse für derartige Rechte existiert nicht. Dem Anteilzeichner bleibt also nur die Möglichkeit, das Wohnrecht mit einem sehr hohen Preisabschlag zu verkaufen.

Ein Käufer von Time-Sharing der Firma Ferienclub International wollte sein Ferienappartement nach einem halben Jahr weiterverkaufen. Daraufhin erhielt er folgendes Schreiben:

„Mit Bedauern haben wir heute Ihren Wunsch, Ihr Urlaubseigentum verkaufen zu wollen, zur Kenntnis genommen. Wir bitten zu bedenken, daß ein Wiederverkauf so kurz nach dem Erwerb nur mit erheblichen wirtschaftlichem Verlust möglich ist. Falls Sie einen möglichen Kaufinteressenten haben, so können wir Ihnen lediglich ca. 65% dessen, was Sie bezahlt haben, auszahlen."

2.10 Time-Sharing-Verkauf in Spanien und Portugal

Gerade auf diesen Ländern wird mit fast allen Mitteln versucht, Time-Sharing-Interessenten zum Kauf zu überreden. Besonders übel geht es auf dem spanischen Time-Sharing-Markt und insbesondere auf den Kanarischen Inseln zu. Anpöbeleien auf offener Straße oder auch die berühmtberüchtigten Kaffeefahrten werden zum Verkauf von Time-Sharing eingesetzt.

Leider lassen sich viele Urlauber allzu leicht in ihrer Urlaubsstimmung (Sonne, Strand und Meer) zu Unterschriften übertölpeln und merken dann zu spät, daß sie etwas gekauft haben, das eigentlich nur Nachteile mit sich bringt. Es ist dann in aller Regel sehr schwer, einen derartigen Kauf rückgängig zu machen bzw. die Bezahlung abzuwehren. Immerhin hat sich aber in der Praxis gezeigt, daß diese Firmen Prozesse scheuen, sich mit einer eventuell geleisteten Anzahlung zufrieden geben und lieber auf neue Kundenjagd gehen als zu prozessieren.

Oft werden arbeitslose Jugendliche aus dem Ausland eingesetzt, die ihre Landsleute von der Straße in das Büro der Verkaufsfirma locken sollen: „Schauen Sie doch mal rein, Sie müssen nicht kaufen, wir können uns immerhin aber ein Essen leisten". Die Jugendlichen ohne Arbeitsgenehmigung werden also von den Promotoren ausgenutzt und erhalten nur dann Geld, wenn einer der Landsleute in das Verkaufsbüro kommt. Im Büro werden dann die Leute praktisch festgehalten, bis sie einen Vertrag unterschrieben haben, überredet auch mit dem Versprechen, daß der Vertrag innerhalb der nächsten paar Wochen gekündigt werden könne. Unter diesen Umständen ist es sehr verständlich, daß ältere Leute nach mehrstündiger Bearbeitung unterschreiben. Und so schildern Betroffene, wie sie sich zum Kauf von Time-Sharing überreden ließen:

„Wir wurden auf der Promenade in Play de las Americas/Teneriffe von einem jungen Mann angesprochen. Als man so ins Gespräch kam, sagte er, er wäre Student und würde sich etwas verdienen dadurch, daß er Leute zu der Anlage bringt. Ein Geschenk wurde in Aussicht gestellt und man könnte auf deren Kosten auch mit einem Taxi wieder zurückfahren. In der Anlage wurden wir von einer jungen Frau in Empfang genommen. Sie sprach mit uns über Ferien, wo man schon alles gewesen wäre und ob man in den nächsten zehn Jahren noch verreisen würde. Wir wurden praktisch richtig ausgefragt. Wir wurden dann in einen großen Raum geführt, wo bestimmt etwa zehn Herren mit Interessenten saßen, die auch von den „Schleppern" herangebracht worden waren. Es waren nicht nur Deutsche, sondern auch Engländer, Holländer und Schweden oder Dänen da. Wir wurden dann durch die Anlage geführt und um den ganzen Komplex, der dazu gehört. Wir fanden die Anlage wirklich schön. Nun wollten wir den Preis wissen, aber man wurde immer wieder vertröstet, man müßte doch erstmal die ganzen Vorzüge sehen. Dann ging es zu den Appartements und Studios, es wurden die Einrichtungen gezeigt und was alles geboten würde an Service. Es war sehr heiß an diesem Tag, und man wurde durch das viele Gerede richtig wirr im Kopf. Dann ging es in einen Raum, wo uns ein Video gezeigt wurde über die Firma. Anschließend ging es wieder in den großen Raum, da wurde uns eine Tafel gezeigt, wo täglich die Verkäufe eingetragen wurden. Man kam immer noch nicht auf den Preis. Zwischendurch gab es immer Applaus, das hieß, es war wieder was verkauft worden. Dann kam ein Engländer an unseren Tisch, er sprach Deutsch mit uns und nannte uns die Preise für das Studio und das Appartement in englischen Pfund. Er rechnete dann um in DM, dieser Preis erschien uns sehr hoch. Es wurde argumentiert, daß mit zehn Jahren Urlaub à 3.000,– DM der Kaufpreis von ca. 30.000,– DM erledigt sei.

Wir haben dann gesagt, wir wollten es uns überlegen und eine Nacht überschlafen. Dies ginge nicht, wurde uns gesagt, weil nur an diesem Tage ein Bonus gegeben würde, wieviel haben wir leider nicht in Erinnerung. Es wurde einem so richtig schmackhaft gemacht, daß es ja eine 5-Sterne-Anlage wäre und man es auch wieder verkaufen könnte. Auch würden die Preise durch den voraussichtlichen Baustopp 1991 steigen und man hätte dadurch einen Gewinn. Man sprach jetzt von der Anzahlung. Geld hatten wir keines mit, nur zufällig einen Euroscheck. Dieser wurde trotz der hohen Summe von 1.000 Pfund akzeptiert. Es gab dann auch für uns nach dem Abschluß von allen Seiten eine Gratulation.

Nach einer Wartezeit wurden wir dann zu dem Manager gebracht, wo der Vertrag Punkt für Punkt vorgelesen wurde und zwar auf englisch. Der Übersetzer, welcher auch im Raum anwesend war, übersetzte uns den Text ins Deutsche. Aber man war ja so voll gepumpt von dem ganzen Gerede und dann noch die große Hitze, so daß man es gar nicht mehr so richtig gecheckt hat, was man da unterschrieb. Heute kann man sich darüber ärgern, daß man so dumm war."

2.11 Wer verdient an Time-Sharing?

Der wirtschaftliche Hintergrund des Time-Sharing besteht darin, daß man an einer Immobilie am meisten verdienen kann, wenn man nicht nur das Grundstück oder das Grundstück mit einem fertiggestellten Haus oder das Grundstück mit Stockwerkseigentum verkauft, sondern auch noch sozusagen die Zeit innerhalb des Raums.

Bezeichnenderweise wird Time-Sharing auch als neue Finanzierungsform von Hotelbetrieben angesehen. Das Finanzierungsrisiko wird vom Erbauer des Hotels oder der Ferienanlage auf die Time-Sharing-Käufer abgewälzt. Der Anbieter und Bauträger geht keinerlei Risiko ein, verdient aber ganz prächtig an der ganzen Angelegenheit, obwohl nicht er das finanzielle Risiko, sondern der Anteilseigner trägt.

Ist das Objekt schon fertiggestellt, so muß sich der Betreiber keine Sorge mehr über die Belegung machen, wenn er das Objekt in Form von Time-Sharing anbietet und verkauft. Die Kosten für den Betrieb und die Instandhaltungskosten werden durch die jährlich anfallenden Umlagen von den Urlaubern bezahlt, die Auslastung ist garantiert.

Das menschliche Gewinnstreben ist zwar Basis für unsere Wirtschaftsordnung. Ohne dieses Motiv würde diese Wirtschaftsordnung auch gar nicht funktionieren. Beim Time-Sharing entwickelt sich das Gewinnstreben der Verkäufer einseitig zu Lasten der Verbraucher und der Anleger. Es profitieren nur die Verkäufer.

2.12 Tauschmöglichkeiten und Tausch-Organisationen

Normalerweise möchte oder kann ein Urlauber nicht Jahr für Jahr zur selben Zeit und in der selben Wohnung Urlaub machen. Es kann auch passieren, daß er zum gebuchten Zeitpunkt aus irgendwelchen Gründen verhindert ist und sein Wohnrecht nicht in Anspruch nehmen kann.

Bei großen Time-Sharing-Firmen ist es möglich, innerhalb der Firmen Objekte zu tauschen. Die Auswahl ist aber sehr beschränkt. Deshalb wird oftmals damit geworben, daß die Ferien-Anlage an eine Tauschorganisation angeschlossen sei, die weltweit Tausch und Nutzungsrechte vermittle; man sei also nicht – wie beim herkömmlichen Erwerb von Ferien-Immobilien – Jahr für Jahr an den gleichen Ort gebunden, sondern könne seine zwei Wochen Nutzungsrecht in Spanien gegen zwei Wochen auf den Bahamas oder in Frankreich tauschen. Diese Tausch-Organisationen bestehen tatsächlich, der Tauschpool RCI (Resort Condominium International) soll die größte Tausch-Organisation sein. So weit, so gut.

Aber: Demjenigen, der z.B. den Katalog des RCI zur Hand nimmt und das Angebot mit den Katalogen von deutschen Reiseveranstaltern vergleicht, wird drastisch vor Augen geführt, wie klein das Angebot dieses größten Tauschpools ist im Vergleich zu dem, was deutsche Reiseveranstalter und Ferienhausvermittlungsfirmen insgesamt anbieten können.

Für die Vermittlung wird eine Tauschgebühr fällig. Beim RCI beträgt der Mitgliedsbeitrag für ein Jahr DM 130,– für drei Jahre DM 300,– und für fünf Jahre DM 465,–. Hinzu kommt noch eine Tauschgebühr für die Vermittlung einer Wohnung in einer anderen Ferienanlage in Höhe von DM 120,– pro Woche. Für die Vermittlung eines zweiwöchigen Urlaubes fallen also alleine schon DM 370,- nur für Gebühren und Beiträge an.

Die Verpflichtung zur Zahlung von Unterhalts- oder Instandhaltungsgebühren am eigenen Ferienobjekt müssen auch dann bezahlt werden, wenn es zu einem Tausch kommt. Zusätzlich müssen eventuell für die Benutzung der Einrichtungen in der Austausch-Unterkunft Gebühren bezahlt werden.

Der RCI übernimmt keinerlei Verantwortung für ungenaue und unvollständige Informationen über Ferienanlagen im Tausch-Katalog. Die Haftung von RCI gegenüber jedem Mitglied für Verluste oder Schäden, die wie auch immer durch die Nutzung des RCI-Austauschprogrammes entstehen, ist auf die von dem Mitglied gezahlte Austauschgebühr beschränkt. Im Schadensfalle erhält also das geschädigte Mitglied ganze DM 120,– pro getauschte Woche.

Der RCI ist also praktisch von jeder Verantwortung für die Qualität der vermittelten Ferienunterkünfte frei. Entspricht die Ferienanlage nicht den Angaben im Katalog, so hat der Urlauber keinen Anspruch auf Schadenersatz. In dieser Hinsicht ist jeder, der eine Ferienwohnung über einen deutschen Reiseveranstalter mietet, sehr viel besser dran. Er kann sich auf das verbraucherfreundliche deutsche Reisevertragsrecht berufen und hat Anspruch auf Schadenersatz, wenn die Unterkunft nicht hält, was im Katalog versprochen worden ist.

2.13 Hapimag AG

Die Hapimag AG ist die zur Zeit wohl in Deutschland bekannteste Time-Sharing-Firma und gleichzeitig auch der Marktführer. Deshalb soll das Angebot dieser Firma näher beleuchtet werden.

Es handelt sich um eine Schweizerische Aktiengesellschaft, das Time-Sharing-Recht wird durch den Kauf von Hapimag-Aktien und einem jeweils mit einer Aktie verbundenen Darlehensvertrag erworben. Bei Abschluß des Vertrages wird eine Bearbeitungs- und Eintragungsgebühr von 2% der Kaufsumme erhoben.

Die Gesellschaft arbeitet seit 20 Jahren, was zweifelsohne als positiv zu bewerten ist. Gerade aber das Angebot der Hapimag zeigt exemplarisch, daß auch die Angebote seriöser Firmen von typischen Time-Sharing-Nachteilen nicht frei sind.

Über die laufenden Kosten heißt es in einem Schreiben der Hapimag aus dem Januar 1988 an alle „Hapimag-Partner“: „Liebe Partnerinnen und Partner, die Jahreswende bringt traditionell den Ausblick auf die gemeinsam zu tragende Leistung in Form des Jahresbeitrages. In den südlichen Ländern herrscht weiterhin eine starke Teuerung, die nur teilweise durch Währungsabwertung im Vergleich zum Schweizer Franken kompensiert werden kann.“

Damit wird die Erhöhung der Jahresbeiträge begründet. Dieses Schreiben zeigt mit aller Deutlichkeit, daß auch die Hapimag die Urlaubskosten nicht einfrieren kann. Zu zahlen sind bei der Hapimag unabhängig von der Wahrnehmung des Wohnrechts der Jahresbeitrag und die Nebenkostenumlage für die Benutzung und den Betrieb der Häuser und Appartements.

Bei Mängeln wird nur sehr begrenzt Schadenersatz geleistet. Ein Aktionär der Hapimag forderte Schadenersatz für die Beeinträchtigung des Urlaubs auf Grund von Baulärm in nächster Nähe der Ferienanlage. Unumstritten ist, daß es Baulärm gab, die Hapimag wollte aber ohne Anerkennung einer Rechtspflicht nur ein paar Wohnrechtspunkte gutschreiben.

Wollte nun dieser Aktionär seine Ansprüche gerichtlich geltend machen, müßte er in der Schweiz klagen und Schweizerisches Recht käme zur Anwendung. Zu einem Prozeß in der Schweiz kann aber schon auf Grund des erhöhten finanziellen Risikos kaum geraten werden, ein weiterer Nachteil besteht darin, daß nicht das verbraucherfreundliche Reisevertragsrecht gilt.

Ebenso gibt es Probleme bei der Weiterveräußerung von Hapimag-Aktien. Die Hapimag erklärt sich zwar bereit, jährlich Aktien zurückzukaufen und die mit den Aktien verbundenen Darlehen zu übernehmen. Dieser Zurückkauf kann aber erst nach einer bestimmten Frist und in einer bestimmten Anzahl erfolgen. Es ist also nicht gewährleistet, daß alle verkaufswilligen Aktionäre zum Zuge kommen, weshalb auch Zeitungsanzeigen zu finden sind, in denen Hapimag-Aktien angeboten werden. Im übrigen werden die Aktien nur mit einem Abschlag zurückgenommen.

Darüber hinaus gibt es Probleme mit dem deutschen Finanzamt. Es sieht das Wohnrecht als eine Art Sachdividende aus der Aktie an, weshalb diese Wohnrechte wie Kapitalerträge zu versteuern sein sollen (ein Musterprozeß läuft zur Zeit).

Zwischenzeitlich behauptet die Hapimag nicht mehr, der Kauf der Aktie stelle eine Kapitalanlage dar. Diese Art von Ferienwohnung wird nunmehr als eine besondere Art von Urlaub angepriesen, bei der man im Kreis von gleichgesinnten Urlaubern Ruhe und Erholung finden könne. Wer diese Art von Cluburlaub wünscht, ist aber nicht auf die Hapimag angewiesen. Es gibt seit langem mehrere Unternehmen, die Urlaub im Club anbieten, ohne daß man Aktien kaufen muß.

2.14 Das Bundeskriminalamt warnt vor Time-Sharing

In einer Presse-Information vom 19.1.1988 warnt das Bundeskriminalamt vor Immobilien-Anlagebetrug im Time-Sharing-Bereich: Selbst wenn die Betrüger unter Umständen strafrechtlich belangt und abgeurteilt werden, wird der Anleger das investierte Geld aber mit allergrößter Wahrscheinlichkeit nicht mehr wiederbekommen, da bei diesen Betrügern regelmäßig nichts mehr zu holen ist.

> *„DAS BKA warnt vor Immobilien-Anlagebetrügereien*
>
> Angebote zur Kapitalbeteiligung an Wohn- und Ferien-Unterkünften, die den Geldanlegern Nutzungsmöglichkeiten eröffnen sollen, erweisen sich nicht selten als Betrugsversuche. So wurden durch derartige Angebote des sogenannten „Immobilien-Time-Sharing“ 1987 nach Erkenntnissen des Bundeskriminalamtes Kapitalanlegern Schäden in Höhe von mehreren Millionen DM zugefügt.

Wie ein Sprecher des Bundeskriminalamtes hierzu mitteilte, ist dies vor dem Hintergrund zu sehen, daß das „Immobilien-Time-Sharing“ als Möglichkeit der Kapitalanlage immer populärer geworden ist. Bereits durch Aufwand von etwa fünf- bis zehntausend DM könne man sich ein Urlaubsdomizil im „sonnigen Süden“ sichern. Geworben werden potentielle Kapitalanleger durch Inserate in überregionalen Tageszeitungen, in Fachzeitschriften und aufwendig hergestellten Broschüren sowie bei Informationsveranstaltungen. Die angebotenen Objekte liegen zumeist im Ausland, wodurch den Interessenten nur eingeschränkte Möglichkeiten der Überprüfung zur Verfügung stehen.
Die Zunahme der Beliebtheit des „Immobilien-Time-Sharing“ wird von Betrügern genutzt. In bekanntgewordenen entsprechenden Fällen hat sich gezeigt, daß es sich bei den angeblichen Immobilienprojekten tatsächlich um Brachland oder Bauruinen handelte oder daß das betreffende Objekt bereits anderwertig belegt war. In weiteren Fällen wurden Kapitalanlagen für Projekte entgegengenommen, die letztlich nicht realisiert wurden. Teilweise wurden auch falsche Grundbucheintragungen vorgenommen, oder es zeigte sich, daß in dem betreffenden Land eine Eintragung im Grundbuch bzw. in amtlichen Registern keine rechtliche Voraussetzung für den Erwerb von Nutzungsrechten an Immobilien schafft.
Angesichts dieser Vielseitigkeit betrügerischer Möglichkeiten benannte der Sprecher des Bundeskriminalamtes diese Art der Kapitalanlage als besonders risikoreich. Im übrigen sei in den nächsten Jahren mit einer Zunahme der Anzeigen entsprechender Betrugsfälle zu rechnen, da die Geldanleger meist erst längere Zeit nach Leistung ihrer Kapitalanlage zu erkennen vermögen, daß sie Opfer von Betrügern geworden sind. Das BKA geht auch davon aus, daß infolge einer Quellensteuererhebung auf Zinseinkünfte die Geldanlage sich noch stärker auf Immobilienfinanzierungen verlagern kann, was Anlagebetrüger gewiß nutzen werden.“

Im übrigen wird auch in der Zeitschrift Wirtschaft, Kriminalität und Sicherheit Heft 1/90, Time-Sharing als neuartige kriminogene Erscheinungsform bezeichnet. Danach werden vielfach Offerten „vor Ort“ von skurrilen Firmen angeboten, die sich bei näherer Betrachtung als Schwindelunternehmen herausstellen.

2.15 Entschließung des europäischen Parlamentes zur Notwendigkeit, die Gesetzeslücke im Bereich des Teilzeiteigentums (Time-Sharing) zu schließen

Die EG-Kommission soll vom Europäischen Parlement ersucht werden, einen Richtlinienvorschlag zur Harmonisierung der nationalen gesetzlichen Vorschriften im Bereich des Teilzeiteigentums zu unterbreiten, in denen die folgenden Aspekte geregelt sein sollen:

- die Rechte und Pflichten der Besitzer von Teilzeiteigentum,
- die allgemeinen Vertragsbedingungen, zumindest was gesetzwidrige vertragliche Konditionen betrifft,

- die organisatorische Gestaltung des Teilzeiteigentums,
- die von Unternehmen, die Teilzeiteigentum anbieten und verwalten, einzuhaltenden Regeln,
- irreführende oder betrügerische Werbung,
- eine gewisse Bedenkzeit für den Erwerber von Teilzeiteigentum, innerhalb derer er vom Kauf zurücktreten kann,
- die Annahme von Kaufanreizen, wie Geschenke, Gratisleistungen, Geld oder großer Preisermäßigung, die nicht als Beweis für die Annahme des Verkaufsangebotes angesehen werden dürfen.

Der Antrag für eine gesetzliche Regelung wird damit begründet, daß

- der Urlauber von einem „gemeinsamen Fremdenverkehrsmarkt" ein Höchstmaß an Informationen über touristische Angebote erwarten kann, ohne daß er auf Grund einer mangelnden Aufklärung über seine Rechte größere Risiken eingeht,
- auf Grund der Besorgnis über die mißbräuchlichen Praktiken und Betrügereien, denen die Verbraucher der Mitgliedsstaaten beim Erwerb von Eigentumsrechten an Immobilien zum Opfer gefallen sind, sowie unter Hinweis auf die nicht wieder gutzumachenden Verluste der Besitzer von Teilzeiteigentum, die skrupellosen Agenturen und Geschäftemachern aufgesessen sind.

Mit diesen Feststellungen wird richtigerweise auf die Mißstände des Time-Sharing-Marktes hingewiesen. Allerdings kann der Entschließung insofern nicht zugestimmt werden, als man dort „mit Genugtuung die zunehmende Verbreitung des Teilzeiteigentums sieht und glaubt, daß es sich hier um eine Form der Investition in Immobilien handelt, die nicht nur für Urlauber in bescheideneren finanziellen Verhältnissen vorteilhaft ist, sondern generell auch der Fremdenverkehrswirtschaft in den Mitgliedsstaaten zugute kommt."

Dies mag zwar ein frommer Wunsch sein, entspricht aber nicht der Wirklichkeit.

2.16 Mein Ratschlag an alle Time-Sharing-Interessenten

Vergessen Sie Time-Sharing, legen Sie Ihr dafür vorgesehenes Geld an und mieten Sie sich eine Ferienwohnung oder ein Hotelzimmer über einen deutschen Reiseveranstalter oder Ferienhausvermittler oder direkt vor Ort an. Dadurch haben Sie jedes Jahr freie Auswahl und die Gewißheit, daß im Falle von Streitigkeiten das verbraucherfreundliche deutsche Reisevertragsrecht weiterhelfen wird. Weshalb der umständliche und sehr problematische Erwerb von Time-Sharing, wenn es so einfach geht?

2.17 Checkliste für Time-Sharing-Objekte

Alle, die von Time-Sharing nicht lassen können, sollten die Angebote kritisch überprüfen. Als Anhaltspunkt dafür möge die folgende Liste dienen:

A. Der Anbieter und die Verwaltungsgesellschaft

1. Wie lange schon existiert die Time-Sharing-Firma?
2. Welche Ferienanlagen wurden schon mittels Time-Sharing verkauft und mit welchem Erfolg?
3. Wie haben sich die jährlich anfallenden Kosten bei diesen Objekten entwickelt?
4. Gibt es personelle Verpflichtungen zwischen der Time-Sharing-Firma und der Verwaltungsgesellschaft, die die Ferien-Anlage verwaltet?
5. Wie hoch ist der Anteil der Vertriebskosten an der gesamten Investitionssumme?
6. In welche Taschen fließen die Erlöse aus dem Time-Sharing-Verkauf?
7. Wieviel wird von den Kaufpreis-Erlösen für künftige Instandhaltungs- und Renovierungsarbeiten zurückgestellt?
8. Können Sie die Verwaltung effektiv kontrollieren oder kontrolliert sich die Verwaltung selbst?

B. Das angebotene Objekt

1. Handelt es sich um ein neues bezugsfertiges Objekt oder werden heruntergekommene und renovierungsbedürftige Wohneinheiten angeboten?
2. Haben Sie das Objekt selbst gesehen?
3. Falls das Objekt noch nicht erstellt ist, sind die Gelder über einen unabhängigen Treuhänder gesichert, bis die Anlage fertiggestellt ist?
4. Wer ist Eigentümer der Ferienanlage (vor und nach dem Verkauf als Time-Sharing)?
5. Bestehen Tauschmöglichkeiten und ist das Objekt so attraktiv, daß sich Tauschpartner finden lassen?

C. Die Verträge

1. Verstehen Sie den Inhalt der Verträge?
2. Sind die Rechte und Pflichten eindeutig geregelt?
3. Wo ist der Gerichtsstand?
4. Welches Recht kommt zur Anwendung?
5. Welche Gewährleistungsansprüche stehen Ihnen zu?

D. Das Wohnrecht

1. Wird zeitlich unbefristetes Wohnrecht angeboten?
2. Welche Art von Nutzungsrecht erwerben Sie?
3. Bei einer vereins- oder aktienrechtlichen Gestaltung:
   a) Wer ist jetziger Präsident bzw. Vorstand?
   b) Kennen Sie die Statuten des Vereins bzw. Aktiengesellschaft?
   c) Ist eine effektive Einflußmaßnahme auf die Vorstände möglich?

E. Kosten

1. Wie hoch sind die jährlich anfallenden Verwaltungskosten?
2. Was kostet die Nutzung der vorhandenen Freizeit-Einrichtungen?

3. Müssen neben einer Jahrespauschale zusätzlich Nebenkosten für die Inanspruchnahme des Wohnrechtes bezahlt werden?
4. Womit werden die künftig anfallenden Instandhaltungs- und Renovierungskosten bezahlt?
5. Haben Sie bedacht, daß Sie auch unter der Voraussetzung, daß Sie mit den anderen Urlaubern Einfluß auf die Verwaltung haben, letztendlich die anfallenden Kosten (Renovierung, Instandhaltung usw.) tragen müssen?
6. Falls Rückstellungen für die Instandhaltung und Renovierung gemacht wurden, wer verfügt über diese Gelder? Wo sind diese Gelder geparkt?
7. Haben Sie die Kosten von Time-Sharing (Kaufpreis, Jahrespauschale, Nebenkosten, Instandhaltungs- und Renovierungskosten, Mitgliedsgebühr in der Tauschorganisation, Tauschgelder für jede einzelne Woche) mit den Kosten für die normale Anmietung einer Ferienwohnung durchgerechnet unter der Annahme, daß Sie den Kaufpreis für das Time-Sharing als Geldanlage angelegt haben und dafür jährlich Zinsen erhalten?

F. Rücknahme bzw. Weiterverkauf von Time-Sharing

1. Nimmt der Verkäufer Time-Sharing-Anteile zurück? Falls ja, nur eine bestimmte Anzahl pro Jahr?
2. Welche Kosten fallen bei einer Rücknahme an? Wie wird der Rückgabepreis berechnet?
3. Welche Kosten fallen an, wenn Sie den Anteil durch Schenkung übertragen lassen wollen?
4. Bedarf die Übertragung des Wohnrechts der Zustimmung der Time-Sharing-Firma?

Noch ein Hinweis:

Lassen Sie sich zu den wichtigsten Fragen schriftliche Unterlagen geben, ebenso müssen Sie darauf bestehen, daß Zusicherungen und Versprechungen irgendwelcher Art schriftlich fixiert werden.

3. Unerschlossene Grundstücke: Meist vergebliche Spekulation auf Wertzuwachs

Bestimmender Faktor für den Erwerb von unerschlossenen Grundstücken ist die Spekulation auf Wertzuwachs. Zweifelsohne können mit unerschlossenen Grundstücken, die zu Bauland werden, exorbitante Gewinne erzielt werden, dies ist aber leider wie bei allen Spekulationsgeschäften die Ausnahme.

Gerade Ausländern wird oftmals unerschlossenes Land verkauft, das sehr billig zu sein scheint, für das aber keinerlei Chance besteht, jemals im Wert zu steigen. Zwar wird eine Erschließung versprochen, tatsächlich verabschiedet sich aber der Verkäufer, sobald er genügend Parzellen verkauft hat. Die Werbung mit der Erschließung des Geländes war nur ein Lockmittel.

Die betrügerischen Promotoren verstecken sich hinter Briefkastenfirmen, so daß ein gerichtliches Vorgehen gegen sie und dazu noch im Ausland ein hoffnungsloses Unterfangen darstellt. Interessenten dürfen sich nicht von formalrechtlichen Dingen blenden lassen. Was nützt die grundbuchrechtlich abgesicherte Eigentumsposition des Käufers, wenn das Gelände völlig wertlos ist?

3.1 Deltona-Corporation: „Traum"-Grundstücke auf Marco Island/Florida

Ende der sechziger Jahre und Anfang der siebziger Jahre verkaufte die Deltona Corporation Grundstücke in Florida. Durch eine sehr aktive und aggressive Verkaufsorganisation konnte Deltona weltweit insgesamt über 3.000 Grundstücke auf Marco Island verkaufen.

Die Verträge enthielten eine Klausel, wonach Deltona alle Gelder mit Zinsen zurückerstatten würde, wenn die Grundstücke nicht bebaut werden könnten. 1976 teilte Deltona allen Käufern mit, daß die Erschließung der Bauplätze gescheitert sei, weil gewisse Baugenehmigungen nicht erteilt wurden. Die Firma werde aber gegen die Behörden prozessieren und um diese Genehmigungen kämpfen. Da in den Verträgen Ratenzahlungen vereinbart worden waren, sollten die Käufer mit weiteren Ratenzahlungen warten.

Von diesem Zeitpunkt an hat Deltona wiederholt neue Verträge angeboten, unter anderem Ersatzgrundstücke in anderen Deltona-Erschließungsgebieten in Florida oder die Aufnahme in eine Warteliste für Rückerstattungen.

Deltona strengte dann eine ganze Reihe von Prozessen gegen diejenigen Kunden an, die keine Ersatzverträge mit Deltona abschließen wollten. Die Käufer sollten rechtlos gestellt werden und keinen Anspruch auf Rückerstattung der bezahlten Gelder haben. Nun wehren sich die Käufer gegen das Vorgehen der Deltona. Sie verlangen Schadenersatz einschließlich Zinsen für alle Gelder, die an Deltona gezahlt wurden. Sie haben allerdings eine lange Durststrecke vor sich. Der Prozeß kann Jahre dauern. Ob und wieviel Geld sie zurückerhalten werden, läßt sich nicht mit Sicherheit sagen.

3.2 Landinvestments AG: „Kaufen Sie Land und warten Sie"

Ein weiteres Beispiel für die Unseriosität des Verkaufs von Grundstücken mit der Werbung auf jährlichen Wertzuwachs von 15 % und mehr ist die Landinvestments AG.

„Legen Sie Ihr Geld in inflationssicherem Bauland an, das Ihnen eine jährliche Wertsteigerung von 15 Prozent und mehr bringen kann" – aber bitte schnell, denn „85 Prozent des Projekts sind bereits verkauft"!

So warb die Landinvestments AG schon 1984 für den Verkauf von Grundstücken in Arizona. Die Bevölkerungszahl im Bezirk Cochise soll von heute rund 90.000 Bewohnern auf 125.000 im Jahr 2000 ansteigen.

Sechs Jahre später landet der gleiche Prospekt der Landinvestments AG wiederum auf den Tischen der Anleger. Das Projekt existiert immer noch hauptsächlich auf dem Papier, es gibt in La Playa Estates nur ein paar Häuser. Der versprochene Bevölkerungszuwachs ist nicht eingetreten, auch nach sechs Jahren wird im Prospekt mit den alten Zahlen geworben.

Nicht erfüllt haben sich auch die Hoffnungen der Anleger auf einen jährlichen Zuwachs von 15% und mehr. Die Parzellen können noch fast genauso billig wie vor sechs Jahren (statt 5.000,– Sfr kostet die billigste Parzelle heute 6.000,– Sfr). Diese Preissteigerung gleicht nicht einmal die Inflationsrate in den USA aus.

Auch wer jetzt Grundstücke in Las Playas Estates kaufen wird, dürfte kein Glück haben. In künftigen Jahren ist nicht mit einer Wertsteigerung zu rechnen, da es weder für den Kauf von Häusern noch für vermietete Häuser einen Bedarf gibt. Genaugenommen versucht die Landinvestments AG mit Verwaltungsrat Heinz W. Zintzmeyer an der Spitze, „alte Hüte" aufs neue zu verkaufen. Den Käufern, die schon Grundstücke erworben haben, bleibt nur der Werbeslogan der Landinvestments AG „Kaufen Sie Land und warten Sie".

Amerika ist groß. Immer wieder werden unseriöse Verkäufer in Amerika ein sehr billiges Stück Land finden, das sie parzellieren und dann an ahnungslose Deutsche und Schweizer verkaufen. Das Ergebnis wird sich immer gleichen: Die Grundstücke gewinnen kaum an Wert oder sinken sogar im Wert.

4. Gewerbliche Immobilien

Im Gegensatz zu Ferienhäusern und Time-Sharing kommen gewerblich genutzte Immobilien wie Bürogebäude, Hotels, Supermärkte oder Lagerhäuser als Kapitalanlage in Betracht. Die wichtigsten Beurteilungskriterien sind der Standort, die Nutzungsmöglichkeiten und das Management, das die Immobilien verwalten soll.

Schon für die Suche nach einem konkreten Objekt ist die Einschaltung eines fachkundigen Beraters und eines Anwaltes unabdingbar. Wer auf eigene Faust und ohne umfassende Kenntnis und Erfahrung handelt, wird auf die Nase fallen. Ein neutrales Gutachten ist die beste Voraussetzung für die Beurteilung einer Immobilie. Kaufverträge müssen sehr sorgfältig ausgearbeitet werden, ohne einen versierten Anwalt ist dies nicht möglich.

Die Suche nach einer guten Verwaltung für die Immobilie sollte möglichst früh beginnen. Arbeitet die Verwaltung nämlich schlecht, wird der Investor seiner erhofften Rendite vergeblich hinterherlaufen.

Sehr vorteilhaft ist ein solventer Mieter, der bereit ist, einen langfristigen Mietvertrag abzuschließen. Ideal wäre ein sogenannter „Triple-net-Mietvertrag". Dabei trägt der Mieter alle Kosten, Steuern, Versicherungen und Reparaturen.

Besonders vorsichtig zu sein gilt es bei den Fonds (Blind-Pools), die über die Investitionen in bestimmte Objekte erst entscheiden, wenn eine bestimmte Anzahl von Anteilen gezeichnet ist. Der Anleger weiß in solchen Fällen nicht, in welche Objekte und zu welchen Preisen investiert wird. Er kann nur hoffen und bangen, daß die Macher des Fonds im Sinne der Anleger handeln.

4.1 Risiken bei gewerblichen Immobilien im Ausland

Währungsrisiko:
Die Beteiligungen erfolgen üblicherweise in der ausländischen Währung. Steigt die ausländische Währung im Verhältnis zur DM, erzielt der Anleger einen Kursgewinn. Fällt aber der Kurs der ausländischen Währung, so würde dies zu einer Ermäßigung des Gegenwerts in DM führen. Es kann also durchaus sein, daß eine Immobilie keinen Wertverlust erleidet, aber auf Grund des Währungsverfalls der ausländischen Währung in DM umgerechnet weniger wert sein kann, als ursprünglich dafür bezahlt wurde.

Steuergesetze:
Gewerbliche Immobilien werden oftmals gerade im Hinblick auf die ausländischen Steuergesetze gekauft. Änderungen der jeweiligen Steuergesetzgebung können sich sowohl positiv als auch negativ auf die Investition auswirken.

Mietverträge:
Wichtige Gesichtspunkte bei Mietverträgen sind die Bonität des Mieters, die Länge des Mietvertrages und der Inhalt des Mietvertrages. Ein anfangs als erstklassig bezeichneter Mieter kann auf Grund einer ungünstigen Geschäftsentwicklung plötzlich nicht mehr erstklassig sein, so daß Probleme mit der Bezahlung der Miete entstehen können.

Wertzuwachs:
Negative Veränderungen der allgemeinen wirtschaftlichen Rahmenbedingungen oder lokale und regionale wirtschaftliche Fehlentwicklungen können zu Wertverlusten führen. Die Wertentwicklungen von gewerblichen Immobilien in einzelnen Regionen der USA sind ein frappierendes Beispiel dafür.

Fremdfinanzierung:
Nach Ablauf der Zinsfestschreibung bei der Finanzierung der Immobilien können die Zinsen sehr hoch sein, so daß die Refinanzierung teurer wird und sich dadurch auch die Rendite schmälert oder gar Verluste entstehen.

Fungibilität:
Damit ist die Veräußerungsmöglichkeit einer Beteiligung gemeint. Für Anteile an gewerblichen Immobilien existiert meist weder eine Börse noch ein sonstiger Markt, auf

dem diese Anteile gehandelt werden. In der Praxis bedeutet dies, daß man bei derartigen Beteiligungen manchmal bis zum bitteren Ende ausharren muß, da kein Käufer für die Anteile zu finden ist.

4.2 Verschiedene Beteiligungsformen

Vielen Anlegern wird eine direkte Investition in gewerbliche Immobilien aus finanziellen Gründen nicht möglich sein. Bei den verschiedenen Beteiligungsformen für Kleinanleger müssen diese einige Nachteile in Kauf nehmen. Die Vertriebskosten sind bei kleingestückelten Anteilen sehr hoch, die Anteile sind oftmals nicht wiederverkäuflich.

Wie bei anderen Kapitalanlagen auch werden in der Werbung für den Verkauf dieser Anteile die Ertragsaussichten zu rosig dargestellt, die Verwaltungskosten und die Abschreibungen dagegen eher verniedlicht. Praktische Einflußmöglichkeiten auf das Management gibt es nicht.

Damit der Anleger nicht mißtrauisch wird, garantiert man vertraglich eine Rendite für einige Jahre im voraus, die der Käufer mit einem Teil des von ihm bezahlten Kaufpreises bereits selbst vorfinanziert hat. Spätestens nach Ablauf des Rendite-Garantiezeitraumes wird der Anleger auf den Boden der Tatsachen zurückgeholt, wenn die erzielbaren Mieten nicht die Rendite bringen, die in Aussicht gestellt wurden.

4.3 Wo kommen Investitionen in Betracht?

Bei dieser Frage gerät unwillkürlich der nordamerikanische Markt mit den USA ins Blickfeld, wo das Angebot am größten ist, und viele leute wegen der politischen Sicherheit und der liberalen Wirtschaftspolitik Investitionen im Immobilienbereich getätigt haben. Allerdings ist auch in den USA nicht alles Gold, was glänzt. Der deutsche Anleger muß aufpassen, daß er nicht nur Ausschuß kauft, den die Amerikaner selbst nicht kaufen wollen.

In den nächsten Jahren werden sicherlich auch die europäischen Wirtschaftszentren Möglichkeiten für renditeträchtige Investitionen bieten. Dazu zählen neben Berlin, Stuttgart, München und Frankfurt im Ausland vor allem London, Paris, Brüssel, Madrid und Wien.

Allerdings fehlt es zumindest bisher an einer größeren Auswahl von attraktiven Beteiligungsmöglichkeiten für Kleinanleger.

Steuerlich gesehen sind Investitionen in Immobilien im Ausland zumindest insofern nicht attraktiv, als Verluste aus diesen Immobilien im Inland steuerlich nicht mehr berücksichtigt werden dürfen (zu dieser Problematik siehe Abschnitt Steuer § 2a Einkommensteuergesetz).

5. Finanzierung von Immobilien im Ausland

Ein Teil der Käufer von Immobilien im Ausland möchte den Kaufpreis über eine Bank finanzieren. Man kann sich entweder bei einer deutschen Bank erkundigen, ob diese die Immobilie finanziert und in das ausländische Grundbuch geht, oder man finanziert die Immobilie über eine ausländische Bank direkt vor Ort.

Deutsche Hypothekenbanken dürfen seit dem 1.7.1988 in Höhe des Eigenkapitals auch Kredite ins EG-Ausland vergeben. Dies stellt insofern ein Fortschritt dar, als früher ausländische Grundstücke nicht beliehen werden durften.

Wer nun aber glaubt, keine Schwierigkeiten bei der Finanzierung zu finden, der hat sich getäuscht. Nicht nur die Hypothekenbanken, sondern auch die Geschäftsbanken gehen nur ungern mittels einer Hypothek ins ausländische Grundbuch, da die gesamte Abwicklung komplizierter ist als hierzulande und im Fall einer Zwangsverwertung mit größeren bürokratischen Problemen zu rechnen ist.

Man muß also suchen, bis man eine Bank findet, die Immobilien im EG-Bereich finanziert. Außerhalb des EG-Bereiches wird es noch schwieriger, und falls man überhaupt eine Bank findet, sind die Bearbeitungsgebühren normalerweise höher als üblich.

Schwierigkeiten anderer Art bringt die Finanzierung von Immobilien über die ausländischen Banken vor Ort. Dem Käufer dürfte im Normalfall das ausländische Kreditrecht unbekannt sein. Möglich ist auch, daß die Kreditzinsen im jeweiligen Ausland sehr viel höher sind als hierzulande. Ebenso müssen bei der Abwicklung von Kreditgeschäften eventuell bestehende Devisenvorschriften beachtet werden, von sprachlichen Barrieren ganz abgesehen. Die Verwendung von Bauspargeldern für Immobilien im Ausland ist steuer- und prämienschädlich.

Zusammenfassend läßt sich sagen, daß die Suche nach einem Kredit für eine Immobilie im Ausland länger dauert als für eine Immobilie in Deutschland und auch die Abwicklung langwieriger und kostspieliger sein wird, sei es nun über eine deutsche Bank oder eine ausländische Bank vor Ort.

II. Landwirtschaft: Unternehmerisches Risiko

1. Farmen

1.1 Erwerb einer Farm

Wo auch immer eine Farm im Ausland gekauft werden soll, ist die Einschaltung eines unabhängigen und fachkundigen Beraters unerläßlich. Zu klären ist, wo und welche Art von Farmen (Getreidefarm, Schlachtviehhaltung, Milchwirtschaft, eine auf spezielle Produkte spezialisierte Farm) gekauft werden soll. Allgemeine Kriterien für den Farmkauf sind Bodenqualität, Klima und die Art der Bewirtschaftung des Farmlandes.

Besonders schwierig gestaltet sich die Ermittlung eines akzeptablen Kaufpreises. Maßstab ist im allgemeinen nicht nur der in den zurückliegenden Jahren erwirtschaftete Gewinn, sondern auch die Bedeutung des Farmlandes als Sachwertanlage, die zwar keine hohe Rendite mit sich bringt, aber als Anlage für Krisenzeiten einen zusätzlichen Pluspunkt zu verzeichnen hat und im Lauf der Jahre auf eine Wertsteigerung hoffen läßt. Allerdings hat das letzte Jahrzehnt gezeigt, daß sogar bestes Farmland in den USA im Wert fallen kann.

1.2 Rechtsform und Steuern

Wer eine Farm gefunden hat und mit dem Verkäufer einig geworden ist, muß sich über die (steuer-)rechtlichen Gegebenheiten Gedanken machen, ebenso über die Rechtsform, in der der Besitz gehalten werden soll.

Unter steuerrechtlichen Gesichtspunkten können Verluste aus einem landwirtschaftlichen Betrieb im Ausland in Deutschland gemäß § 2a Einkommensteuergesetz nicht steuermindernd geltend gemacht werden (siehe auch Abschnitt „Steuern").

1.3 Kaufpreis

Wer sich in exotischen Ländern in der Landwirtschaft engagieren will, muß besonders vorsichtig sein. Oftmals werden scheinbar billige bzw. fast kostenlose Grundstücksflächen angeboten und verkauft, die aber bei näherer Betrachtung noch weniger wert sind als die paar Pfennige, die für einen Quadratmeter bezahlt worden sind. Dann nützt es dem Käufer wenig, wenn er förmlich Eigentümer geworden ist. Das Land ist den Kaufpreis nicht wert. Der Weiterverkauf ist – wenn überhaupt – nur unter Verlusten möglich.

1.4 Verpachtung oder Verwaltung

Neben der Ermittlung eines akzeptablen Kaufpreises ist die Suche nach einem unabhängigen Pächter oder einem angestellten Verwalter oder einer Verwaltungsfirma, die die Auswahl des Pächters übernimmt und diesen überwacht, nicht einfach. Auch in dieser Hinsicht tut man sich ohne Berater sehr schwer. Wie soll man wissen, wie die Pachtverträge formuliert sein müssen und welche Pacht angemessen ist? Die Bewirtschaftung in eigener Regie wird normalerweise nicht in Betracht kommen, es sei denn, der private Anleger ist zugleich ein Fachmann in diesen Dingen und bereit, ins Ausland überzusiedeln, oder ein Aussteiger, der sich ein kleines Stück Land kauft, um sich biologisch zu ernähren.

Wer von Landwirtschaft nichts versteht, kann den Verwalter auch nicht kontrollieren. Die Kontrolle wird dadurch sehr erschwert, daß der Eigentümer meist Tausende von Kilometern weit entfernt wohnt. In einem solchen Fall kann man vom Kauf einer Farm nur abraten.

2. Avocados: Das grüne Gold?

Plantagen mit Renditen bis 160 %, ohne Risiko, im neuen EG-Land Spanien, Zertifikaten, Gutachten und notarieller Absicherung wurden in einem Inserat der Internat6ional Trading Contacts Ltd. angeboten.

Es läßt sich nicht abstreiten, daß der Anbau von Avocados durchaus lukrativ sein kann. Auf der anderen Seite wäre es wahrer Unsinn, auf Renditen bis 160 % ohne Risiko zu hoffen. Aussagen über die zukünftige Preisentwicklung sind Spekulationen. Die notarielle Absicherung der Beteiligung hilft hier nicht weiter. Ebensowenig können Gutachten eine Garantie für die künftige Preisentwicklung geben. Diese können höchstens eine Aussage darüber treffen, ob der Grund und Boden für Avocados geeignet ist.

Im übrigen muß nicht nur der Boden geeignet und die Preisentwicklung stabil sein bzw. nach oben gehen, sondern ebenso notwendig ist eine seriöse und fachlich versierte Verwaltung der Beteiligung. Wenn der Verwalter schlecht arbeitet oder in die eigene Tasche wirtschaftet, erzielt der Anleger höchstens Verluste.

3. Jojoba: Die „grüne Rendite“ oder das „Super Investment“?

Superlative und Übertreibungen sind bei Anlagepromotoren die Regel. Sobald irgendeine Investition aussichtsreich erscheint, wird diese zur Kapitalanlage schlechthin hochgejubelt. Dazu zählt(e) auch Jojoba.

Aus Jojoba (sprich Hohoba) wird ein Öl gewonnen, das als Substitut für Walöl verwendet werden kann bei Kosmetik-Produkten, als Zusatz für Schmierstoffe und in der Pharmazie.

Der Jojoba-Öl ist sicher marktfähig. Über die Markt- und Preisentwicklung läßt sich aber weder mittelfristig und schon gar nicht langfristig eine Aussage treffen. Das Risiko für den Anleger liegt darin, daß er den gesamten Kapitaleinsatz bringen und vier Jahre lang warten muß, bis überhaupt ein Ertrag erzielt werden kann. Die Wachstums- und Vorbereitungsphase bei Jojoba-Plantagen beträgt vier Jahre. Wer weiß, welcher Preis für Jojoba in vier Jahren erzielt werden kann?

Jojoba mag interessant sein für unternehmerisch orientierte Landwirte, die aufgrund eigener Sachkunde eine solche Plantage selbst betreiben können. Für reine Geldgeber, die von Landwirtschaft und insbesondere von Jojoba keine Ahnung haben und nicht in der Lage sind, die Verwalter zu kontrollieren, ist Jojoba nicht empfehlenswert.

Bei den Angeboten aus Paraguay, wo wie in den USA, Mexiko und Südeuropa (Spanien) Jojoba angebaut wird, ist das finanzielle Risiko besonders groß, da die Verwalter bzw. Bewirtschafter mit dem Anlegergeld umso großzügiger umgehen, je weiter die Anlage von Mitteleuropa bzw. vom Anleger entfernt ist.

III. Edelmetalle

1. Gold

1.1 Erwerb von Gold

Gold war zumindest bisher das typische Krisenmetall. Der Erwerb von Gold diente der Werterhaltung des Vermögens in schlechten Zeiten. Im Vergleich zu anderen Kapitalanlagen ist das Risiko eines Totalverlustes fast undenkbar, andererseits ist Gold aber auch keine Rendite-Anlage. In Zeiten hoher Zinsen ist dies sehr unerfreulich. Wer physisches Gold besitzt, kann nur durch steigende Goldkurse Gewinne machen.

1.2 Preisentwicklung

Gründe für das Ansteigen des Goldpreises – zumindest in der Vergangenheit – waren Inflation, Rezession, politische Krisen und Dollarkursverfall. Die Goldwährung ist der Dollar. Oftmals gab es in der Vergangenheit wie bei Diamanten Gewinne auf Dollar-Basis, nicht aber in DM.

Den Höchststand erreichte der Goldpreis Anfang 1980 mit ca. 850 US-Dollar je Unze. Fünf Jahre später, Anfang 1985, war die Unze nur noch 290 US-Dollar wert. Zwar hat sich der Goldpreis zwischenzeitlich erholt, aber er ist immer noch weit vom Höchststand entfernt. Im Frühjahr 1990 lag der Goldpreis bei rund 370 US-Dollar.

1.3 Kapitalanlage

Der Anteil von Gold am persönlichen Vermögen kann 5 bis 10% betragen, wer sein Vermögen sehr konservativ verwalten will, mag sogar noch einen höheren Anteil in Gold halten.

Gold ist in vielen Formen erhältlich, üblich sind Goldbarren und Goldmünzen. Am bekanntesten ist der 1-Kilo-Barren, daneben gibt es auch eine Reihe kleinerer Barren.

Als Münze wird Gold in der Größe von 1 Unze (rund 1g), 1/2, 1/4 oder 1/10 Unze angeboten. Zu beachten ist, daß die Aufschläge bei kleinen Münzen prozentual höher sind.

Am günstigsten für die Kapitalanlage sind die sogenannten Bullion-Coins, die gesetzlich anerkannte Zahlungsmittel sind und deren Wert vom reinen Goldgehalt bestimmt ist im Gegensatz zu historischen Münzen, bei denen andere Kriterien zählen.

Verbreitet sind der südafrikanische Kürgerrand, der kanadische Maple-Leaf, der mexikanische Centinario, das Schweizer Vreneli, der nordamerikanische Golden Eagle, australische Nuggets und belgische ECU-Goldmünzen.

1.4 Sparpläne, Metallkonten, Goldminen-Aktien, speziell Investment-Fonds

Neben dem physischen Erwerb von Gold gibt es Gold-Sparpläne als Anlagealternative. Diese Sparpläne eigenen sich besonders für kleine Erwerber, die monatlich einen bestimmten Betrag für den Erwerb zurücklegen wollen.

Die monatliche Mindestansparung ist von Bank zu Bank unterschiedlich, sie reicht von DM 200,– bis DM 900,–. Derartige Goldpläne werden nicht nur in Deutschland, sondern ebenso in der Schweiz, Luxemburg und Österreich angeboten. Die Konten werden von diesen Banken im Ausland geführt, so daß die Mehrwertsteuer für den deutschen Anleger nicht anfällt.

Der Nachteil solcher Sparpläne besteht darin, daß der Anleger das Gold nicht in Händen, sondern nur einen Anspruch auf Lieferung auf Gold entsprechend der Sparsumme hat. Außerdem fallen Gebühren für den Vertragsabschluß, die Buchung und die Depotverwaltung an. Persönlich würde ich von derartigen Sparplänen aufgrund der ungünstigen Gebührensituation abraten.

Bei Metallkonten wird einmal ein größerer Betrag angelegt, der Kunde hat gegenüber der Bank einen Lieferanspruch. Wer sich das Gold ausliefern lassen will, muß dafür extra bezahlen.

Eine andere Möglichkeit, am steigenden Goldpreis zu partizipieren, bieten Goldminen-Aktien. Die meisten Goldminen-Aktiengesellschaften gibt es in Südafrika. Die wichtigsten Goldminen-Aktien (American Barrick, Echo Bay, Placer Dome, Western Mining) werden in München im Freiverkehr gehandelt, es ist also nicht notwendig, die Aktien an einer ausländischen Börse zu erwerben.

Eine weitere Alternative zum physischen Erwerb von Gold sind Aktien der Bank für Internationalen Zahlungsausgleich in Zürich (BIZ).

Neben dem direkten Erwerb von Goldminen-Aktien gibt es noch die Möglichkeit der Beteiligung an Investmentfonds, die sich auf Goldminen spezialisiert haben.

1.5 Gold-Optionen und Gold-Terminhandel

Spekulanten können sich in Goldoptionen, im Goldterminhandel und Gold-Optionsanleihen engagieren. Sinn dieser Geschäfte ist aber nicht mehr die Werterhaltung des Vermögens, sondern die schnelle Mark.

1.6 Steuern

In Deutschland unterliegt der Erwerb von Gold der Mehrwertsteuer (zur Zeit 14%). In Liechtenstein, Schweiz, Luxemburg und Gibraltar ist *mehrwertsteuerfreier Erwerb* von Gold möglich, gleichzeitig wird Diskretion geboten.

1.7 Tips

Anlagekriterien: keine Rendite, hohe Sicherheit, gute Liquidierbarkeit, Information und Beratung überall erhältlich. Der physische Erwerb ist nur unter dem Gesichtspunkt der Vermögenserhaltung, aber nicht für die Vermögensvermehrung zu empfehlen.

Für Kleinanleger: Gold-Sparplan.

Für Spekulanten: Gold-Optionen, Gold-Optionsanleihen, Warentermingeschäfte.

Goldschmuck ist als Kapitalanlage untauglich, da im allgemeinen nur der reine Goldwert bezahlt wird.

2. Silber

2.1 Preisentwicklung

Als Kapitalanlage macht Silber keine großen Schlagzeilen mehr. Im Jahr 1980 war dies noch ganz anders, als die Silberspekulation der Gebrüder Hunt zusammenbrach. Der Silber-Preis stürzte vom damaligen historischen Höchstpreis von 55 US-Dollar auf unter 5 US-Dollar im Jahr 1982. Zur Zeit dümpelt der Preis um die 5 US-Dollar herum.

2.2 Kapitalanlage

Als Kapitalanlage hatte Silber noch nie die Bedeutung wie Gold, die Silbernachfrage wird hauptsächlich durch die Industrie bestimmt. Zwar besteht die Möglichkeit, Silberbarren und -münzen zu erwerben, als Kapitalanlage führt Silber aber eher ein Schattendasein (mit der wohl einzigen Annahme, daß das Silber in den USA die Hauptrolle spielte, als der private Goldbesitz zwischen 1933 bis 1974 gesetzlichen Beschränkungen unterworfen war). Als Krisenmetall ist Gold vorzuziehen. Wer auf eine Preissteigerung bei Silber setzen will, möge Silber-Aktien kaufen.

3. Platin: Für die Industrie

3.1 Preisentwicklung

Platin ist seltener und teurer als Gold. Wie bei Silber ist auch bei Platin die Nachfrage der Industrie preisbestimmend, nicht dagegen die verhältnismäßig geringe Nachfrage der Kapitalanleger. Ebenso wie Gold, Silber und Diamanten erreichte Platin im Jahr 1980 den bisherigen Höchstpreis mit über 1000 Dollar je Unze.

3.2 Kapitalanlage

In den letzten Jahren wurde Platin manchmal als die bessere Alternative zu Gold angeboten. Trotzdem ist Gold das begehrtere Anlagemedium, immerhin hat sich aber die Nachfrage nach Platin in Form von Schmuck erhöht. Wer Platin als Kapitalanlage wählt, kann dies in Form der Platinmünze Noble, der australischen Platinmünze Koala oder in Form von Platin-Barren erwerben. Alternativ können Aktien von südafrikanischen Produzenten im Freiverkehr in München erworben werden.

Zusammenfassend läßt sich sagen, daß Platin keine größere Bedeutung für die persönliche Vermögensverwaltung hat. Wer an einem Krisenmetall für schlechte Zeiten interessiert ist, ist mit Gold sehr viel besser bedient.

4. Diamanten

„Diamanten sind die härteste Währung der Welt", „Der Diamant ist der größte und mobilste Wert auf kleinstem Raum", so lauten die sehr überzeugend klingenden Lobpreisungen. Als Kapitalanlage aber haben Diamanten in den letzten 15 Jahren eine bewegte Zeit hinter sich, nicht immer zur Freude der Anleger. Von 1974 bis 1980 haben sich die Diamantenpreise (für geschliffene Diamanten-Brillianten) versechsfacht. Mit Beginn der achtziger Jahre folgte nach dem sehr hohen Anstieg der Diamantenpreise ein entsprechend tiefer Fall.

4.1 Handelsmonopol

Der gesamte Handel mit Diamanten wird von der Central-Selling-Organisation (CSO), der zentralen Verkaufs-Organisation der südafrikanischen Diamantengruppe De Beers beherrscht. Allerdings konnte die Spekulationswelle der siebziger Jahre und der folgende Preisverfall von diesem Syndikat auch nicht verhindert werden.

Diese Organisation rechnet in Dollar, so daß eine Erhöhung der Preise nicht gleichbedeutend mit einem Wertzuwachs in DM ist, wenn der Dollarkurs fällt. Die Quasi-Monopol-Stellung dieses Diamantensyndikats bietet die Möglichkeit, die Preisschraube nach oben oder unten zu drehen – ein ungutes Gefühl für einen Diamantenkäufer.

4.2 Argumente für und gegen den Kauf von Diamanten

Es handelt sich um eine Kapitalanlage im Kleinstformat. In Deutschland ist der anonyme Erwerb von Diamanten möglich. Diamanten sind leicht in einem Banksafe im In- oder Ausland unterzubringen, also eine sehr diskrete Geldanlage.

Nachteile: Es gibt keinen an der Börse offiziell ermittelten Preis. Kein Stein gleicht dem anderen, desehalb ist der Weiterverkauf oftmals sehr schwierig, auch wenn Gutachten über den Wert der Steine vorhanden sind. Außerdem zahlt der Kleinanleger quasi Einzelhandelspreise, als Verkäufer erzielt er aber nur Großhandelspreise, die niedriger sind.

Diamanten sind höchstens eine langfristige Kapitalanlage. Sie können als Vorsorge für Krisenzeiten dienen. Unter diesem Gesichtspunkt solle man aber kleine Steine kaufen, die in schlechten Zeiten leichter absetzbar sind.

Preissteigerungen sind bei einem Dollarverfall und inflationären oder kriegsbedingten Krisenzeiten zu erwarten. Wer keinen sicheren Platz für seine Diamanten findet, kann diese auch verschlucken (ohne Gewähr). Mit Viertel- oder Halbkarätern sind sie am flexibelsten.

4.3 Kriterien für und Gutachten über den Wert von Diamanten

Kriterien für den Wert eines Diamanten sind die berühmten vier C: Color (Farbe), Clearity (Reinheit), Carat (Gewicht) und Cut (Schliff). Neuerdings sind zwei weitere „C" hinzugekommen: Gutachten (Certificate) und Anbieter (Company).

Das grundsätzliche Problem für jeden Diamantenkäufer liegt darin, daß die Suche nach einem seriösen und erstklassigen Diamanten-Händler sehr schwierig ist. Vorhandene Gutachten sind mit Vorsicht zu genießen, es kann sich um Gefälligkeits-Expertisen handeln, möglich ist auch, daß das Gutachten zwar richtig ist, aber der Diamant ausgetauscht wurde.

Expertisen anerkannter Gutachter oder Institute erleichtern den Weiterverkauf. Ein Indiz für die Seriosität einer Firma ist die lange Tradition beim Verkauf von Diamanten. Der gute Ruf ersetzt aber noch nicht ein Gutachten, gerade im Hinblick auf den Weiterverkauf. Man sollte sich schon beim Kauf vom Händler die Qualität des Diamanten persönlich bestätigen und ihn dafür vertraglich haften lassen.

Die größte Anerkennung genießen die Expertisen des Gemological Institute of America (GIA) in Los Angeles und New York. Die Alternative zum Diamantenkauf: Kauf der De Beers-Aktie, die in München im Freiverkehr gehandelt wird.

V. Beteiligungen an Öl-, Gas- und Minenexplorationen

1. Verluste, Verluste, Verluste ...

Seit Mitte der siebziger Jahre haben fast unzählige Anleger hunderte von Millionen DM mit solchen Beteiligungen verloren. Die letzte Affäre sehr großen Ausmaßes betraf die Kapitalanlagegesellschaft Mega-Petrol, als weit über 1000 Anleger um Millionen betrogen wurden. Gedacht war an die Erschließung von Öl- und Gasquellen. Initiatoren und Mitarbeiter dieser Firma wurden zwischenzeitlich zu hohen Haftstrafen verurteilt. Dies ist aber nur ein schwacher Trost, wenn der Anleger von seinem Geld keinen Pfennig mehr sieht.

Aber auch bei Angeboten, die nicht betrügerisch und tatsächlich seriös waren, mußten viele Anleger ihr Geld abschreiben. Die Gründe dafür waren, daß die Energiepreise nicht wie erwartet gestiegen bzw. wieder zurückgegangen sind oder daß zwar mit den Bohrungen begonnen wurde, diese aber bald wieder eingestellt wurden, da nach kurzer Zeit das Geld aufgrund einer zu hohen Fremdfinanzierung ausging oder mit den investierten Geldern die erhöhten Vertriebskosten bezahlt werden mußten.

2. Die Angebote

In der Regel werden keine Beteiligungen an bereits sprudelnden Quellen angeboten, sondern Beteiligungen an der Suche nach neuen Reserven. Dem Risiko, nicht fündig zu werden, steht die Aussicht auf große Gewinne bei Fündigkeit gegenüber.

Prinzipiell können die Gebiete, in denen Fündigkeit erwartet wird, in zwei Sparten eingeteilt werden: in Explorationsgebiete und Erschließungsgebiete. Bei Explorationsgebieten handelt es sich um solche Gebiete, in denen aufgrund geologischer Untersuchungen zwar Energiereserven vermutet werden, diese Vermutung jedoch nicht durch erfolgreiche Bohrungen bestätigt wurde. Im Gegensatz dazu handelt es sich bei Erschließungsgebieten um solche Gebiete, in denen bereits erfolgreiche Bohrungen stattgefunden haben. Das Risiko von Trockenbohrungen ist also bei Explorationsgebieten vergleichsweise hoch, bei Erschließungsgebieten geringer.

Die Überprüfung, welchen Charakter das Gebiet trägt, in dem gebohrt werden soll, ist für den privaten Anleger schwierig. Gutachten kann jedes Unternehmen aufweisen. Eine große Sicherheit bieten solche Gutachten leider nicht. Wird Öl oder Gas gefunden, ist dies noch keine Garantie für Gewinne, weil Förderzeit und Fördermenge noch unklar sind. Jedwede Renditegarantien weisen deswegen auf ein unseriöses Angebot hin. Erst der Anschluß an ein Pipelinenetz und der Verkauf der geförderten Rohstoffe bringt Gewinne.

Fehlt aber eine Pipeline-Benutzungserlaubnis oder eine Abnahmegarantie durch einen Vertragspartner, bestehen zusätzliche Risiken. Es muß nur der Energiepreis fallen, dann kann das Öl nicht mehr kostengünstig gefördert werden und der Anleger hat Pech gehabt. Diese Beteiligungen sind also sehr spekulativ.

Steuerlich gesehen bringen Beteiligungen an Öl- und Gasbohrungen keine Vorteile mehr. Mit Einführung des § 2a EStG (siehe Abschnitt „Steuern") können Verluste aus derartigen Beteiligungen im Inland nicht mehr steuermindernd geltend gemacht werden.

Die Überprüfung und Beurteilung von Angeboten ist für den privaten Anleger in aller Regel nicht möglich. Die inländischen Banken wissen darüber genausowenig Bescheid, da bleibt nur die Möglichkeit, sich an solchen Angeboten nicht zu beteiligen. Zudem existiert für derartige Anteile an Beteiligungen kein Second-Hand-Markt, so daß also diese Anteile praktisch unverkäuflich sind. Ein weiterer Grund, von diesen Angeboten Abstand zu nehmen.

3. Alternative: Kauf von Aktien

Als Alternative kommen mit gewissen Einschränkungen Aktien der Energie- und Rohstoff-Branche in Betracht. Aktien größerer kanadischer und nordamerikanischer Unternehmen können jederzeit an der Börse ge- und verkauft werden, ein zusätzlicher Vorteil besteht darin, daß die Banken über die großen Unternehmen in dieser Branche mehr Informationen besitzen, im Gegensatz zu Beteiligungsangeboten auf dem grauen Kapitalmarkt. Aber auch der Kauf von Aktien ist nicht immer der Weisheit letzter Schluß. Man denke nur an den kanadischen Energiekonzern Dome Petroleum, der früher als das Top-Unternehmen Kanadas galt und zwischenzeitlich bankrott war und übernommen wurde.

4. Warnung

Gerade in dieser Branche ist die Gefahr einer Betrügerei oder Übervorteilung sehr hoch. Gewarnt werden muß auch vor Neuemmissionen von Explorationsaktien (sogenannte Penny-Stocks), die auf kriminelle Art und Weise europäischen Anlegern aufgedrängt werden (siehe auch Abschnitt „Grenzüberschreitende Wirtschaftskriminalität"). Unrühmlich hervorgetan hat sich in diesem Bereich die Börse in Vancouver.

Der folgende Auszug aus einem Geschäftsbericht verdeutlicht, wie hoch die Risiken in dieser Branche sind. Immerhin scheinen die betroffenen Anleger (noch?) nicht alles verloren zu haben.

> Sehr verehrte Gesellschafterinnen, sehr geehrte Gesellschafter!
>
> Gegenüber dem Geschäftsjahr 1985 hat sich 1986 das Geschäft nochmals gravierend verschlechtert. Die Öl- und Gaspreise sind tief in den Keller gerutscht, der Ölpreis auf teilweise unter 8 je Barrel. Der Dollarkurs ist seit 1984 bis heute über 50 Prozent schwächer geworden. Produktionseinstellungen und -drosselungen mußten in erheblichem Umfang vorgenommen werden, notwendige Wartungsar-

beiten wurden zurückgestellt. Die Liquiditätsengpässe der Gesellschaften haben bedrohliche Formen angenommen. Insgesamt haben sich die Erlöse um 90% gegenüber 1984 verringert, trotz höherer Investitionen. Dennoch konnte der Geschäftsbetrieb aufrechterhalten werden. Bis auf zwei Quellen konnten alle weiteren Beteiligungen gehalten werden. Wie würde die Situation bei Ihnen persönlich sein, wenn Ihre Einkünfte in drei Jahren um 90% zurückgingen?
Die Erwartungen, die unsere Gesellschafter, wir, die Erdölindustrie, die Politiker und Wirtschaftsfachleute in die Entwicklung der Ölpreise und Dollarkurse in den vergangenen Jahren hatten, sind nicht erfüllt worden. Statt steigender Ölpreise und stabiler Dollarkurse trat das absolute Chaos in diesen Bereichen ein.
Diese Entwicklungen konnten nur wenige Unternehmen im Erdölgeschäft überleben. DOIL gehört dazu, hat überlebt und konnte sogar Investitionsgelder für günstige Beteiligungserwerbungen verwenden. Das Krisenmanagement der Aufsichtsräte und der Geschäftsführung hat gut funktioniert und sich bewährt. Die Vergangenheitsbewältigung ist erledigt und bewies, daß DOIL korrekt gearbeitet und die Investitionen entsprechend durchgeführt hat.
Dennoch können die Bemühungen für unsere Gesellschafter nicht nachlassen. Auch heute, 1987, ist die Ölindustrie in einer anhaltend kritischen Phase, deren Ende nicht sicher abzusehen ist. Zuviele Faktoren sind maßgebend, auf die Geschäftsleitungen keinen Einfluß haben. Politische und weltwirtschaftliche Umstände beeinflussen den Ölpreis und den Dollarkurs. Deshalb muß auch weiterhin mit äußerster Vorsicht gearbeitet und die notwendige Anpassung vorgenommen werden. Unter diesem Gesichtspunkt und im Hinblick auf die angestrebte Reorganisation, sind die für den 15. November projektierten Ausschüttungen einzelner Tranchen nicht mehr möglich.

VI. Ausländische Aktien

Heutzutage ist es selbstverständlich, daß auch ausländische Aktien in die Anlageüberlegungen einbezogen werden. Informationen sind im Vergleich zu anderen Auslandsanlagen verhältnismäßig leicht bei Banken und Sparkassen erhältlich, ebenso gibt es eine Vielzahl von Aktienbriefen und Zeitschriften, die Informationen zu diesem Thema liefern.

1. Erwerb ausländischer Aktien

Die Möglichkeit, im Ausland Aktien zu erwerben, ist für Deutsche unbeschränkt möglich und keinen Restriktionen unterworfen. Beschränkungen gibt es eventuell im jeweiligen Ausland, wenn der Erwerb von Aktien bestimmter Branchen durch Ausländer nicht erlaubt ist. Beispiel: Ausländer dürfen keine schwedischen Bankaktien kaufen. Insgesamt hat sich erfreulicherweise der Trend zur Liberalisierung der Finanz- und Kapitalmärkte endgültig durchgesetzt, wovon auch der Anleger profitiert.

Zahlreiche ausländische Aktien sind an den deutschen Börsen amtlich notiert. Daneben können Auslandswerte im Freiverkehr erworben werden, oftmals sind die Gebühren beim Kauf dieser Aktien in Deutschland niedriger als beim Kauf an der jeweiligen Heimatbörse. Falls die gewünschten Aktien nicht in Deutschland erworben werden können, besteht die Möglichkeit, diese über deutsche Banken und Sparkassen direkt an der Auslandsbörse zu erwerben.

Grundsätzlich ist immer das Währungsrisiko beim Kauf ausländischer Aktien zu beachten. Kursgewinne können schnell dahinschmelzen, wenn die ausländische Währung gegenüber der DM an Boden verliert. Dies hat sich in der Vergangenheit gerade bei amerikanischen Aktien gezeigt. Andererseits ist auch das Gegenteil möglich, daß neben Kursgewinnen noch zusätzlich Währungsgewinne zu erzielen sind und somit der Anleger einen doppelten Vorteil hat.

2. Dividendenzahlungen und Quellensteuer

Auch bei bestehenden Devisenbeschränkungen in einzelnen Ländern brauchen sich die Käufer von börsennotierten Aktien im jeweiligen Ausland keine Gedanken über Devisenvorschriften machen. Die Dividenden und der Erlös aus dem Weiterverkauf der Aktien werden dem Konto des Anlegers gutgeschrieben.

Sehr umständlich wird es allerdings bei der Erstattung der Quellensteuern auf Dividendenzahlungen (siehe Abschnitt Steuern). Das gesamte Verfahren auf Rückerstattung der vom ausländischen Fiskus einbehaltenen Quellensteuer ist sehr umständlich und langwierig.

3. Exotische Börsen

An exotischen Börsen wie z.B. Istanbul und Lissabon gibt es sehr „marktenge“ Aktien. Damit man beim Kauf dieser Aktien nicht das Opfer von zufälligen oder manipulierten Preisbewegungen wird, sind limitierte Kauforder unbedingt notwendig.

Weitere Probleme können sich für den Anleger daraus ergeben, daß die Abwicklung der Aktienkäufe und -verkäufe sehr schleppend erfolgt, weil das Börsenmanagement nicht funktioniert. Oftmals lassen auch die Anlegerschutzvorschriften an den jeweiligen Exoten-Börsen sehr zu wünschen übrig.

Man sollte sich bei allen Engagements vorher erkundigen, wie die betreffende Börse unter den vorhin erwähnten Gesichtspunkten zu beurteilen ist. Zumindest darf man sich nicht von extensiven Kursgewinnen blenden lassen, da die Ausschläge nach unten genau so dramatisch ausfallen und dem Anleger verheerende Verluste bescheren können. Die Börsen von Mexiko, Taipeh (Taiwan) oder auch Istanbul sind nur Beispiele. Auch die „Tiger-Börsen“ von Singapur, Indonesien, Hongkong und Südkorea sind ein heißes Pflaster für den Anleger.

Im Ostblock gibt es überhaupt noch keine Börsen, allerdings ist geplant, daß am 21.6.1990 in Ungarn die Börse eröffnet werden soll. Immerhin ein Anfang, der zu der Hoffnung berechtigt, daß sich im Laufe der Jahre im osteuropäischen Raum ein weites Feld für Aktienkäufer auftun wird.

4. Außerbörslich gehandelte Aktien und Penny-Stocks

Gefahren drohen von außerbörslich gehandelten Aktien (siehe auch Abschnitt „Grenzüberschreitende Wirtschaftskriminalität“). Sie sind ein idealer Tummelplatz für unseriöse Telefonverkäufer. Zeitungsinserate und aufwendige Verkaufsprospekte malen die Zukunftsaussichten von jungen Unternehmen in den schönsten Farben.

Der bekannteste Markt für außerbörsliche Werte ist der sogenannte „Over-the-counter-market“ in den USA.

Zweifelsohne gibt es Aktien, bei denen hohe Gewinne erzielt werden können, diese sind aber nur Ausnahmen, die die Regel bestätigen, daß nur Vermittler und Broker an Penny-Stocks (Billig-Aktien) verdienen, aber nicht der Anleger. Besonders gravierend sind hohe Spannen zwischen den Verkaufskursen und den Rücknahmepreisen.

Die offiziell zum Handel an der Börse nicht zugelassenen Billig-Aktien werden über das Telefon vertrieben. Die Aktien kommen in aller Regel aus den USA oder Kanada (insbesondere Vancouver).

Die Schäden, die amerikanische Anleger jährlich durch den betrügerischen Vertrieb von Penny-Stocks erleiden, werden in einer Studie der Nordamerican Securities Adminstrates Assocation (siehe Bericht im Handelsblatt vom 11.9.1989) auf zwei Milliarden US-Dollar geschätzt.

Die amerikanische Wertpapier- und Börsenaufsichtsbehörde SEC hat deshalb beschlossen, daß künftig die Verkäufer dieser Aktien die Privatkunden auf die extrem hohen Risiken aufmerksam machen müssen und der Kunde schriftlich bestätigen muß, daß er auch darauf hingewiesen wurde.

Mögen nun mit diesen Maßnahmen manche unseriöse oder betrügerische Broker ausgesperrt werden, so bleibt immer noch das extrem hohe Kursrisiko dieser Billig-Aktien für den Anleger bestehen. Wer sich auf diesem Markt nicht genauestens auskennt, sollte die Finger von solchen Aktien lassen.

5. Aktien-Index-Handel

Der Handel mit Index-Kontrakten kommt nur für Anleger in Betracht, die den Verlust des eingesetzten Geldes ohne Probleme verschmerzen können.

Mit dem Aktien-Index-Handel besteht die Möglichkeit, auf die künftige Kursentwicklung einer festgelegten Anzahl von Aktien zu spekulieren. Auf den Standard & Poor's-Index werden zigtausende Kontrakte pro Tag abgeschlossen.

Wer auf steigende Aktienkurse spekuliert, kauft sich einen Kontrakt und geht damit eine Long-Position ein. Werden dagegen fallende Aktienkurse erwartet, so wird ein Kontrakt verkauft und damit eine Short-Position eingegangen. Wenn die Position glattgestellt werden soll, kann die eingegangene Position durch ein entsprechendes Gegengeschäft liquidiert werden. Wenn Sie Glück haben, streichen Sie einen saftigen Gewinn ein, wenn Sie Pech haben, ist das gesamte eingesetzte Kapital verloren und Sie müssen eventuell noch zusätzliches Geld nachschießen.

Für Geschäfte dieser Art können Sie in Deutschland ansässige amerikanische Broker-Firmen engagieren. Diese stehen in ihren Büros auch am Abend zur Verfügung, wenn in Wall-Street gehandelt wird.

Seit Januar 1990 gibt es in Deutschland die Deutsche Terminbörse, die einen geregelten Markt für Optionen und Futures gewährleistet. Dort wird bald ein Aktien-Index zu kaufen sein. Diese Art der Geldanlage kann man über seine Hausbank abwickeln, bei der man sich vorher gründlich informieren sollte.

VII. Festverzinsliche Wertpapiere

Mit der Ausgabe von festverzinslichen Wertpapieren decken Unternehmen und öffentliche Körperschaften, Staaten und subnationale Institutionen (z.B. Weltbank) ihren Finanzierungsbedarf.

Die Auswahl für den Anleger ist riesengroß. Zudem gab es auf diesem Markt in den letzten Jahren eine Vielzahl von neuen Kreationen mit schillernden Namen, wobei sogar Fachleute Schwierigkeiten haben, den Überblick zu bewahren. Vorsicht ist angebracht, diese neuen Finanzkreationen sind kein Muß für den privaten, sondern in erster Linie für den institutionellen Anleger wie Versicherungen und Investmentfonds.

Grundsolide sind Bundesschatzbriefe, im höchsten Maß spekulativ Doppelwährungsanleihen, Zinsdifferenzgeschäfte mit Anleihen oder Junk-Bonds. DM-Auslands-Anleihen bringen normalerweise mehr Zinsen als einheimische DM-Anleihen, das Bonitäts-Risiko ist dafür bei Auslandsanleihen meist höher.

1. Kriterien für den Kauf von Anleihen

Die folgenden Punkte sind bei jedem Kauf von festverzinslichen Wertpapieren zu beachten – mit etwa dieser Rangfolge.

- Rendite,
- Bonitätsrisiko,
- Kursrisiko,
- Währungsrisiko,
- anfallende Spesen beim Kauf und Verkauf,
- steuerliche Gesichtspunkte,
- Fungibilität: Veräußerbarkeit der Papiere,
- Kosten der Verwahrung,
- Tilgungsbedingungen.

2. Ratings: Beurteilungen des Bonitätsrisikos

Der Privatanleger hat weder die Zeit noch die Informationen, um die Bonität der Schuldner von festverzinslichen Wertpapieren überprüfen zu können. Es gibt spezialisierte Institute, die Geld- und Kapitalmarkt-Titel beurteilen. Zu den führenden Rating-Agenturen gehören die amerikanischen Firmen Moody's und Standard & Poor's.

Die Agenturen prüfen die Rentabilität, die Fähigkeit, aus den Erträgen die Schulden zu bezahlen, den Verschuldungsgrad und sonstige betriebswirtschaftliche Daten. Die Überprüfung findet laufend statt, so daß sich der Anleger laufend über das Rating „seiner" Wertpapiere informieren kann.

Bedauerlicherweise beurteilen diese beiden Agenturen fast nur amerikanische Wertpapiere. Es bleibt zu hoffen, daß entweder diese Firmen ihren Service in Europa erweitern oder aber andere Firmen diese Marktlücke ausfüllen. Indirekt können manchmal die Ratings von europäischen Firmen weiterhelfen, die selbst Anleihen emittieren.

Auskünfte über die Einstufung einer Anleihe muß jede Bank geben können. Die Marktfähigkeit dieser Anleihen und die aus der Sicht des deutschen Anlegers bestehenden Währungsrisiken sind von solchen Einstufungen nicht umfaßt.

Papiere mit erstklassiger Schuldnerbonität haben meist eine schlechtere Rendite als Papiere mit niedrigerer Einstufung. Es darf aber nicht vergessen werden, daß sich das Rating von Firmen innerhalb kurzer Zeit ändern kann und die Herabsetzung innerhalb der Werteskala durchaus mit Kursverlusten der betreffenden Wertpapiere verbunden ist. Das kann sogar passieren, wenn man sogenannte Triple-A-Papiere kauft und der Meinung ist, damit Papiere mit bester Bonität gekauft zu haben, obwohl sich die Geschäftslage der betreffenden Firma zwischenzeitlich schon verschlechtert hat und dies im aktuellen Rating noch nicht berücksichtigt ist.

Außerdem können die Anleihekurse von erstklassigen Unternehmen, deren Bonität unzweifelhaft ist, im Kurs sinken und ihr hervorragendes Rating verlieren, wenn das Unternehmen Ziel einer Übernahme eines sogenannten Leveraged-Buyouts wird. Das aufgekaufte Unternehmen muß unter Umständen für die Rückzahlung der Junk-Bond-Finanzierung (indirekt) gerade stehen. Um diese gewaltige Schuldenlast abzubauen, kann ein bis dato florierendes Unternehmen in finanzielle Schwierigkeiten kommen, was die Anleihenkurse sinken läßt. Kommt also ein Unternehmen für einen Leveraged-Buyout in Frage, muß man dieses Risiko bedenken.

2.1 Bewertung der Agenturen

Je nach Bonität der Papiere vergeben die Agenturen Noten (Ratings).

- Standard & Poor's:

AAA
Papiere mit bester Schuldnerbonität.

AA
sehr starke Fähigkeit des Schuldners, Zinsen und Kapital zu zahlen (über dem Durchschnitt).

A
immer noch überdurchschnittliche Fähigkeit des Schuldners, Zinsen und Kapital zu zahlen, allerdings stärkere Abhängigkeit von der gesamtwirtschaftlichen Situation als bei den vorhin genannten Gruppen.

BBB
genügende Fähigkeit des Schuldners, Zinsen und Kapital zurückzahlen zu können allerdings mit der Einschränkung, daß sich bei ungünstigen wirtschaftlichen Verhältnissen Zahlungsschwierigkeiten einstellen können.

BB, B, CCC, CC
Bewertungen für Schuldner, bei denen die Risikofaktoren überwiegen und die Fähigkeit des Schuldners, Zinsen und Kapital zu zahlen, als vorwiegend spekulativ angesehen wird (BB wenig spekulativ, CC hoch spekulativ).

C
Bewertung für Schuldner, die keine Zinsen zahlen.

D
Bewertung für Schuldner, die mit der Zahlung von Zinsen und mit der Rückzahlung des Kapitals im Rückstand sind.

Zusätzlich zu diesen Einstufungen gibt es noch Plus (+) oder Minus (–), die gewisse Modifizierungen innerhalb der einzelnen Kategorien darstellen.

- Moody's

Die Bewertungen von Moody's gehen von Aaa (höchster Qualitätsgrad, entspricht AAA bei Standard & Poor's) bis zu C. Daneben hat auch Moody's noch innerhalb der einzelnen Kategorien Modifizierungen und unterscheidet Ratings von lang- und kurzfristigen Papieren.

Moody's gibt auch eine Rangliste der internationalen Finanzzentren unter dem Gesichtspunkt der Sicherheit von Bankanlagen heraus, wiederum aufgeteilt in langfristig und kurzfristig. Die umfangreichen Informationsdienste von Moody's enthalten Investmentdaten über verschiedene Bereiche des amerikanischen Kapitalmarktes (z.B. ein wöchentlicher Report über den OTC-Markt in den USA).

Für den Anleger sind Ratings durchaus nützlich. Sicherheitshalber sollte man sich auf Triple-A-Papiere (AAA oder Aaa) konzentrieren. Allerdings hat auch hier Qualität ihren Preis.

3. Tilgungsbedingungen

Unter Tilgungsbedingungen werden die Rückzahlungsmodalitäten für die festverzinsliche Wertpapiere verstanden. Rückzahlungen können ratenweise oder in einem Betrag erfolgen. Normalerweise kümmert sich der Anleger nicht um die Einzelheiten der Tilgungsbestimmungen oder der Anlagebedingungen insgesamt.

Das folgende Beispiel soll verdeutlichen, daß dies (fast) ins Auge gehen kann. Im Sommer 1987 kündigte das amerikanische Schatzamt überraschend das Doppelbesteuerungsabkommen zwischen den Vereinigten Staaten und den Niederländischen Antillen. Dies hatte zur Folge, daß alle vor Juli 1987 aufgelegten und bisher steuerfreien Anleihen wieder quellensteuerpflichtig wurden.

Die Kurse der Anleihen fielen innerhalb von zwei Tagen. Grund dafür war die in den Anleihebedingungen vereinbarte vorzeitige Tilgungsmöglichkeit, falls sich an der steuerlichen Situation etwas ändern würde. Aufgrund der Kündigung hatten nun die Anleihe-Schuldner die Möglichkeit, die Anleihen vorzeitig zu tilgen. Der Nachteil bestand darin, daß die Kursgewinne für diese Anleihen, die aufgrund der damaligen Zinssituation über dem Nennwert notiert waren, verlorengingen.

Es ist davon auszugehen, daß die meisten Anleger dieses Risiko nicht kennen. Glücklicherweise wurde die Kündigung des Steuerabkommens zurückgenommen, so daß die Papiere auch weiterhin quellensteuerfrei bleiben.

Dieses Beispiel zeigt aber dennoch deutlich, daß Anleihen nicht auf gut Glück gekauft werden dürfen, sondern nur nach Überprüfung der Anleihebedingungen.

4. Fremdwährungsanleihen

In vielen Ländern liegen die Zinsen höher als in Deutschland. Deshalb gehen die Anleger gerne im Ausland auf Zinsjagd. Insbesondere für Anleihen aus Weichwährungsländern gibt es besonders hohe Zinsen. Weshalb nicht zugreifen? Die Antwort auf diese Frage müßte mit einer Gegenfrage beantwortet werden: Wie hoch ist das Währungsrisiko?

Deutsche Anleger müssen oftmals mit Währungsverlusten rechnen, die teilweise höher ausfallen als die vereinnahmten (höheren) Zinsen. Beispiele dafür gibt es genug, wer Dollar-Anleihen vom Dollar-Kurs von über DM 2,– erworben hat, hat zwischenzeitlich erhebliche Kursverluste erlitten.

Nichtsdestoweniger locken die höheren Zinsen im Ausland. Typisch für Anleihen mit hohen Zinsen, die aus Ländern mit weichen Währungen kommen, sind Südafrika, Australien und Neuseeland. In Südafrika treiben innerpolitische Probleme die Zinsen in die Höhe, in Australien die hohen Staatsschulden, in Neuseeland die Wirtschaftskrise. Wer mit einer Besserung der Verhältnisse rechnet, mag „Aussie"-Bonds (Australische Wertpapiere) oder „Kiwi"-Bonds (festverzinsliche Wertpapiere aus Neuseeland) oder „Kap"-Anleihen (südafrikanische Anleihen) kaufen. Auch unter spekulativen Gesichtspunkten sollte man derartige Anleihen nur als Depotbeimischung kaufen.

Verhältnismäßig hohe Zinsen erhält man zur Zeit auch in Spanien, Großbritannien, Norwegen und Dänemark. In diesen Fällen mag das Währungsrisiko geringer sein als bei den vorhin erwähnten Papieren, vorhanden ist es dennoch.

Die Kursentwicklung einer Währung im Verhältnis zur DM ist sehr schwierig zu beurteilen, da verschiedene Aspekte wie Inflationsentwicklung, die Geldmengenpolitik, Wirtschaftspolitik usw. Einfluß haben.

5. Junk-Bonds

Neben Junk-Food gibt es auch Junk-Bonds (sogenannte Ramsch-Anleihen). Die Bonität dieser minderwertigen Anleihen ist sehr schlecht und es bestehen Zweifel, ob der Zins und die Anleihe pünktlich zurückbezahlt werden können. Für das Risiko erhält der Anleger sehr hohe Zinsen. In den USA dienen Junk-Bonds zur Finanzierung von Unternehmensaufkäufen (Leveraged-buyouts). Speziell dafür gegründete Briefkastenfirmen emittieren diese Bonds.

In der Vergangenheit wurde das Risiko dieser Anleihen entweder unterschätzt oder gar nicht gesehen. Erst nachdem die Zahl der notleidenden Anleihen (mit Zinszahlungen im Rückstand oder Zahlungen ganz eingestellt) im Jahr 1989 sehr angewachsen war und im Herbst 1989 ein rapider Kurssturz für diese Anleihen erfolgte, wurde man sich des bisher unterschätzten Risikos von Junk-Bonds bewußt.

Neben diesen bisher unterschätzten Risiken besteht ein großer Nachteil darin, daß keine zentrale Börse mit verbindlichen Kursfeststellungen vorhanden ist. Die unter anderem auf Junk-Bonds spezialisierte Firma Drexel Burnham Lambert ist zusammengebrochen; damit fehlt jegliche verbindliche Preisfeststellung für Junk-Bonds.

Für Anleger in Junk-Bonds ist guter Rat teuer. Diese Anleger können nur hoffen, daß bald ein verbindliches Preisermittlungssystem installiert wird und ein halbwegs geordneter Handel mit diesen Bonds möglich sein wird.

Für spekulativ orientierte Anleger mag aber jetzt die Zeit gekommen sein, sich in Junk-Bonds zu engagieren, da diese teilweise nur noch zu einem Bruchteil des Nominalwertes gehandelt werden und sich diese Kursverluste auf alle Junk-Bonds ausgeweitet haben, obwohl die Junk-Bonds durchaus von unterschiedlicher Qualität in bezug auf Bonität der Emittenten sind. Die Suche nach derartigen Papieren (hochverzinslich und dennoch verhältnismäßig gute Qualität) ist aber sehr schwierig und für den privaten Anleger vom heimischen Schreibtisch aus eigentlich unmöglich.

6. Zero-Bonds (Null-Coupon-Anleihen)

Bei Zero-Bonds handelt es sich um Anleihen ohne laufende Zinszahlungen, die Zinsen werden erst am Ende der Laufzeit fällig und ausbezahlt. Dafür werden die Zero-Bonds abgezinst emittiert, d.h. mit einem großen Abschlag ausgegeben und dann am Ende der Laufzeit zu Hundert zurückgezahlt. Die Laufzeit liegt bei zehn Jahren und länger.

Der Anleger erhält keine laufenden Erträge, andererseits hat er keine Arbeit mit Zinszahlungen, mit der Versteuerung von Kapitalerträgen und er muß sich nicht überlegen, wie diese Zinsen wieder anzulegen sind.

Anfang der achtziger Jahre wurden Zero-Bonds als die Kapitalanlage schlechthin angepriesen, zwischenzeitlich ist aber mit Recht eine gewisse Ernüchterung eingekehrt. Wie jede Art von Kapitalanlage haben Zero-Bonds Vor- und Nachteile.

6.1 Risiken

Auf Grund der langen Laufzeit sind die Kursrisiken besonders hoch, abhängig von der Entwicklung der Zinsen und abhängig von der Bonität des Schuldners. Niemand kann voraussagen, wie die Bonität eines Schuldners in zehn oder zwanzig Jahren sein wird.

Falls die Zinsen in dem dazwischen liegenden Zeitraum sehr stark steigen, sinkt der Kurs der Bonds überdurchschnittlich stark. Wer in einem solchen Augenblick die Papiere aus irgendwelchen Gründen verkaufen muß, erleidet hohe Verluste. Optimal ist der Kauf von Zero-Bonds in einer Phase sehr hoher Zinsen. So oft bietet sich aber eine derartige Kaufgelegenheit leider nicht.

Neben diesen Risiken ist beim Kauf von Zero-Bonds in ausländischer Währung auch auf das Währungsrisiko zu achten. Wer dann noch Zero-Bonds in Weichwährungen – auf Kredit in einer Hartwährung finanziert – kauft, geht ein besonders hohes Risiko ein. Allerdings hat er den Vorteil, daß er die Kreditkosten steuermindernd geltend machen kann. Wer die Zero-Bonds als Teil seiner Altersversorgung ansieht, sollte sich das damit verbundene Risiko genau überlegen.

6.2 Steuerliche Vorteile

Steuerlich gesehen können diese Anleihen sehr attraktiv sein, da die Zinseinnahmen erst bei einem Weiterverkauf oder gegebenenfalls erst am Ende der Laufzeit versteuert werden müssen. Den Zeitpunkt der Versteuerung kann man also selbst bestimmen. Wurden während des Erwerbslebens Zero-Bonds kaufen, deren Laufzeit bis in den Ruhestand andauert, so müssen auch die Zinsen erst zu diesem Zeitpunkt versteuert werden. Dies bedeutet zumindest einen Steuerstundungseffekt. Ist dann der persönliche Steuersatz im Ruhestand niedriger als während des Berufslebens, so läßt sich auch noch eine Steuerersparnis erzielen.

Gewinne aus Zero-Bonds können im Falle eines Weiterverkaufs mit Verlusten aus anderen Kapitalanlagen verrechnet werden. Wer sehr mobil ist und es sich leisten kann, wird eventuell am Ende der Laufzeit seines Zero-Bonds in eine Steueroase ziehen und dort die Gewinne aus seinen Bonds steuerfrei genießen.

7. Doppelwährungsanleihen

Bei Doppelwährungsanleihen erfolgen der Kauf der Anleihen sowie die laufenden Zinszahlungen in einer anderen Währung als die Rückzahlung,

Beispiel: Kauf einer DM/US-Dollar-Anleihe in DM, Zinszahlung in DM und Rückzahlung in US-Dollar.

Damit besteht für den Emittenten die Möglichkeit der Senkung der Finanzierungskosten, wenn der Zinssatz einer ausländischen Währung deutlich unter dem Zinssatz im Sitzland der emittierenden Unternehmung liegt. Desweiteren entstehen hier keine Kosten zur Absicherung des Währungsrisikos für den Rückzahlungsbetrag, da dieser in inländischer Währung zu leisten ist. Das Währungsrisiko, das den jährlichen Zinszahlungen anhaftet, kann der Emittent, bezogen auf den Gesamt-Emissions-Betrag, vergleichsweise günstig am Devisenterminmarkt absichern. Somit besteht neben einer günstigen Finanzierungsbasis für den Emittenten die Möglichkeit, das Währungsrisiko weitgehend auf den Anleger abzuwälzen". (H.E. Büschgen, Das kleine Börsen-Lexikon)

Gegen mögliche Währungsschwankungen kann sich der Emittent also viel besser absichern als der Anleger, der bei der Rückzahlung den Nominalbetrag nur in der Fremdwährung erhalten kann. Allerdings erhält der Anleger höhere Zinsen, weil die Anleihen in schwächeren Währungen zurückbezahlt werden. Steigt der Kurs dieser Währungen, kann der Anleger sogar einen Währungsgewinn einstreichen. Geht der Kurs der Anleihen-Währung zurück, so ist der Rückzahlungsbetrag in DM umgerechnet niedriger, was den gesamten Zinsvorteil aufzehren kann.

Das Währungsrisiko für den Anleger bei einer Doppelwährungsanleihe erhöht sich, wenn diese mit einem Disagio emittiert wird. Bei hohem Disagio und niedrigen Zinsen (die in DM bezahlt werden) erhält der Anleger vergleichsweise viele Dollar und wenige DM (für die Zinsen) zurück.

Die Bewertung von Doppelwährungsanleihen bereitet große Schwierigkeiten. Die sehr viel einfachere und für den privaten Anleger durchschaubarere Kapitalanlage sind Hartwährungs-Anleihen mit niedrigen Zinsen oder Anleihen in einer Weichwährung mit hohen Zinsen und entsprechendem Währungsrisiko. Wer beides haben möchte, kann sein Depot mischen.

8. Amerikanische Geldmarktpapiere

Dazu zählen *Certificates of deposit* (Geldmarktpapiere der US-Banken), *Commercial papers* (kurzfristige Geldmarkttitel von Unternehmen) und *Banker's acceptance* (durch eine Bank akzeptierte Wechsel).

Typisch für diese Papiere sind sehr kurze Laufzeiten und in den meisten Fällen sehr hohe Mindestanlagebeträge. Diese Papiere können vor Fälligkeit verkauft werden, haben also einen großen Vorteil gegenüber Festgeldern.

Die Bonität der Emittenten mag nicht so wichtig sein wie bei langlaufenden Wertpapieren. Völlig außer Acht lassen sollte man aber die Bonität des Schuldners nicht und sich darum wie beim Kauf von „normalen" festverzinslichen Wertpapieren informieren.

9. Sonstige

9.1 Floating-rate-notes (Floater)

Floating-rate-notes, kurz FRN genannt, werden variabel verzinst. Die Verzinsung richtet sich meist nach Libor oder Fibor. Libor (London Interbank Offered Rate), ist der zwischen den Banken am Londoner Geldmarkt geltende kurzfristige Geldmarktzinssatz, Fibor (Frankfurt Interbank Offered Rate) ist der zwischen den Banken am Frankfurter Geldmarkt geltende kurzfristige Geldmarktzinssatz.

Die Zinsen werden alle drei oder sechs Monate neu angepaßt. Empfehlenswert sind derartige Anleihen bei niedrigem Zinsniveau und in Erwartung steigender Zinsen.

9.2 Anleihen aus osteuropäischen Ländern

Mit der Öffnung Osteuropas, dem immensen Kapitalbedarf und einer möglichen Liberalisierung der Geld- und Kapitalmärkte könnten auch osteuropäische Anleihen interessant werden.

Erhältlich sind zur Zeit Auslandsanleihen aus der Sowjetunion und Ungarn – mit höheren Zinssätzen, die eine Risikoprämie für die Ungewißheit der künftigen politischen Entwicklung darstellen. Als kleine Depotbeimischung sind sie denkbar. Kommt die wirtschaftliche Entwicklung im Osten richtig ins Rollen, wird man mit einem sehr viel breiteren Angebot rechnen dürfen.

9.3 Südamerikanische Anleihen

Seit Jahren ist die exorbitante Verschuldung der südamerikanischen Länder ein sehr großes Problem. Deshalb ist es nicht weiter verwunderlich, wenn die Anleihekurse in diesen Ländern sehr, sehr niedrig sind. Solche Papiere stellen für den Anleger eine Zitterpartie dar, unter Umständen kann er aber hohe Gewinne erzielen. Informationen darüber erhält er bei seiner Hausbank.

VIII. Investment-Fonds

Investment-Fonds sind eine Form der professionellen Vermögensverwaltung durch Dritte. Der Anleger muß sich mit den Einzelheiten des Geschäfts (Kauf und Verkauf, Verwaltung und Verwahrung von Aktien, Anleihen oder Immobilien) nicht befassen und er hat bereits mit kleineren Summen Zugang zu vielen Anlageformen.

Auf Grund der verschiedenen Arten von Investment-Fonds und der Vielzahl der Gesellschaften, die Investment-Anteile verkaufen wollen, ist es nicht einfach, den „richtigen Fond" für die persönlichen Bedürfnisse zu finden.

Einen Überblick über deutsche Investment-Fonds mit den jeweiligen Anlageschwerpunkten erhalten Sie beim Bundesverband deutscher Investment-Gesellschaften, Eschenheimer Anlage 28, 6000 Frankfurt 1. Nach Angaben dieses Bundesverbandes (BVI) verwalteten zum Jahresende 1988 die Publikumsfonds der im BVI zusammengeschlossenen Kapitalanlagegesellschaften 105,6 Milliarden DM!

Die Ausgabe- und Rücknahmepreise der großen Fonds werden in der Tagespresse veröffentlicht, so daß der Anleger die Wertentwicklung seiner Anteile verfolgen kann. Wegen der verhältnismäßig hohen Differenz zwischen Ausgabe- und Rücknahmepreis sollte ein Kauf von Investment-Anteilen nur unter langfristigen Gesichtspunkten erfolgen. Außerdem muß sich der Anleger bewußt sein, daß man mit dem Kauf der Anteile die jeweilige Börsensituation – je nach Wertpapiermischung eines Fonds – „erwirbt". Auch die Investment-Fonds sind vom „Schwarzen Montag" nicht verschont geblieben. Wenn die Aktienkurse purzeln, sind davon die Aktien-Fonds betroffen, ebenso die Renten-Fonds, wenn die Rentenkurse abstürzen, z.B. bei hohem Zinsniveau. Wer Investment-Anteile kauft, ist leider auch nicht aller Sorgen bei der Kapitalanlage entledigt.

1. Das Angebot

Es gibt verschiedene Arten von Investment-Fonds, wie reine Aktien- oder reine Rentenfonds, gemischte Fonds (Aktien und festverzinsliche Wertpapiere) und Immobilien-Fonds.

Bei Aktien-Fonds kann der Anleger einen bestimmten Schwerpunkt setzen, z.B. auf internationale Technologiewerte, europäische Aktien, nordamerikanische Aktien oder internationale Aktien im Rohstoff usw.

Eine fast ebenso große Anzahl gibt es an Renten-Fonds, die sich auf internationale festverzinsliche Wertpapiere (Währungsrisiko!) spezialisiert haben. Der Anleger hat also die Möglichkeit, sich durch den Kauf von Anteilen an Investment-Fonds indirekt an ausländischen Aktien-, Wertpapier- und Immobilienmärkten zu engagieren.

Im Ausland findet man eine Reihe von Investment-Fonds, die es in Deutschland nicht gibt:

Geldmarkt-Fonds:
In Deutschland nicht möglich, da deutsche Fonds gemäß dem Gesetz über Kapitalanlagegesellschaften ihr Vermögen nur in Immobilien- oder börsengängige Wertpapiere investieren dürfen. Geldmarkt-Fonds investieren aber in verzinsliche Geldmarktpapiere und sind nicht zugelassen. In den USA laufen Geldmarktfonds unter der Bezeichnung Money-Market-Fonds. Das Vermögen der Fonds wird in kurzfristige Geldmarktanlagen investiert, um ein Maximum an Zinsertrag zu erwirtschaften. Geldmarktfonds gibt es in verschiedenen Währungen, sie werden auch in Luxemburg und in der Schweiz angeboten.

Futures-Fonds:
Das Vermögen der Futures-Fonds wird vor allem in Terminkontrakte investiert. Dabei kann das eingesetzte Kapital verlorengehen. Wer sich also an diesen Fonds beteiligt, muß sich bewußt sein, daß es sich um eine hochspekulative Angelegenheit handelt, auch wenn sie von „Profis" verwaltet werden. Anteile an diesen Fonds sind bei den in Deutschland niedergelassenen amerikanischen Brokerhäusern erhältlich.

Umbrella-Fonds:
Unter einem großen „Regenschirm" sind verschiedene Fonds zu einem Gesamt-Fond zusammengefaßt. Mit dem Kauf von Anteilen an einem Umbrella-Fonds kann der Anleger zwischen den in die verschiedenen Märkte investierenden Unter-Fonds, die zum Gesamt-Fond gehören, kostenfrei oder fast kostenfrei hin- und herwechseln. Dabei kann es aber passieren, daß der Anleger in einen aus seiner Sicht sehr hoffnungsträchtigen Fond wechselt, dieser Unter-Fond aber dann Verluste erleidet.

Insofern nützt der „Regenschirm" wenig, wenn der Anleger aus dem Wertzuwachs der anderen Fonds nicht profitiert, weil er die Verluste aus „seinem" Fond hinnehmen muß. Auf der anderen Seite kann der Anleger, der den „richtigen" Fond gewählt hat, den gesamten Gewinn einstreichen, ohne daß er an den etwaigen Verlusten der anderen Fonds beteiligt wäre.

2. Vorsicht beim Kauf von ausländischen Investment-Fonds

Investment-Fonds ausländischer Gesellschaften sollten nicht ungeprüft gekauft werden. Nur die vom Bundesaufsichtsamt für das Kreditwesen in Berlin genehmigten Auslandsfonds können als seriös eingestuft werden, ob sie allerdings erfolgreich arbeiten, ist wie bei den deutschen Fonds eine andere Frage.

Auch ist zu beachten, daß die Auslands-Fonds steuerlich gesehen den deutschen Investment-Fonds nur bei Erfüllung gewisser Bedingungen gleichgestellt sind (siehe Abschnitt Steuern). Allerdings erzielen ausländische Fonds oftmals bessere Renditen. Es lohnt sich also, sich um ausländische Investment-Fonds zu kümmern (siehe den Investment-Fonds-Vergleich in der Zeitschrift Impulse Heft 3/90).

IX. ECU

1979 wurden die European Currency Unit (ECU) mit Inkrafttreten des europäischen Währungssystems (EWS) eingeführt. Dieser Währungsverbund löste die „Währungsschlange“ ab.

Diese Währungseinheit dient als Bezugsgröße zur Festsetzung der Wechselkurse der EWS-Währungen, als Indikator für Wechselkursabweichungen, als Rechengröße für Forderungen und Verbindlichkeiten und als Zahlungsmittel und Reserveinstrument zwischen den EG-Zentralnotenbanken.

1. Zusammensetzung

Die ECU besteht aus einem Währungskorb, in dem die Währungen der einzelnen EG-Länder nach einem bestimmten Schlüssel repräsentiert sind. Der Wert der ECU in DM (1 ECU = ca. 2 DM) entspricht der Summe der DM-Gegenwerte der einzelnen Währungen:

0,6242 Deutsche Mark, 0,08784 Pfund Sterling, 1,332 Französische Francs, 151,8 Italienische Lire, 0,2198 Holländische Gulden, 3,301 Belgische Francs, 0,130 Luxemburgische Francs, 0,1976 Dänische Kronen, 0,008552 Irische Pfunds, 1,44 Griechische Drachmen, 6,885 Spanische Pesetas, 1,393 Portugiesische Escudos.

2. Die ECU als Kapitalanlage

Die Bedeutung der privaten ECU ist neben ihren offiziellen Funktionen enorm gestiegen. Am internationalen Kapitalmarkt haben in den letzten Jahren ECU-Anleihen an Bedeutung gewonnen, insbesondere bei Anleger von Weichwährungsländern. Neben Anleihen gibt es auch Anlagemöglichkeiten in Termingeld-Einlagen, ECU-Futures, auf Giro-Konten, Sparbüchern, Investmentfonds, und es gibt sogar eine ECU-Goldmünze aus Belgien.

Zwei Gründe sprechen für die große Beliebtheit von ECU-Anleihen, nämlich Zins- und Währungsüberlegungen. Die Kursschwankungen der ECU sind im Vergleich zu vielen anderen Währungen vergleichsweise gering, da der „Korb“ die großen Schwankungen einzelner Währungen durch die Stabilität anderer Währungen abmildert. Auch die Schwankungen des ECU-Kurses sind – in DM ausgedrückt – relativ gering, da die DM fast ein Drittel ihres Wertes bestimmt.

Außerdem winkt für die Anleger in ECU ein höherer Zins als für Anlagen in DM. Ganz ohne Währungsrisiko sind ECU allerdings auch nicht, da ja in diesem Währungskorb auch sogenannte Weichwährungen enthalten sind, die den Wert der ECU im Vergleich zur DM sinken lassen können.

Zusammenfassend kann man dem Anleger durchaus empfehlen, ECU-Termingelder oder ECU-Anleihen als Beimischung ins Depot aufzunehmen. Der Zins ist höher als bei DM-Anlagen und das Währungsrisiko ist beschränkt.

X. In Mode: Zinsdifferenzgeschäfte

Bei Zinsdifferenzgeschäften werden hochverzinsliche Anleihen in einer (Weich-)Währung mit Krediten in einer anderen (Hart-)Währung mit niedrigen Zinsen fremdfinanziert. Der Zinsunterschied ist als Gewinn für die Anleger gedacht, so jedenfalls die Theorie.

Als Absicherung für die Finanzierung kommt z.B. eine Lebensversicherung in Frage oder aber verhältnismäßig billige Hypotheken-Kredite oder Euro-Kredite.

1. Risiken: Der Totalverlust droht

Die große Gefahr besteht darin, daß der Kurs der Anlagewährung fällt und der Anleger am Ende der Laufzeit des Geschäftes in DM umgerechnet weniger zurückbekommt, als er investiert hat, obwohl er höhere Zinsen erhalten hat, als der Kredit gekostet hat.

Dies ist auch nicht allzu verwunderlich, da die hohen Zinsen nur bei Weichwährungen bezahlt werden und gerade im Vergleich mit einer harten Währung, die niedrige Kreditzinsen bietet, mit Kursverlusten gerechnet werden muß.

Es gibt aber nicht nur ein Währungsrisiko. Auch die allgemeinen Risiken bei Anleihen (Verschlechterung der Bonität des Schuldners, Änderung des Zinsniveaus im Land der Anlagewährung) können sich negativ auf Zinsdifferenzgeschäfte auswirken. Ebenso können sich die Kreditkosten im Hartwährungsland erhöhen.

Das Deutsche Allgemeine Sonntagsblatt vom 27.9.87 brachte dazu ein sehr anschauliches (und immer noch aktuelles) Beispiel:

> „Ende 1986 empfahlen einige amerikanische Brokerhäuser ihren bundesdeutschen Kunden den Kauf von hochverzinslichen Neuseeland-Anleihen, teilweise finanziert mit einem Kredit auf Schweizer Franken. Den Kreditzinsen von 5% stand ein Anleihe-Ertrag von 18% gegenüber, dank der Hebelwirkung des Darlehens lag die Rendite – laut Angebotsprospekt – im ersten Jahr bei 46,6%, ab dem zweiten Jahr bei stolzen 49%. Wer damals eingestiegen ist, konnte tatsächlich noch ein deutlich besseres Geschäft machen. Der Grund: Der Kurs des Neuseeland-Dollars hat seitdem um 6% zugelegt, auch der Kurs der festverzinslichen Wertpapiere ist in Neuseeland – ausgelöst durch leicht rückläufige Zinsen – im letzten halben Jahr um zwei bis vier Prozentpunkte gestiegen. Wer damals 100.000,– DM eingesetzt hatte, konnte jetzt zusätzlich stolze 58.710,– DM als teilweise sogar steuerfreien Gewinn realisieren.
> Grundlegend falsch wäre es jedoch jetzt, auf Grund dieser Zahlen auf ein solches Anlagemodell zu setzen. Denn, daß der Neuseeland-Dollar seine Talfahrt zumindest erst einmal unterbrochen hat und auch das Zinsniveau etwas rückläufig war, sagt noch gar nichts über die weitere Kursentwicklung. Wer nämlich das gleiche

Geschäft vor zwei Jahren gemacht hat, mußte nicht nur seinen kompletten Kapitaleinsatz als Verlust abschreiben, sondern hat heute sogar noch fast 60.000,– DM Schulden bei der refinanzierenden Bank. Der Grund: Der Kurs des Neuseeländer Dollars hat seit 1985 fast 35% seines Wertes verloren, der Australische Dollar ging gar um mehr als 50% zurück. Hier wirkt der Hebel dann umgekehrt: Jeder Pfennig Währungsverlust bedeutet 4 Pfennig Realverlust für den Anleger".

Zwar kann das Währungs- und Zinsrisiko über Terminverkäufe der Währung und das Zinsrisiko durch den Kauf von Optionen auf Anleihen abgesichert werden. Die Kosten für diese Absicherung können aber den Gewinn aus dem Zinsdifferenzgeschäft sehr schnell ausgleichen, so daß eine derartige Absicherung nur für „heiße" Phasen in Frage kommt.

2. Wo und in welchen Währungen investieren?

Die wichtigsten Weichwährungen sind der australische, der kanadische Dollar und der neuseeländische Dollar, die spanische Peseta und die italienische Lira. Harte Währungen sind hingegen der Schweizer Franken und die DM.

Zinsdifferenzgeschäfte müssen nicht über ausländische Banken oder Vermögensverwaltungsgesellschaften abgewickelt werden. Sie werden sowohl von deutschen Banken als auch amerikanischen Brokerhäusern angeboten, in aller Regel mit sechsstelligen DM-Beträgen als Mindestanlage.

Große Risiken (und Chancen) liegen in der Hebelwirkung, die durch die Beleihung der Papiere erzielt wird. Je geringer das Eigenkapital ist und je höher die Beleihung ausfällt, um so größer ist die Wahrscheinlichkeit eines Totalverlustes, unter Umständen ist sogar ein Nachschuß notwendig. Hat der Anleger Glück, so kann er exorbitante Gewinne auf Grund der hohen Hebelwirkung einfahren.

Im übrigen sei noch vor der kritiklosen Akzeptanz von sogenannten Schweizer Anlage-Konzepten gewarnt. Oftmals handelt es sich um normale Zinsdifferenzgeschäfte, wobei die beteiligten Firmen die Risiken gar nicht oder nur verharmlosend darstellen.

XI. Termingeschäfte

1. Börsengesetznovelle

Mit Inkrafttreten der Börsengesetznovelle vom 1.8.1989 können auch in Deutschland Privatleute Börsentermingeschäfte abschließen. Auf der einen Seite bietet diese Regelung dem Anleger mehr Möglichkeiten zu Termingeschäften, auf der anderen Seite kann er sich aber künftig nicht mehr auf den sogenannten *Differenzeinwand* berufen, wenn er vor Abschluß der Geschäfte von seinem Berater oder Vermittler informiert wurde und diese Information durch seine Unterschrift bestätigt hat.

Auf Grund des Differenzeinwandes konnte der Anleger die Begleichung von Schulden aus Termingeschäften verweigern. Diese Termingeschäfte waren nämlich bisher auf einer Stufe mit Spielschulden gestellt worden, und jeder weiß, daß Spielschulden nicht beglichen werden müssen. Deshalb waren Banken auch früher mit solchen Geschäften sehr vorsichtig, nur wenn der Anleger genügend Geld zur Verfügung gestellt hatte, wurden solche Geschäfte akzeptiert, da der Kunde (trotz des Differenzeinwandes) schon gezahlte Gelder nicht mehr zurückfordern kann.

Falls eine Bank einem Kunden also den Terminkauf von Silber mit einem kurzfristigen Kredit finanzierte, so mußte sie den Differenzeinwand gegen sich gelten lassen, und der Kunde mußte den Kredit nicht zurückzahlen. Hätte er der Bank aber vor Abschluß der Geschäfte Geld zur Verfügung gestellt und wäre dieses Geld durch das Termingeschäft verlorengegangen, so hätte er dieses Geld nicht zurückfordern können.

Nach neuem Recht ist der Anleger nicht mehr so geschützt wie früher. Hat er die entsprechende Information unterschrieben, so muß er etwaige Schulden aus Termingeschäften begleichen. Da es bei Termingeschäften in aller Regel um hohe Summen geht und der Anleger oftmals erst nach Ablauf der Geschäfte realisiert, daß er noch einen Nachschuß bringen muß und dafür aber kein Geld hat, steht er unter Umständen vor dem persönlichen Ruin.

Von Vorteil für den Privatanleger ist jetzt, daß er über deutsche Banken Termingeschäfte tätigen kann, nicht auf dubiose und obskure Vermittler des grauen Kapitalmarktes angewiesen ist und mit der Deutschen Terminbörse ein geregelter Markt existiert.

An der Deutschen Terminbörse in Frankfurt kann zur Zeit nur mit Aktienoptionen spekuliert werden, der Handel mit Terminkontrakten soll noch 1990 eingeführt werden.

2. Verlustrisiken

Die vom Bundesverband deutscher Banken verfaßte Unterrichtungsschrift für Termingeschäfte ist sehr ausführlich abgefaßt. Dieses Informationsblatt muß der Kunde unterschrieben an die Bank zurückgeben, bevor er sich an Termingeschäften beteiligen kann.

Wichtige Information über die Verlustrisiken bei Börsentermingeschäften

Sehr geehrte Kundin, sehr geehrter Kunde,

bei Börsentermingeschäften stehen den Gewinnchancen hohe Verlustrisiken gegenüber. Deshalb können Sie solche Geschäfte nur verbindlich abschließen, wenn wir Sie vor Abschluß des Geschäftes gemäß § 53 Abs. 2 Börsengesetz schriftlich darüber informieren, daß

- die aus Börsentermingeschäften erworbenen befristeten Rechte verfallen oder eine Wertminderung erleiden können;
- das Verlustrisiko nicht bestimmbar sein und auch über etwaige geleistete Sicherheiten hinausgehen kann;
- Geschäfte, mit denen die Risiken aus eingegangenen Börsentermingeschäften ausgeschlossen oder eingeschränkt werden sollen, möglicherweise nicht oder nur zu einem verlustbringenden Marktpreis getätigt werden können;
- sich das Verlustrisiko erhöht, wenn
  - zur Erfüllung von Verpflichtungen aus Börsentermingeschäften Kredit in Anspruch genommen wird oder
  - die Verpflichtung aus Börsentermingeschäften oder die hieraus zu beanspruchende Gegenleistung auf ausländische Währung oder eine Rechnungseinheit lautet.

Die Risiken sind bei Börsentermingeschäften je nach der von Ihnen übernommenen Position unterschiedlich groß. Dementsprechend können Ihre Verluste

- sich auf den für ein Optionsrecht gezahlten Preis beschränken oder
- weit über die gestellten Sicherheiten, zu denen auch Einschüsse gehören, hinausgehen und zusätzliche Sicherheiten erfordern; leisten Sie diese nicht, müssen Sie mit einer sofortigen Abwicklung Ihrer offenen Börsentermingeschäfte und mit der umgehenden Verwertung der bereits gestellten Sicherheiten rechnen;
- zu einer zusätzlichen Verschuldung führen und damit auch Ihr übriges Vermögen erfassen, ohne daß Ihr Verlustrisiko stets im voraus bestimmbar ist.

I. Kauf von Optionsrechten

Wenn Sie Optionsrechte auf Wertpapiere, Devisen oder Edelmetalle kaufen, erwerben Sie, auch wenn das Optionsrecht in einem Wertpapier (Optionsschein) verbrieft ist, den Anspruch auf Lieferung oder Abnahme von Wertpapieren, Devisen oder Edelmetallen zu einem von vornherein festgelegten Preis. Beim Kauf von Optionsrechten, bei denen die Lieferung des Vertragsgegenstandes ausgeschlossen ist, wie zum Beispiel bei Optionsrechten auf Indizes, erwerben Sie, wenn sich Ihre Erwartungen erfüllen, einen Anspruch auf Zahlung eines Geldbetrages, der sich aus der Differenz zwischen dem beim Erwerb des Optionsrechts zugrunde gelegten Kurs und dem Marktkurs bei Ausübung errechnet.

Bitte beachten Sie, daß eine Kursänderung des dem Optionsrecht zugrunde liegenden Vertragsgegenstandes (zum Beispiel der Aktie) den Wert Ihres Optionsrechts überproportional bis hin zur Wertlosigkeit mindern kann und Sie angesichts der begrenzten Laufzeit nicht darauf vertrauen können, daß sich der Preis der Optionsrechte rechtzeitig wieder erholen wird. Bei Ihren Gewinnerwartungen müssen Sie die mit dem Erwerb sowie der Ausübung oder dem Verkauf der Option bzw. dem Abschluß eines Gegengeschäftes (Glattstellung) verbundenen Kosten berücksichtigen. Erfüllen sich Ihre Erwartungen nicht und verzichten Sie deshalb auf die Ausübung, so verfällt Ihr Optionsrecht mit Ablauf seiner Laufzeit. Ihr Verlust liegt sodann in dem für das Optionsrecht gezahlten Preis.

Beim Kauf eines Optionsrechts auf einen Finanzterminkontrakt erwerben Sie das Recht, zu den im vorhinein festgelegten Bedingungen einen Vertrag abzuschließen, durch den Sie sich zum Kauf oder Verkauf per Termin von zum Beispiel Wertpapieren, Devisen, Edelmetallen oder Termineinlagen verpflichten. Auch dieses Optionsrecht unterliegt zunächst den im vorhergehenden Absatz erwähnten Risiken. Nach Ausübung des Optionsrechts gehen Sie neue Risiken ein, die sich nach dem dann zustande kommenden Finanzterminkontrakt richten und weit über dem ursprünglichen Einsatz in Gestalt des für das Optionsrecht gezahlten Preises liegen können. Sie können dann zum Beispiel Liefer- oder Abnahmverpflichteter in Wertpapieren, Devisen, Edelmetallen oder Termineinlagen werden.

II. Verkauf von Optionsrechten und Börsentermingeschäfte mit Erfüllung per Termin

1. Verkäufer per Termin und Verkäufer einer Kaufoption

Sofern Sie als Vekäufer per Termin oder als Verkäufer einer Kaufoption Wertpapiere. Devisen, Edelmetalle oder Termineinlagen zu liefern haben, müssen Sie bei steigenden Kursen zu dem vereinbarten Kaufpreis liefern, der dann erheblich unter dem Marktpreis liegen kann. In der Differenz liegt Ihr Risiko.

Ihr Verlustrisiko ist im vorhinein nicht bestimmbar und kann über etwaige von Ihnen geleistete Sicherheiten hinausgehen, wenn Sie den zu liefernden Kaufgegenstand nicht besitzen, sondern erst bei Fälligkeit erwerben wollen (Eindeckungsgeschäft). Bedenken Sie, daß Sie möglicherweise je nach Marktsituation nur mit erheblichen, der Höhe nach nicht vorhersehbaren Preisaufschlägen kaufen können oder entsprechende Ausgleichszahlungen zu leisten haben, wenn Ihnen die Eindeckung nicht möglich ist.

Befindet sich der geschuldete Kaufgegenstand in Ihrem Besitz, so sind Sie zwar vor Eindeckungsverlusten geschützt. Werden aber die zu liefernden Wertpapiere für die Laufzeit Ihres Börsentermingeschäfts ganz oder teilweise gesperrt gehalten, so können Sie während dieser Zeit hierüber nicht verfügen und sich folglich auch nicht durch Verkauf gegen fallende Kurse schützen.

2. Käufer per Termin und Verkäufer einer Verkaufsoption

Sofern Sie als Käufer per Termin oder als Verkäufer einer Verkaufsoption zur Abnahme von Wertpapieren, Devisen, Edelmetallen oder Termineinlagen verpflichtet sind, müssen Sie diese auch bei sinkenden Kursen zu dem vereinbarten Preis abnehmen, der dann erheblich über dem Marktpreis liegen kann. In der Differenz liegt Ihr Risiko. Ihr Verlustrisiko ist im vorhinein nicht bestimmbar und kann über etwaige von Ihnen geleistete Sicherheiten hinausgehen. Wenn Sie die von Ihnen zu übernehmenden Werte sofort wieder veräußern wollen, müssen Sie bedenken, daß Sie unter Umständen nur schwer einen Käufer finden können; je nach der Marktentwicklung kann ein Verkauf nur mit erheblichen Preisabschlägen möglich sein.

III. Börsentermingeschäfte mit Differenzausgleich

Sofern bei einem Börsentermingeschäft die Lieferung der Vertragsgegenstände ausgeschlossen ist (wie häufig bei Börsentermingeschäften auf Indizes und Termineinlagen), haben Sie, wenn Ihre Erwartungen nicht eintreten, die Differenz zwischen dem bei Abschluß zugrunde gelegten Kurs und dem Marktkurs im Zeitpunkt der Fälligkeit des Börsentermingeschäfts zu zahlen. Hierin liegt Ihr Verlust. Ihr Verlustrisiko ist im vorhinein nicht bestimmbar und kann über etwaige von Ihnen geleistete Sicherheiten hinausgehen.

IV. Risikoausschließende oder -einschränkende Geschäfte

Vertrauen Sie nicht darauf, daß Sie während der Laufzeit jederzeit Geschäfte abschließen können, durch die Sie Ihre Risiken aus Börsentermingeschäften ausschließen oder einschränken können; dies hängt von den Marktverhältnissen und den dem jeweiligen Börsentermingeschäft zugrunde liegenden Vertragsbedingungen ab. Unter Umständen können solche Geschäfte nur zu einem ungünstigen Marktpreis getätigt werden, so daß für Sie ein entsprechender Verlust entsteht.

V. Inanspruchnahme von Kredit

Wenn Sie den Erwerb des Optionsrechtes oder die Erfüllung Ihrer Liefer- oder Zahlungsverpflichtungen aus sonstigen Börsentermingeschäften mit Kredit finanzieren, müssen Sie beim Nichteintritt Ihrer Erwartungen nicht nur den eingetretenen Verlust hinnehmen, sondern auch den Kredit verzinsen und zurückzahlen. Dadurch erhöht sich Ihr Verlustrisiko aus Börsentermingeschäften erheblich. Setzen Sie nie darauf, den Kredit aus den Gewinnen eines Börsentermingeschäfts verzinsen und zurückzahlen zu können. Vielmehr müssen Sie vorher Ihre wirtschaftlichen Verhältnisse daraufhin prüfen, ob Sie zur Verzinsung und gegebenenfalls kurzfristigen Tilgung des Kredits auch dann in der Lage sind, wenn statt der erwarteten Gewinne Verluste eintreten.

VI. Börsentermingeschäfte mit Währungsrisiko

Sofern die Verpflichtung aus Börsentermingeschäften oder die hieraus zu beanspruchende Gegenleistung auf ausländische Währung oder eine Rechnungseinheit (zum Beispiel ECU) lautet oder sich der Wert des Vertragsgegenstandes hiernach bestimmt (zum Beispiel bei Gold), ist Ihr Verlustrisiko nicht nur an die Wertentwicklung des dem Börsentermingeschäft zugrunde liegenden Vertragsgegenstandes gekoppelt. Ungünstige Entwicklungen am Devisenmarkt können Ihr Verlustrisiko dadurch erhöhen, daß

- sich der Wert der erworbenen Optionsrechte verringert,
- Sie den zur Erfüllung des Börsentermingeschäfts zu liefernden Vertragsgegenstand in ausländischer Währung oder in einer Rechnungseinheit bezahlen oder Sie eine Zahlungsverpflichtung aus dem Börsentermingeschäft in ausländischer Währung oder in einer Rechnungseinheit erfüllen müssen,
- sich der Wert oder der Verkaufserlös des aus dem Börsentermingeschäft abzunehmenden Vertragsgegenstandes oder der Wert der erhaltenen Zahlung vermindert.

Quelle: Bundesverband deutscher Banken

Zusammengefaßt lassen sich die Risiken bei Termingeschäften so aufzählen:

- Bei Termingeschäften verdienen immer die Vermittler (z.B. auch die Banken) durch die Gebühren, die beim Kauf und Verkauf der Kontrakte anfallen.
- Dem Anleger droht der Totalverlust des eingesetzten Kapitals.
- Über das ursprünglich eingesetzte Kapital hinaus müssen unter Umständen noch Nachschüsse geleistet werden, die zum Ruin führen können.
- Insgesamt gesehen sind die Verlustrisiken nicht kalkulierbar.

Mein persönlicher Ratschlag lautet: Wenn Sie am Terminmarkt verdienen wollen, müssen Sie sich als Vermittler und nicht als Anleger betätigen.

3. Warentermingeschäfte

Für Warentermingeschäfte sind die wichtigsten Börsenplätze Chikago, New York, London. Als Terminkontrakte kommen Kakao, Kaffee, Kupfer, Mais, Heizöl, Schweine, Schweinebäuche, Orangensaft-Konzentrat, Sojabohnen, Sojaschrot, Sojamehl usw. in Betracht.

Wer sich an solchen Geschäften beteiligen möchte, muß sich an die Niederlassungen von US-amerikanischen Brokern in der Bundesrepublik wenden, z.B. Dean Witter Reynolds, Merill Lynch, Prudential-Bache oder Shearson Lehman. Dieser Hinweis bezieht sich nur auf die Seriosität, nicht aber auf den Anlageerfolg dieser Firmen.

XII. Ausländische Lebensversicherungen

In den letzten Jahren konnte man fast schon von einem Privatkrieg zwischen deutschen und ausländischen Versicherungsunternehmen sprechen. Insbesondere bei der Einführung der zwischenzeitlich wieder abgeschafften Quellensteuer gab es einige heftige Kontroversen darüber, welche Lebensversicherung nun für den Verbraucher und Anleger die beste sei. Hauptbeteiligte waren englische, deutsche und schweizerische Lebensversicherer, die natürlich ihre jeweils eigenen Lebensversicherungen empfohlen.

Welche Lebensversicherung richtig ist, hängt von den Bedürfnissen des Versicherungsnehmers ab. Stichwortartig lassen sich die Lebensversicherungen etwa so klassifizieren:

Deutsche Lebensversicherungen:
Deutsche Währung, Steuerfreiheit, besonders empfehlenswert für alle, die die Lebensversicherung vor allem unter dem Aspekt Altersversorgung sehen.

Britische Lebensversicherungen:
Höhere Rendite, aber gewisses Währungsrisiko, Erträge sind zu versteuern. Empfehlenswert für alle, die vor allem unter Renditegesichtspunkten investieren wollen und ein gewisses Währungsrisiko nicht scheuen.

Schweizerische Lebensversicherungen:
Bieten Diskretion (werden deshalb auch zur Schwarzgeldanlage verwendet). Allerdings sind die Renditen schweizerischer Lebensversicherungen noch niedriger als bei deutschen Lebensversicherungen.

Die Absicherung der Kundengelder ist trotz der verschiedenen Sicherungssysteme bei deutschen, schweizerischen als auch bei britischen Lebensversicherungen sehr gut.

1. Schweizer Lebensversicherungen

Diese gelten als Inbegriff von Sicherheit und Diskretion. Gelegentlich als Schwarzgeldanlage benutzt, die Erträge sind steuerfrei, da das deutche Finanzamt praktisch keine Erkenntnismöglichkeiten hat, es sei denn, der Versicherungsnehmer verrät sich selbst. Wer aber steuerehrlich ist und die Erträge versteuert, fährt schlechter als mit deutschen Lebensversicherungen.

Die Renditen aus den schweizerischen Policen sind mager, die Gewinnbeteiligung liegt teilweise um die Hälfte niedriger als in Deutschland. Zwar gibt es viele Schweizerische Versicherungsgesellschaften in Deutschland, die Lebensversicherungen anbieten. Diese dürfen aber auf Grund des deutschen Versicherungsaufsichtsgesetzes keine Franken-Policen anbieten und nicht dafür werben. Wer sich also für eine schweizerische Franken-Police interessiert, muß sich direkt an eine Versicherungsgesellschaft in der Schweiz wenden. Die Unterlagen kann man sich per Post zuschicken lassen, es ist also nicht einmal eine Reise in die Schweiz zum Abschluß der Lebensversicherung nötig.

Der Anleger hat die Wahl zwischen folgenden Policen und Zahlungsmodalitäten:

Die reine *Risiko-Lebensversicherung* ist nicht empfehlenswert. Sie ist keine Kapitalanlage, sondern dient dem Unterhalt der Hinterbliebenen.

Beliebt ist der Abschluß gegen Bezahlung einer Einmal-Prämie. Bei diesem Typ wird der gesamte Prämienbetrag ab Inkrafttreten der Versicherung bis zum Zeitpunkt der Leistung voll verzinst.

Bei der Versicherung mit *Jahresprämien* kann auch in kürzeren Zeitabständen, etwa halbjährlich, vierteljährlich oder monatlich gezahlt werden.

Beim *Prämiendepot* wird bei Beginn der Versicherung oder auch während der Laufzeit ein größerer Betrag bezahlt, nämlich das Depot. Dieses Depot wird von der Versicherungsgesellschaft verzinst und hieraus entnimmt sie sich die jeweils fälligen Prämien. Der Ausländer hat beim Prämiendepot den Vorteil, daß er die Schweizer Franken dann kaufen und einzahlen kann, wenn der Kurs am günstigsten erscheint. Die Policen können – wie in Deutschland auch – jederzeit zu niedrigen Zinsen beliehen werden.

Bei einem Test der schweizerischen Lebensversicherer durch das Wirtschaftsmagazin Bilanz in der Ausgabe Heft 2/90 lautete die Rangliste wie folgt:

Rang 90	(89)	Gesellschaft	Hauptsitz
1	(1)	Winterthur	Winterthur
2	(2)	Rentenanstalt	Zürich
3	(3)	Genfer	Genf
4	(4)	La Suisse	Lausanne
5	(5)	Coop	Basel
6	(12)	Vita	Zürich
7	(7)	Patria	Basel
8	(6)	Basler	Basel
9	(11)	Helvetia	Genf
10	(14)	Secura	Zürich
11	(9)	Berner	Bern
12	(10)	Waadt	Lausanne
13	(13)	Familia	St. Gallen
14	(8)	Pax	Basel
15	(15)	Continentale	Zürich
16	(17)	Ticino	Breganzona
17	(16)	Neuenburger	Neuenburg
18	(19)	Phenix	Zürich
19	(18)	Fortuna	Zürich
20	(20)	Union	Zürich

Kriterien für die Rangliste sind Rendite-, Kosten- und Stornoquoten sowie Prämienwachstum.

2. Britische Lebensversicherungen

Britische Lebensversicherungen bieten weder die Diskretion der Schweiz noch die Steuerfreiheit der deutschen Lebensversicherungen und ein höheres Währungsrisiko im Vergleich zu den schweizerischen und deutschen Versicherungen. Sie erzielten aber in der Vergangenheit höhere Renditen als deutsche und schweizerische Lebensversicherungen.

Ursache für die höheren Renditen der britischen Lebensversicherungen soll die niedrigere Sterblichkeitsrate der jüngeren Jahrgänge sein, auf Grund dessen von den englischen Lebensversicherern weniger ausbezahlt werden muß. Außerdem investieren die englischen Versicherungen sehr viel mehr in Aktien, mit denen in der Vergangenheit mehr Geld verdient werden konnte.

Das Kapital in den britischen Lebensversicherungen hat sich in acht bis zehn Jahren verdoppelt, deutsche Lebensversicherungen brauchten dafür rund 25 Jahre, Schweizer Lebensversicherungen noch länger. Der Anleger muß sich also zwischen Währungsrisiko und höherer Rendite entscheiden.

Die Erträge aus englischen Lebensversicherungen müssen in Deutschland versteuert werden, die Rendite-Vorteile gegenüber deutschen Lebensversicherungen werden dadurch zumindest geschmälert.

E. Steuern im In- und Ausland

I. Einführende Erläuterungen

1. Steuerpflicht

Nach den deutschen Steuergesetzen sind generell alle Personen unbeschränkt steuerpflichtig, die in der Bundesrepublik oder Berlin (West) einen Wohnsitz oder ihren gewöhnlichen Aufenthalt haben. Unbeschränkte Steuerpflicht bedeutet, daß der Steuerpflichtige mit seinem gesamten Geldeinkommen (Welteinkommensprinzip) und mit seinem weltweiten Gesamtvermögen steuerpflichtig ist, außerdem erbschafts- und schenkungssteuerpflichtig auch in den Fällen, in denen sich die geerbten und geschenkten Gegenstände im Ausland befinden. Aufgrund dieser steuerlichen Pflichten ist es also von eminenter Bedeutung, ob jemand im Inland einen Wohnsitz oder gewöhnlichen Aufenthalt hat.

2. Der Begriff des „Wohnsitzes"

Die deutsche Abgabenordnung (AO) definiert in § 8 den Wohnsitz:

> „Einen Wohnsitz hat jemand dort, wo er eine Wohnung unter Umständen inne hat, die darauf schließen läßt, daß er die Wohnung beibehalten und benutzen wird."

Der Begriff des Wohnsitzes stellt also allein auf die tatsächlichen Verhältnisse ab. Die bloße Absicht, einen Wohnsitz zu begründen und aufzugeben, bzw. die An- und Abmeldung bei der Ordnungsbehörde, entfalten allein keine steuerliche Wirkung.

Der Steuerpflichtige muß die Wohnung innehaben, d.h., er muß tatsächlich über sie verfügen können und sie als Bleibe nicht nur vorübergehend benutzen. Es kommt dabei nicht darauf an, ob es sich um einen Haupt- oder Nebenwohnsitz handelt. Wer eine Wohnung von vornherein in der Absicht nimmt, sie nur vorübergehend (weniger als sechs Monate) beizubehalten und zu benutzen, begründet dort keinen Wohnsitz.

Auch wer einen Wohnsitz im Ausland begründet und seine Wohnung im Inland beibehält, ist ebenfalls steuerpflichtig (beachte aber die Regelungen bei Doppelbesteuerungsabkommen weiter unten).

3. Der Begriff des „gewöhnlichen Aufenthalts"

Bei Fehlen eines Wohnsitzes kann bereits durch den sogenannten gewöhnlichen Aufenthalt die Steuerpflicht entstehen. Die Abgabenordnung regelt in § 9:

„Den gewöhnlichen Aufenthalt hat jemand dort, wo er sich unter Umständen aufhält, die erkennen lassen, daß er an diesem Ort oder in diesem Gebiet nicht nur vorübergehend verweilt. Als gewöhnlicher Aufenthalt im Geltungsbereich dieses Gesetzes ist stets und von Beginn an ein zeitlich zusammenhängender Aufenthalt von mehr als sechs Monaten Dauer anzusehen; kurzfristige Unterbrechungen bleiben unberücksichtigt. Satz zwei gilt nicht, wenn der Aufenthalt ausschließlich zu Besuchs-, Erholungs-, Kur- oder ähnlichen privaten Zwecken genommen wird und nicht länger als ein Jahr dauert."

Bei einem inländischen Aufenthalt wird also während eines zusammenhängenden Zeitraums von mehr als sechs Monaten die unwiderlegbare Vermutung für das Vorhandensein eines gewöhnlichen Aufenthalts geknüpft.

4. Verlegung des Wohnsitzes ins Ausland?

Wer im Inland keine Steuern zahlen will, darf seinen Wohnsitz oder den gewöhnlichen Aufenthalt nicht im Inland haben. Allerdings ist dies leichter gesagt als getan. Meist ist dies aus beruflichen und/oder privaten Gründen nicht möglich.

Der Bundesfinanzhof hat mit Urteil vom 23.11.1988 (II A 139/87) entschieden: Benutzt jemand seine ihm gehörende Doppelhaushälfte im Inland regelmäßig zweimal jährlich zu bestimmten Zeiten über mehrere Wochen, so hat er dort seinen Wohnsitz im Sinne des § 8 Abgabenordnung. Das Haus im Inland hatte die Betroffene zusammen mit dem Erblasser, mit dem sie über Jahre hinweg in Liechtenstein gewohnt hatte, jährlich regelmäßig zweimal zu bestimmten Zeiten (nämlich während der Rehwildjagd) über einige Wochen benutzt. Auch die sonstigen Umstände, daß die Wohnung teilweise mit antiken Möbeln ausgestattet war und die Geschwister der Erbin am Ort ansässig waren, ließen den Bundesfinanzhof zu dem Schluß kommen, daß die Erbin einen Wohnsitz im Inland hatte und damit auch im Inland erbschaftsteuerpflichtig wurde.

Mit dieser Entscheidung wird der Begriff „Wohnsitz" sehr extensiv ausgelegt. Wer die unbeschränkte Steuerpflicht im Inland vermeiden will, sollte deshalb sicherheitshalber keine Wohnung mehr im Inland beibehalten, auch wenn er diese nur ein- oder zweimal im Jahr benutzt. Hätte die vorhin erwähnte Erbin jeweils zu Zeiten der Rehwildjagd in einem Hotel gewohnt, wäre sie sicherlich nicht im Inland erbschaftsteuerpflichtig geworden.

Es gibt nur wenige Berufe, die man an jedem Ort der Erde ausüben kann wie z.B. Schriftsteller. Der Wunsch, Deutschland zu verlassen und irgendwo in einer Steueroase seine Ruhe vor dem deutschen Finanzamt zu finden, ist für den allergrößten Teil der deutschen Bevölkerung schlichtweg nicht realisierbar.

II. Doppelbesteuerungsabkommen

1. Gefahr der Doppelbesteuerung

Jeder Steuerpflichtige wird mit der Tatsache konfrontiert, daß ausländische Kapitalerträge oft vom jeweiligen ausländischen Fiskus (an der Quelle) mit einer Quellensteuer belegt werden; es besteht also die Gefahr, diese Erträge zweimal zu versteuern. Die Gefahr der Doppelbesteuerung besteht auch bei im Ausland befindlichen Vermögen und ausländischen Erbschaften und Schenkungen. Gerade die letzten beiden Gesichtspunkte sind für die Personen von außerordentlicher Bedeutung, die im Ausland in irgendeiner Weise Vermögen besitzen.

Beispiele: Bei spanischen Anleihen kassiert der spanische Fiskus Quellensteuer auf die Zinsen. Der deutsche Besitzer einer Ferienimmobilie in Spanien muß in Spanien unter anderem Vermögensteuer bezahlen, im Erbfall muß der deutsche Erbe dieser Ferienimmobilie Erbschaftsteuer in Spanien bezahlen.

Um diese drohende Doppelbesteuerung zu beseitigen oder zu mindern, hat die Bundesrepublik Deutschland mit anderen Ländern sogenannte Doppelbesteuerungsabkommen (DBA) vereinbart. Derartige Abkommen gibt es mit praktisch allen wichtigen Industriestaaten. Die Doppelbesteuerungsabkommen gehen dem jeweiligen nationalen Steuerrecht vor.

Es ist also vorneweg zu prüfen, ob mit dem jeweiligen Ausland ein Doppelbesteuerungsabkommen abgeschlossen wurde und welche Steuern davon betroffen sind. Die meisten Abkommen betreffen nämlich nur die Einkommen- und Vermögensteuer, wie aus der Übersicht auf Seite 172 f. und 229 f. zu entnehmen ist. Abkommen auf dem Gebiet der Erbschaft gibt es mit Stand vom 1.1.1990 nur mit Österreich, Schweden, Schweiz und den Vereinigten Staaten.

2. Übersicht über den Stand der Doppelbesteuerungsabkommen

Auf den folgenen Seiten finden Sie eine Übersicht über den Stand der Doppelbesteuerungsabkommen und der Doppelbesteuerungsverhandlungen vom 1. Januar 1990.

3. Wer darf was besteuern?

Im Besteuerungsrecht wird zwischen dem Wohnsitzstaat, in dem die Person ansässig ist, und dem Quellenstaat, in dem die Einkünfte erzielt werden, unterschieden.

Hat der Steuerpflichtige sowohl im In- als auch im Ausland einen Wohnsitz oder ist er in beiden Ländern ansässig, so kommt es dann letztendlich darauf an, wo sich der Mittelpunkt der Lebensinteressen des Steuerpflichtigen befindet.

Stand der Doppelbesteuerungsabkommen
1. Januar 1990

I. Geltende Abkommen

Abkommen		Fundstelle				Inkrafttreten				Übernahme in Berlin	
		BGBl II		BStBl I		BGBl II		BStBl I		GVBl Bln	
mit	vom	Jg.	S.	Jg.	S.	Jg.	S.	Jg.	S.	Jg.	S.
1. Abkommen auf dem Gebiet der Steuern vom Einkommen und vom Vermögen											
Ägypten (VAR) 1) 2)	17.11.59	61	420	61	365	61	742	61	413	61	1537
Argentinien	13.07.78	79	585	79	326	79	1332	80	51	79	1050
Australien	24.11.72	74	337	74	423	75	216	75	386	74	1348
Belgien	11.04.67	69	17	69	38	69	1465	69	468	69	388
Brasilien	27.06.75	75	2245	76	47	76	200	76	86	76	206
Bulgarien	02.06.87	88	770	88	389	88	1179	89	34	88	2184
China	10.06.85	86	446	86	329	86	731	86	339	86	652
Côte d'Ivoire	03.07.79	82	153	82	357	82	637	82	628	82	566
Dänemark	30.01.62	63	1311	63	756	64	216	64	236	63	1109
Ecuador	07.12.82	84	466	84	339	86	781	86	358	84	857
Finnland	05.07.79	81	1164	82	201	82	577	82	587	82	346
Frankreich	21.07.59/	61	397	61	342	61	1659	61	712	61	1537
	09.06.69	70	717	70	900	70	1189	70	1072	70	1695
Griechenland	18.04.66	67	852	67	50	68	30	68	296	67	870
Indien	18.03.59/	60	1828	60	428	60	2299	60	630	60	1047
	28.06.84	85	810	85	482	85	1097	85	612	85	2157
(Neufassung)	30.05.86	86	684	86	309	–	–	–	–	–	–
Indonesien	02.09.77	79	188	79	128	79	1284	80	50	79	764
Iran, Islamische Republik	20.12.68	69	2133	70	768	69	2288	70	777	70	305
						70	282				
Irland	17.10.62	64	266	64	320	64	632	64	366	64	659
Island	18.03.71	73	357	73	504	73	1567	73	730	73	1016
Israel	09.07.62/	66	329	66	700	66	767	66	946	66	1144
	20.07.77	79	181	79	124	79	1031	79	603	79	764
Italien	31.10.25	25	1145 3)	–	–	52	986	53	6	54	475
Jamaika	08.10.74	76	1194	76	407	76	1703	76	632	76	2144
Japan	22.04.66/	67	871	67	58	67	2028	67	336	67	870
	17.04.79/	80	1182	80	649	80	1426	80	772	80	2196
	17.02.83	84	194	84	216	84	567	84	388	84	766
Jugoslawien	26.03.87	88	744	88	372	88	1179	89	35	88	2353
Kanada	17.07.81	82	801	82	752	83	652	83	502	82	1913
Kenia	17.05.77	79	606	79	337	80	1357	80	792	79	1050
Korea, Republik	14.12.76	78	191	78	148	78	861	78	230	78	982
Kuwait	04.12.87	89	354	89	150	89	637	89	268	89	1092
Liberia	25.11.70	73	1285	73	615	75	916	75	943	73	2014
Luxemburg	23.08.58/	59	1269	59	1022	60	1532	60	398	60	444
	15.06.73	78	109	78	72	78	1396	79	83	78	901
Malaysia	08.04.77	78	925	78	324	79	288	79	196	79	877
Malta	17.09.74	76	109	76	56	76	1675	76	497	76	349
Marokko	07.06.72	74	21	74	59	74	1325	74	1009	74	526
Mauritius	15.03.78	80	1261	80	667	81	8	81	34	80	2237
Neuseeland	20.10.78	80	1222	80	654	80	1485	80	787	80	2237
Niederlande	16.06.59/	60	1781	60	381	60	2216	60	626	60	1047
	13.03.80	80	1150	80	646	80	1486	80	787	80	2196
Norwegen	18.11.58	59	1280	59	1033	60	1505	60	286	60	444
Österreich	04.10.54	55	749	55	369	55	891	55	557	55	679
Pakistan 1)	07.08.58/	60	1799	60	399	60	2349	60	814	60	1047
	27.08.63/	71	25	71	134	71	1030	72	54	71	740
	24.01.70	71	25	71	134	71	1030	72	54	71	740
Philippinen	22.07.83	84	878	84	544	84	1008	84	612	84	1641
Polen	18.12.72/	75	645	75	665	75	1349	76	6	75	1481
	24.10.79	81	306	81	466	81	1075	81	778	81	798
Portugal	15.07.80	82	129	82	347	82	861	82	763	82	566
Rumänien	29.06.73	75	601	75	641	75	1495	75	1074	75	1481

1) Gilt nicht für die VSt
2) Zur Freistellung der Lizenzen von der VSt siehe BMF–Schreiben vom 8. April 1970 – IV C 1 – S 1301 – Ägypten – 1/70 –
3) Angabe bezieht sich auf RGBl

Fortsetzung siehe nächste Seite

Abkommen		Fundstelle				Inkrafttreten				Übernahme in Berlin	
		BGBl II		BStBl I		BGBl II		BStBl I		GVBl Bln	
mit	vom	Jg.	S.	Jg.	S.	Jg.	S.	Jg.	S.	Jg.	S.
(noch 1. Abkommen auf dem Gebiet der Steuern vom Einkommen und vom Vermögen)											
Sambia	30.05.73	75	661	75	688	75	2204	76	7	75	1481
Schweden	17.04.59/	60	1814	60	414	60	2195	60	622	60	1047
	22.09.78	80	747	80	396	80	1250	80	678	80	1415
Schweiz	11.08.71/	72	1021	72	518	73	74	73	61	72	2138
	30.11.78	80	751	80	398	80	1281	80	678	80	1415
Singapur	19.02.72	73	373	73	513	73	1528	73	688	73	1016
Spanien	05.12.66	68	9	68	296	68	140	68	544	68	396
Sri Lanka	13.09.79	81	630	81	610	82	185	82	373	81	1333
Südafrika	25.01.73	74	1185	74	850	75	440	75	640	74	2741
Thailand	10.07.67	68	589	68	1046	68	1104	69	18	68	1454
Trinidad und Tobago	04.04.73	75	679	75	697	77	263	77	192	75	1481
Tschechoslowakei	19.12.80	82	1022	82	904	83	692	83	486	83	278
Türkei	16.04.85	89	866								
Tunesien	23.12.75	76	1653	76	498	76	1927	77	4	76	2576
UdSSR	24.11.81	83	2	83	90	83	427	83	352	83	434
Ungarn	18.07.77	79	626	79	348	79	1031	79	602	79	1050
Vereinigtes Königreich	26.11.64/	66	358	66	729	67	828	67	40	66	1144
	23.03.70	71	45	71	139	71	841	71	340	71	740
Vereinigte Staaten	22.07.54/	54	1117	55	69	55	6	55	79	55	221
	17.09.65	65	1609	66	219	66	92	66	230	66	560
(Neufassung)	17.08.66	66	745	66	865	–	–	–	–	–	–
Zypern	09.05.74	77	488	77	340	77	1204	77	618	77	1505
2. Abkommen auf dem Gebiet der Erbschaftsteuern											
Griechenland	18.11.10/ 01.12.10	12	173[3]	–	–	53	525	53	377	55	173
Österreich	04.10.54	55	755	55	375	55	891	55	557	55	679
Schweden	14.05.35	35	859[3]	36	85[4]	51	151	51	284	52	287[5]
Schweiz	30.11.78	80	594	80	243	80	1341	80	786	80	990
Vereinigte Staaten	03.12.80	82	847	82	765	86	860	86	478	82	1913
3. Sonderabkommen betreffend Einkünfte und Vermögen von Schiffahrt (S)– und Luftfahrt (L)–Unternehmen [6]											
Brasilien (S) (Protokoll)	17.08.50	51	11	–	–	52	604	–	–	54	474
Chile (S) (Handelsvertrag)	02.02.51	52	325	–	–	53	128	–	–	54	474
China (S) (Seeverkehrsvertrag)	31.10.75	76	1521	76	496	77	428	77	452	76	2576
Italien (L)	17.09.68	70	723	70	904	73	969	73	614	70	1695
Jugoslawien (S)	26.06.54	59	735	–	–	59	1259	–	–	59	1181
Kolumbien (S, L)	10.09.65	67	762	67	24	71	855	71	340	67	476
Paraguay (L)	27.01.83	84	644	84	456	85	623	85	222	84	1363
Venezuela (S, L)	23.11.87	89	373	89	161	87	447	87	628	89	1092

3) Angabe bezieht sich auf RGBl
4) Angabe bezieht sich auf RStBl
5) Angabe bezieht sich auf StZBl Bln
6) Siehe auch Bekanntmachungen über die Steuerbefreiungen nach § 49 Abs. 4 EStG und § 2 Abs. 3 VStG:
Äthiopien L (BStBl 1962 I S. 536),
Afghanistan L (BStBl 1964 I S. 411),
Chile L (BStBl 1977 I S. 350),
Ghana S, L (BStBl 1985 I S. 222),
Irak S, L (BStBl 1972 I S. 490),
Jordanien L (BStBl 1976 I S. 278),
Libanon S, L (BStBl 1959 I S. 198),
Papua-Neuguinea L (BStBl 1989 I S. 115),
Sudan L (BStBl 1983 I S. 370),
Syrien, Arabische Republik S, L (BStBl 1974 I S. 510),
Taiwan S (BStBl 1988 I S. 423),
Uruguay S, L (BStBl 1963 I S. 622) und
Zaire L (BStBl 1978 I S. 230).

II. Künftige Abkommen und laufende Verhandlungen

Abkommen mit	Art des Abkommens [7]	Sachstand [8]	Geltung für Veranlagungssteuern [9] ab	Geltung für Abzugsteuern [10] ab	Bemerkungen
1. Abkommen auf dem Gebiet der Steuern vom Einkommen und vom Vermögen					
Ägypten	R–A	U: 08.12.1987	KR	KR	
Bangladesch	A	P: 28.10.1981	KR	KR	Abkommen gilt nicht für die VSt
Barbados	A	V	–	–	
Dänemark	R–A	V	–	–	
Frankreich	R–A	U: 28.09.1989	1990	1990	
Indonesien	R–A	P: 14.10.1988	KR	KR	
Italien	R–A	U: 18.10.1989	KR	KR	Artikel 15 Abs. 2 ab 01.01.1990
Jamaika	R–A	P: 30.09.1989	KR	KR	
Niederlande	R–A	V	–	–	
Nigeria	A	V	–	–	
Norwegen	R–A	P: 24.03.1988	–	–	
Österreich	R–A	V	–	–	
Pakistan	R–A	V	–	–	
Papua-Neuguinea	A	P: 01.12.1989	KR	KR	
Peru	A	V	–	–	
Schweden	R–A	V:	–	–	
Schweiz	R–P	U: 17.10.1989	1990	1990	
Simbabwe	A	U: 22.04.1988	1987	1987	
Uruguay	A	U: 05.05.1987	KR	KR	
Vereinigte Staaten	R–A	U: 29.08.1989	1990	1990	Für bestimmte Vorschriften abweichender Anwendungszeitraum
2. Abkommen auf dem Gebiet der Erbschaftsteuern					
Niederlande [11]	R–A	V:	–	–	
Schweden [11]	R–A	V:	–	–	
3. Sonderabkommen betreffend Einkünfte und Vermögen von Schiffahrt (S)– und Luftfahrt (L)–Unternehmen					
Algerien	A (L)	P: 27.01.1988	1969 (S) / 1988 (L)	–	
Jemen	A (L)	P: 24.06.1988	1982	–	
Oman	A (L)	P: 18.03.1988	1985	–	

Änderungen sind durch seitliche Striche gekennzeichnet

7) A: Erstmaliges Abkommen R–A: Revisionsabkommen als Ersatz eines bestehenden Abkommens
R–P: Revisionsprotokoll zu einem bestehenden Abkommen
E–P: Ergänzungsprotokoll zu einem bestehenden Abkommen

8) V: Verhandlung
P: Paraphierung
U: Unterzeichnung hat stattgefunden, Gesetzgebungs- oder Ratifikationsverfahren noch nicht abgeschlossen

9) Einkommen-, Körperschaft-, Gewerbe- und Vermögensteuer KR: Keine Rückwirkung vorgesehen

10) Abzugsteuern von Dividenden, Zinsen und Lizenzgebühren KR: Keine Rückwirkung vorgesehen

11) Die Erbschaftsteuer ist in den unter II.1. aufgeführten Abkommen enthalten

Wenn also ein Steuerpflichtiger im Ausland eine Ferienimmobilie als zweiten Wohnsitz gemeldet hat, kann er sich allein aufgrund des zweiten Wohnsitzes nicht heraussuchen, wo er seine Steuern zahlt. Vielmehr wird auch weiterhin der Wohnsitz im Inland die ständige Wohnstätte bzw. den Mittelpunkt seiner Lebensinteressen darstellen (Familie, Beruf, usw.).

Im Rahmen dieses Buches geht es vor allem um die Doppelbesteuerung von Kapitaleinkünften. Deshalb nur ein kleiner Hinweis zu gewerblichen Gewinnen: In den meisten Doppelbesteuerungsabkommen ist vorgesehen, daß gewerbliche Gewinne im Quellenstaat nur dann besteuert werden können, wenn sich dort eine Betriebstätte des Gewerbebetriebes befindet (der Ausdruck „Betriebstätte“ ist ebenfalls in den Doppelbesteuerungsabkommen definiert). Weiterhin ist in den Doppelbesteuerungsabkommen geregelt, wo Lizenzgebühren, die aus einem Vertragsstaat stammen und an eine in dem anderen Vertragsstaat ansässige Person gezahlt werden; ebenso ist geregelt, wo Gehälter, Löhne und ähnliche Vergütungen, die eine in einem Vertragsstaat ansässige Person aus unselbständiger Arbeit bezieht, versteuert werden können.

Beispielhaft seien einige Artikel des Doppelbesteuerungsabkommens mit Frankreich zitiert. Die Regelung zur Vermeidung der Doppelbesteuerungsabkommen ist in den Artikeln 22 und 23 geregelt:

> Abkommen zwischen der Bundesrepublik Deutschland und der Französischen Republik zur Vermeidung der Doppelbesteuerungen und über gegenseitige Amts- und Rechtshilfe auf dem Gebiete der Steuern vom Einkommen und vom Vermögen sowie der Gewerbesteuern und der Grundsteuern vom 21.7.1959 (DBA 1959), in der Fassung des Revisionsprotokolls vom 9.6.1969.
>
> Art. 1 (Zweck des Abkommens; sachlicher Geltungsbereich)
>
> (1) Durch dieses Abkommen soll vermieden werden, daß die in einem der Vertragsstaaten ansässigen Personen doppelt zu Steuern herangezogen werden, die nach dem Rechte dieser Staaten unmittelbar vom Einkommen oder vom Vermögen oder als Gewerbesteuern oder Grundsteuern für die Vertragstaaten, die Länder, die Departements, die Gemeinden oder Gemeindeverbände (auch in Form von Zuschlägen) erhoben werden.
>
> (2) Steuern im Sinne dieses Abkommens sind:
>
> 1. in der Französischen Republik:
>
> a) l'impot sur le revenu des personnes physiques – taxe proportionelle et surtaxe progressive (Steuer vom Einkommen natürlicher Personen – Proportionalsteuer und Progressivsteuer),
>
> b) le versement forfaitaire applicable à certains bénéfices des professions non commerciales (Pauschsteuer von bestimmten Gewinnen der freien Berufe),
>
> c) l'impot sur les bénéfices des sociétés et autres personnes morales (Steuer von den Gewinnen der Gesellschaften und anderer juristischer Personen),
>
> d) la contribution des patentes (Gewerbesteuer),

e) la taxe d'apprentissage (Lehrlingsabgabe),

f) la contribution foncière sur les propriétés bâties et non bâties (Grundsteuer für bebaute und unbebaute Gründstücke),

g) l'impot special sur la plus-value de reevaluation provenant des emprunts (Sondersteuer vom Mehrwert von Anleihen);

2. in der Bundesrepublik Deutschland:

a) die Einkommensteuer,

b) die Körperschaftsteuer,

c) die Abgabe Notopfer Berlin,

d) die Vermögensteuer,

e) die Gewerbesteuer,

f) die Grundsteuer.

(3) Dieses Abkommen ist auch auf alle anderen ihrem Wesen nach gleichen oder ähnlichen Steuern anzuwenden, die nach seiner Unterzeichnung in einem der Vertragstaaten oder in einem Gebiet eingeführt werden, auf das dieses Abkommen nach Artikel 27 ausgedehnt worden ist.

(4) Die zuständigen Behörden der Vertragstaaten werden im beiderseitigem Einvernehmen alle etwaigen Zweifel darüber klären, für welche Steuern das Abkommen zu gelten hat.

Art. 9 (Dividenden)

(1) Dividenden, die eine in einem Vertragstaat ansässige Gesellschaft an eine in dem anderen Vertragstaat ansässige Person zahlt, können in dem anderen Staat besteuert werden.

(2) Jeder der Vertragstaaten behält das Recht, die Steuer von Dividenden nach seinen Rechtsvorschriften im Abzugsweg (an der Quelle) zu erheben. Der Steuerabzug darf jedoch 15 vom Hundert des Bruttobetrages der Dividenden nicht übersteigen.

(3) Von den Dividenden, die eine in der Bundesrepublik ansässige Person von einer in Frankreich ansässigen Gesellschaft bezieht, deren Ausschüttungen zu einer Steuergutschrift (avoir fiscal) berechtigen, falls sie an eine in Frankreich ansässige Person geleistet würden, wird abweichend von Absatz (2) die französische Steuer nicht erhoben; diese Steuer ist mit der Regelung des Artikels 20 Absatz (1) Buchstabe b) Unterabsatz (bb) abgegolten.

(4) Dividenden, die eine in Frankreich ansässige Kapitalgesellschaft an eine in der Bundesrepublik ansässige Kapitalgesellschaft zahlt, der mindestens 25 vom Hundert des Gesellschaftskapitals der erstgenannten Gesellschaft gehören, können abweichend von den Absätzen (2) und (3) in Frankreich nicht besteuert wer-

den. Die bei Zahlung dieser Dividenden gegebenenfalls erhobene Vorsteuer (précompte) wird der in der Bundesrepublik ansässigen Gesellschaft erstattet.

(5) Solange in der Bundesrepublik der Satz der Körperschaftsteuer für ausgeschüttete Gewinne niedriger ist als der Steuersatz für nichtausgeschüttete Gewinne und der Unterschied 20 vom Hundert oder mehr beträgt, kann abweichend von Absatz (2) Satz 2 die Steuer, die in der Bundesrepublik von den nach dem 31. Dezember 1958 ausgeschütteten Gewinnen im Abzugsweg (an der Quelle) erhoben wird, 25 vom Hundert des Bruttobetrages der Dividenden betragen, wenn

1. die Dividenden von einer in der Bundesrepublik ansässigen Kapitalgesellschaft an eine in Frankreich ansässige Kapitalgesellschaft ausgeschüttet werden und

2. der französischen Gesellschaft mindestens 25 vom Hundert des Gesellschaftskapitals der deutschen Gesellschaft gehören.

Diese Vorschrift ist in Frankreich sinngemäß auf die von Dividenden im Abzugsweg (an der Quelle) erhobene Steuer anzuwenden, wenn dort der Satz der impot sur les bénéfices des sociétés (Steuer von den Gewinnen der Gesellschaften) für ausgeschüttete Gewinne und der Unterschied 20 vom Hundert oder mehr beträgt.

(6) Vorbehaltlich des Absatzes (6) gelten als „Dividenden" im Sinne dieses Artikels Einkünfte aus Aktien und ähnlichen Wertpapieren, aus Anteilen an Gesellschaften mit beschränkter Haftung und Einkünfte eines stillen Gesellschafters aus seiner Beteiligung. Als Dividenden gelten auch Ausschüttungen auf Anteilscheine einer Kapitalanlagegesellschaft.

(7) Soweit Frankreich nach den Artikeln 4 und 6 das Recht zur Besteuerung von Gewinnen der in Artikel 4 Absatz (3) erwähnten Gesellschaften zusteht, können die aus diesen Gewinnen stammenden Einkünfte, die die französischen Gesetzesvorschriften als Dividenden ansehen, nach Absatz (2) dieses Artikels besteuert werden.

(8) Die Absätze (1) bis (5) gelten nicht, wenn der Bezugsberechtigte der Dividenden im anderen Vertragstaat eine Betriebstätte hat und die Anteile zum Vermögen dieser Betriebstätte gehören. In diesem Fall ist Artikel 4 anzuwenden.

Art. 10 (Zinsen)

(1) Zinsen und sonstige Einkünfte aus Schuldverschreibungen, Kassenscheinen, Darlehen und Depots oder irgendeiner anderen Forderung können ohne Rücksicht darauf, ob sie durch Grundpfandrechte gesichert sind oder nicht, nur in dem Vertragstaate besteuert werden, in dem der Bezugsberechtigte ansässig ist.

(2) Absatz (1) gilt nicht, wenn der Bezugsberechtigte der Zinsen oder der sonstigen Einkünfte im anderen Vertragstaat eine Betriebstätte hat und die Forderung zum Vermögen dieser Betriebstätte gehört. In diesem Fall ist Artikel 4 anzuwenden.

Art. 19 (Vermögensteuern)

Für die laufenden Steuern vom Vermögen gilt folgendes:

1. Besteht das Vermögen aus

   a) unbeweglichem Vermögen (einschließlich des Zubehörs),

   b) gewerblichen Unternehmen, einschließlich der Unternehmen der Seeschiffahrt, Binnenschiffahrt und Luftfahrt, oder

   c) Vermögensgegenständen, die der Ausübung einer freiberuflichen Tätigkeit dienen,

so kann es nur in dem Vertragstaate besteuert werden, der nach den vorhergehenden Artikeln das Besteuerungsrecht für die Einkünfte aus diesem Vermögen hat.

2. Alle anderen Vermögensgegenstände können nur in dem Staate besteuert werden, in dem der Eigentümer ansässig ist.

Art. 20 (Vermeidung der Doppelbesteuerung; Steuererleichterungen im Wohnsitzstaat)

(1) Bei Personen, die in der Bundesrepublik ansässig sind, wird die Doppelbesteuerung wie folgt vermieden:

a) Von der Bemessungsgrundlage der deutschen Steuer werden vorbehaltlich der Buchstaben b) und c) die aus Frankreich stammenden Einkünfte und die in Frankreich gelegenen Vermögensteile ausgenommen, die nach diesem Abkommen in Frankreich besteuert werden können. Diese Bestimmung schränkt das Recht der Bundesrepublik nicht ein, die auf diese Weise ausgenommenen Einkünfte und Vermögensteile bei der Festsetzung ihres Steuersatzes zu berücksichtigen.

b) (aa) Auf Dividenden ist Buchstabe a) nur anzuwenden, wenn die Dividenden von einer in Frankreich ansässigen Kapitalgesellschaft gezahlt werden, der mindestens 25 vom Hundert des Gesellschaftskapital der erstgenannten Gesellschaft gehören. Diese Bestimmung gilt auch für Beteiligungen, deren Dividenden unter den vorstehenden Satz fallen würden.

   (bb) Dividenden, die nicht unter den vorstehenden Unterabsatz (aa) fallen und die von einer in Frankreich ansässigen, in Artikel 9 Absatz (3) angeführten Gesellschaft ausgeschüttet werden, sind wie folgt zu behandeln:

   Die in der Bundesrepublik ansässige Person kommt in den Genuß der gleichen Steuergutschrift, die den in Frankreich ansässigen Personen im Zeitpunkt der Ausschüttung der Dividenden für Erträge gleicher Art gewährt wird; der Betrag dieser Steuergutschrift entspricht gegenwärtig der Hälfte der ausgeschütteten Dividende. Die Steuergutschrift, die für den Empfänger einen zusätzlichen Ertrag darstellt, wird für die Bestimmung der deutschen Steuerbemessungsgrundlage dem Betrag der ausgeschütteten Dividende hinzugerechnet. Die Steuergutschrift wird auf die deutsche Steuer angerechnet, die auf die so erhöhte Dividende entfällt. Soweit die Steuergutschrift diese deutsche Steuer übersteigt, wird der Mehrbetrag erstattet, sofern er nicht mit der deutschen Steuer verrechnet werden kann, die auf andere Einkünfte entfällt. Der französische Fiskus erstattet dem deutschen Fiskus einen Betrag in Höhe dieser Steuergutschrift; der französische Fiskus zieht indessen von diesem Betrag einen Betrag ab, der der Abzugsteuer entspricht, die zum Satz vom 15 vom Hundert von dem aus der Dividende und der Steuergutschrift gebildeten Gesamtbetrag errechnet wird. Bei einer Steuergutschrift in Höhe der Hälfte der ausgeschütteten Dividende beläuft sich gegenwärtig der vom französischen Fiskus zu leistende Erstattungsbetrag auf 27,5 vom Hundert dieser Dividende.

c) Die französische Steuer, die nach diesem Abkommen von den aus Frankreich stammenden, nicht unter Buchstabe b) fallenden Dividenden und in Artikel 11 erwähnten Einkünften erhoben wird, wird auf die deutsche Steuer angerechnet, die auf diese Einkünfte entfällt. Die in Artikel 9 Absatz (7) angeführten Einkünfte gelten für die Anwendung dieses Buchstabens nicht als Dividenden.

(2) Bei Personen, die in Frankreich ansässig sind, wird die Doppelbesteuerung wie folgt vermieden:

a) Von der Bemessungsgrundlage der französischen Steuer werden vorbehaltlich der Buchstabe b) und c) die aus der Bundesrepublik stammenden Einkünfte ausgenommen, die nach diesem Abkommen in der Bundesrepublik besteuert werden können. Diese Bestimmung schränkt jedoch das Recht Frankreichs nicht ein, die auf diese Weise ausgenommenen Einkünfte bei der Festsetzung seines Steuersatzes zu berücksichtigen.

b) Die deutsche Steuer, die nach Artikel 9 Absatz (2) von den aus der Bundesrepublik stammenden Dividenden erhoben wird, wird auf die vom Empfänger dieser Einkünfte geschuldete französische Steuer angerechnet. Der etwaige Mehrbetrag wird dem Steuerpflichtigen nach dem im französischen Steuerrecht für die Steuergutschrift vorgesehenen Verfahren erstattet.

c) Die nach Artikel 11 Absatz (2) von den dort angeführten Einkünften erhobene deutsche Steuer wird auf den Teil der französischen Steuer angerechnet, der auf diese Einkünfte entfällt.

Anmerkung: Doppelbesteuerungsabkommen stellen eine sehr komplizierte Materie dar, nicht nur für Laien!

4. Methoden zur Vermeidung der Doppelbesteuerung

Die Doppelbesteuerung wird entweder durch die Freistellungsmethode (mit oder ohne Progressionsvorbehalt) oder die Anrechnungsmethode vermieden bzw. abgemildert.

– Die Freistellungsmethode mit Progressionsvorbehalt

Bei der Freistellungsmethode steht das Besteuerungsrecht ausschließlich dem Quellenstaat zu, der Wohnsitzstaat (Deutschland) behält sich nur das Recht vor, im Rahmen des

Progressionsvorbehaltes den Steuersatz anzuwenden, der auf das Einkommen des Steuerpflichtigen entfallen würde, wenn die Auslandseinkünfte hinzugerechnet würden (sogenannter Progressionsvorbehalt).

Beispiel für die Anwendung des Progressionsvorbehaltes: Wer z.B. in Deutschland DM 100.000,– verdient, dazu weitere DM 10.000,– im Ausland, zahlt zwar in Deutschland nur Steuer auf die in Deutschland verdienten DM 100.000,–, aber er wird nicht mit dem ursprünglichen Steuersatz auf DM 100.000,– sondern mit dem Steuersatz belastet, der sich in Deutschland bei einem Einkommen von DM 110.000,– ergibt (Berechnungsbeispiel siehe weiter unten).

Anzumerken ist noch, daß sich der Progressionsvorbehalt nur bei solchen Steuerpflichtigen auswirkt, die in der Progressionszone liegen. Wer ohnehin schon dem Spitzensteuersatz von 56% im Inland unterliegt, braucht sich um den Progressionsvorbehalt nicht mehr zu kümmern.

– Die Anrechnungsmethode

Bei der Anrechnungsmethode besteht Steuerpflicht in beiden Staaten, nachweislich im Ausland bezahlte Steuer wird auf die inländische angerechnet. Auf Antrag kann statt der Anrechnung die ausländische Steuer bei der Ermittlung des Gesamtbetrages der Einkünfte abgezogen werden (§ 34 c Einkommensteuergesetz).

III. Steuerpflicht bei Ländern, mit denen keine Doppelbesteuerungsabkommen abgeschlossen sind

Für Einkünfte, Erbschaften und Schenkungen aus Staaten, mit denen Deutschland kein Doppelbesteuerungsabkommen abgeschlossen hat (insbesondere Steueroasen), besteht generell Erklärungs- und Steuerpflicht in Deutschland unter Anrechnung der nachgewiesenen, im Ausland gezahlten Steuer (Einzelheiten siehe weiter unten bei den einzelnen Steuern).

Fällt die im Ausland bezahlte Steuer höher aus als die im Inland zu zahlende deutsche Steuer, so muß der Steuerpflichtige letztendlich mehr Steuern bezahlen.

IV. Einkommensteuer im In- und Ausland

1. Quellensteuer

Im Ausland sind Quellensteuern auf Zinsen und Dividenden die Regel. Unabhängig von etwaigen Doppelbesteuerungsabkommen erhebt der ausländische Staat (Quellenstaat), in dem die Einkünfte erzielt werden, ohne besondere Veranlagung die Einkommensteuer an der Quelle (deshalb Quellensteuer), die ohne Rücksicht auf persönliche Verhältnisse und (meist) ohne Berücksichtigung des Doppelbesteuerungsabkommens berechnet und abgezogen wird.

In den meisten Doppelbesteuerungsabkommen ist vereinbart, daß zumindest ein Teil der Quellensteuer vom ausländischen Fiskus auf Antrag des Anlegers erstattet werden muß. Für diesen Erstattungsanspruch gibt es spezielle Vordrucke, erhältlich bei Banken oder beim Bundesamt für Finanzen in 5300 Bonn 3, Friedhofstraße 1. Der Antrag auf Erstattung ist dann bei der jeweiligen ausländischen Steuerbehörde zu stellen.

Die Einzelheiten des Erstattungsverfahrens der ausländischen Quellensteuer und die Höhe der verlangten Gebühren oder die Zeiträume, in denen solche Anträge gestellt werden müssen, sind unterschiedlich. Man darf sich keine Illusionen machen: unterschiedlich von Land zu Land muß man Monate bis Jahre auf die Erstattung der zuviel behaltenen Steuern warten. Ein sehr mühsames Verfahren, aber immerhin bekommt der Anleger Geld zurück.

Mit dem Antrag auf Erstattung muß der ausländischen Steuerbehörde allerdings eine Bestätigung der deutschen Steuerverwaltung vorgelegt werden, daß der Antragsteller in Deutschland ansässig ist. Spätestens bei der Einholung dieser Bescheinigung wird das deutsche Finanzamt auf die im Ausland erzielten Kapitalerträge aufmerksam.

Vorteilhaft ist es, wenn die ausländischen Steuerbehörden nur die nach dem Doppelbesteuerungsabkommen zulässige Quellensteuer einbehalten und sich somit ein Erstattungsverfahren erübrigt (vorbildlich insofern die amerikanischen Steuerbehörden).

2. Formular für den Antrag auf Erstattung der Quellensteuer, Beispiel Spanien

3 Durchschrift für den Antragsteller

EE-RFA
DEVOLUCION

ANTRAG AUF ERSTATTUNG
der Spanischen Steuer auf Erträge nach Artikel 10 und 11 des deutsch-spanischen Abkommens vom 5 Dezember 1966

Vorname und Name (1) oder Firmenname des inhabers (2) Nutzungsberechtigten (2) der Wertpapiere ....

....

Vollständige Anschrift..........

Der Unterzeichnete erklärt, dass der Inhaber (2) Nutzungsberechtigte (2) der nachstehend bezeichneten Wertpapiere:

- Im Sinne des deutsch-spanischen Doppelbesteuerungsabkommens in Deutschland ansässig ist.
- In Spanien keine Betriebstätte hat, zu der die Beteiligung oder Forderung, für die die in Frage stehenden Erträge gezahlt werden, tatsächilich gehören, und die Erstattung der zuviel gezahlten spanischen Steuer auf die nachstehend angegebenen Erträge aus den von folgenden Emittenten (3) ausgegebenen Wertpapieren beantragt ....

....

....

Art der Wertpapiere (4)	Zeitpunkt des Erwerbs	Anzahl der Wert-papiere	Serien Nr. der Wert-papiere	Serien Nr. (oder-Zeitpunkt d. Fälligkeit) der Koupons (5)	Anzahl der Koupons	Wert je Koupon in Ptas (5)	Gesamtwert (Spalte F. multipliziert mit Spalte G)
A	B	C	D	E	F	G	H
				Anzahl d. Koupons insgesamt		Gesamtwert in Ptas.	

(MOHDA)m. N° 22

An der Quelle abgezogene Steuer .... v.H. (6) .... Ptas. (7)
Höchstsatz laut Abkommen .... v.H. (8) .... Ptas. (9)
Erstattungsbetrag (Differenz zwischen (7) un (9) .... Ptas.

Nummer und Datum des Gutschriftbelegs (Quittung) als Nachweis für die Einzahlung der Steuer beim Finanzamt, für die Erstattung des zuviel gezahlten Betrages beantragt wird (10)..........
Bank oder Beauftragter des Antragstellers in Spanien, an die/den der Erstattungsbetrag zu zahlen ist (11) ....

....

Name, Stellung und Anschrift des Bevollmächtigten..........

....

....

Ort .... Datum..........

....

Unterschrift des Inhabers (2)
Nutzungsberechtigten(2) oder seines
Bevollmächtigten (3)

---

(1) *Familiennamen unterstreichen.*
(2) *Nichzutreffendes streichen.*
(3) *Name und Sitz des in Spanien ansässigen Emittenten (oder des Schuldners der Zinsen).*
(4) *Wenn es sich um Zinsen für nicht in Schuldverschreibungen verbriefte Darleben handelt, ist dies in Spalte A zu vermerken. In Spalte B ist der Zeitpunkt des Vertragsabschlusses für das Darlehen anzugeben und in Spalte H der Betrag der Zinsen, für die die Erstattung der zuviel gezahlten Steuern beantragt wird. Die übrigen Spalten sind freizulassen.*
(5) *Bei Aktien ohne Koupons ist in Spalte E der Zeitpunkt der Ausschüttung der Dividenden und in Spalte G die Höhe der Dividenden je Aktie anzugeben.*
(6) *Prozentsatz angeben.*
(7) *Gesamtbetrag der an der Quelle Abgezogenen Steuer angeben.*
(8) *Den Höchstsatz (Prozent) nach Artikel 10 und 11 Abs. 2 des Abkommens angeben.*
(9) *Gesamtsteuerbetrag angeben, der sich unter Zugrundelegung der Höchstsätze nach Artikel 10 und 11 Abs. 2 des Abkommens ergibt.*
(10) *Angeben, soweit dem Antragsteller bekannt. Anderenfalls ist von der Spanien ansässigen Person oder Körperschaft, die die Dividenden oder Zinsen gezahlt hat, eine Bescheiningung anzufordern, aus der Datum und Nummer des Gutschriftbeleges für die Zahlung den Steuer hervorgeben. Wird die Bescheinigung anzufordern, aus der Datum und Nummer des Gutschriftbeleges für Zahlung der Seuer hervorgehen. Wird die Bescheinigung nicht zugleich mit diesem Vordruck eingereicht, so erfolgt die Erstattung der zuviel gezahlten.*
(11) *Wünscht der Erstattungsbere chtigte die Auszahlung des an der Quelle zuviel abgezogenen Steuerbetrages an eine in Spanien ansässige Person oder Körperschaft, die Keine Bank ist, so ist dies in dem Vordruck unter Angabe des Vollständigen Namens oder Firmennamens usw sowie des steuerlichen Wohnsitzes dieser Person oder Körperschaft in Spanien zu vermerken.*

BESTATIGUNG DER DEUTSCHEN STEUERVERWALTUNG

Die deutschen Steuerbehörden bestätigen zu dem umseitigen Antrag, dass, soweit bekannt, der vorgenannte Herr ....

....

die vorgenannte Gesellschaft ....

im Sinne des deutsch-spanischen Doppelbesteuerungsabkommens in Deutschland ansässig ist.

Ort .... Datum ....

Dienststelle oder Behörde ....

Unterschrift..............................

Stempel:

ERLAUTERUNGEN

Nach dem am 5. Dezember 1966 unterzeichneten Doppelbesteuerungsabkommen zwischen Deutschland und Spanien (Artikel 10) bedeutet der Ausdruck Dividenden Einkünfte aus Aktien, Genussrechten oder Genusscheinen, Kuxen, Gründeranteilen oder anderen Rechten -ausgenommen Forderungenmit Gewinnbeteiligung sowie aus sonstigen Gesellschaftsanteilen stammende Einkünfte, die nach dem Steuerrecht des Staates, in dem die ausschüttende Gesellschaft ansässig ist, den Einkünften aus Aktien gleichgestellt sind.

Auf diese Einkünfte werden in Spanien zur Zeit die Vorsteuer sowie die Einkommensteuer der natürlichen Personen bzw. die Körperschaftsteuer arhoben. Nach Artikel 10 des Abkommens beschränkt Spanien die Steuer auf 15 vom Hundert und, wenn der Empfänger eine Gesellschaft (ausgenommen eine Personengesellschaft) ist, die über mindestens 25 vom Hundert des Kapitals der die Dividenden zahlenden Gesellschaft verfügt, auf 10 vom Hundert.

Artikel 11 des Abkommens betrifft Zinsen; dieser Ausdruck bedeutet hier Einkünfte aus öffentlichen Anleihen, aus Schuldverschreibungen, auch wenn sie durch Pfandrecht an Grundstücken gesichert oder mit einer Gewinnbeteiligung ausgestattet sind, und aus Forderungen jeder Art. sowie alle anderen Einkünfte, die nach dem Steuerrecht des Staates, aus dem sie stammen, den Einkünften aus Darlehen gleichgestellt sind. Auf Zinsen werden in Spanien ebenfalls die Vorsteuer sowie die Einkommensteuer der natürlichen Personen bzw. die Körperschaftsteuer erhoben. Nach Artikel 11 Absatz 2 des Abkommens beschränkt Spanien diese Steuer auf 10 vom Hundert.

In Deutschland ansässige Personne, die Dividenden oder Zinsen aus spanischen Quellen bezogen haben un denen Keine Ermässigung der spanischen Steuer an der Quelle gewährt worden ist, können unter Verwendung dieses Vordrucks (bestehend aus drei Ausfertigungen, einer in spanischer und zwei in deutscher Sprache) die Erstattung der zuviel einbeihaltenen Steuer beantragen.

Das für die Veranlagung des Empfängers zu den Steuern vom Einkommen und vom Vermögen zuständige deutsche Finanzamt erteilt die auf diesem Vordruck vorgesehene Bestätigung; anschliessend leitet der Empfänger (oder ggf. sein Vetreter) die Ausfertigung in spanischer Sprache dem Finanzamt der sepanischen Provinz zu, in der die Person oder Körperschaft, die die Dividenden oder Zinsen zahlt, ihren steuerlichen Wohnsitz hat. Die zweite Ausfertigung des Vordrucks in deutscher Sprache ist für die deuschen Steuerbehörden bestimmt und die dritte für den Antragsteller.

Der Erstattungsantrag ist beim Finanzamt innerhalbeines Jahres gerechnet a) im Falle von Dividenden nach Ablauf von zwei Monaten nach dem Tag der Fälligkeit dieser Erträge und b) im Falle von Zinsen vom letzten Tage des ersten Monats nach Ablauf des Kalenderquartals, in dem die Zinsen Fällig waren, zu stellen.

Es Können verschiedene Erstattungsansprüche für Dividenden und Zinsen in einem Antrag geltend gemacht werden, wenn die Erträge innerhalb eines Jahres von derselben in Spanien ansässigen Person oder Körperschaft gezahlt worden sind.

3. Länderübersicht über Quellensteuersätze auf Dividenden und Zinsen und die Erstattungsansprüche gemäß den Doppelbesteuerungsabkommen

Aus der Länderübersicht kann jeder Anleger entnehmen, wieviel Quellensteuer im jeweiligen Ausland auf Dividenden und Zinsen zu bezahlen ist. Sie können auch den Ermäßigungs- bzw. Erstattungsanspruch ablesen und sehen so, wieviel Prozent Steuern im Ausland verbleiben. Beispiel: In Spanien beträgt der Quellensteuersatz auf Zinsen festverzinslicher Wertpapiere 20%, wovon 10% erstattet werden, so daß 10% im Ausland verbleiben.

Länderübersicht über Quellensteuersätze auf Dividenden und Zinsen und die Erstattungsansprüche gemäß den Doppelbesteuerungsabkommen

Quellen-staat	Dividenden			Zinsen aus festverzinslichen Wertpapieren		
	Quellen-steuer Satz in %	Ermäßigungs- bzw. Erstattungs-anspruch ge,- DBA in %	im Ausland verbleibende Steuer in %	Quellen steuer-Satz in %	Ermäßigungs- bzw. Erstattungs-anspruch gem DBA in %	im Ausland verbleibende Steuer in %
Australien	30	15	15	10	0	10
Belgien	25	10	15	25	10	15
Dänemark	30	15	15	0	0	0
Frankreich[1]	25	25	0	25	25	0
Großbritannien	0	0	0	29	29	0
Irland	0	0	0	35	35	0
Italien[2]	32,4	0	32,4	21,6	0	21,6
Japan	20	5	15	20	10	10
Kanada	25	10	15	25	10	15
Luxemburg						
– Allgemein	15	0	15	0	0	0
– Gewinnobligationen	15	15	0	–	–	–
Niederlande						
– Allgemein	25	10	15	0	0	0
– Gewinnobligationen	25	10	15	–	–	–
Norwegen	25	10	15	0	0	0
Österreich						
– Allgemein	20	0	20	0	0	0
– Gewinnobligationen	0	0	0	–	–	–
Schweden	30	15	15	0	0	0
Schweiz						
– Allgemein	35	20	15	35	35	0
– Wandelobligationen	–	–	–	35	35	0
– Gewinnobligationen, Beteiligungen als stiller Gesellschafter oder partiarische Darlehen	35	5	30	–	–	–
Spanien	20	5	15	20	10	10
USA	30	15	15	30	30	0

1) u.U. Steuergutschrift gemäß Doppelbesteuerungsabkommen
2) einschließlich der Ergänzungsabgabe auf die Quellensteuer

4. Ausländische Einkünfte bei der deutschen Einkommensteuererklärung

Angaben dazu müssen im Hauptvordruck (Antrag auf Lohnsteuer-Jahresausgleich/ Einkommensteuererklärung) gemacht werden, und zwar unter dem Abschnitt „sonstige Angaben" in den Zeilen 54 bis 59.

54	**Sonstige Angaben**	Steuerbegünstigung zur **Förderung des Wohneigentums**		☐ lt. **Anlage(n) FW**	Anzahl	41 42
55	Anzurechnende Steuern (aus allen Einkunftsarten) ▸	Körperschaft-steuer ▸	55 DM Pf	Kapitalertragsteuer 25 v. H. ▸	47 DM Pf	43
56	Aufgrund von Doppelbesteuerungsabkommen steuerfreie ausländische Einkünfte ohne Arbeitslohn lt. Anlage N Zeile 17 (Einzelangaben je Staat auf besonderem Blatt)		Staat	40 Einkünfte (Stpfl./Ehem.)	41 Einkünfte (Ehefrau)	44
57	Ausländische Einkünfte – **in den Anlagen enthalten** – i. S. d. § 34 c EStG ☐ Abs. 1 ☐ Antrag n. Abs. 2 ☐ Abs. 5	1. Staat		42 Einkünfte	43 Ausländ. Steuer	45
58	Ausländische Einkünfte – **in den Anlagen enthalten** – i. S. d. § 34 c EStG ☐ Abs. 1 ☐ Antrag n. Abs. 2 ☐ Abs. 5	2. Staat		44 Einkünfte	45 Ausländ. Steuer	Antrag n. § 34 c Abs. 2 EStG Staat Nr. Nr. Nr. 84
59	☐ Beteiligung i. S. des § 7 des Außensteuergesetzes oder Berechtigung i. S. des § 15 des Außensteuergesetzes		Ausländische Steuern vom Einkommen im Sinne des § 34 c Abs. 3 EStG ▸		DM	Kz Wert
60	Im Kalenderjahr 1988 **hingegebene** Darlehen im Sinne d. §§ 16, 17 BerlinFG lt. **beigefügter Anlage B**			Darlehnsbetrag DM	49 Ermäßigungsbetrag DM	
61	Vermögenswirksame Leistungen **als Arbeitgeber,** die über den geschuldeten Arbeitslohn hinaus erbracht wurden (einschl. des vom Betriebsfinanzamt festzustellenden Ermäßigungsbetrags)		Zahl der Arbeitnehmer am 1. 10. 1987	Verm. Leistungen DM	50 Ermäßigungsbetrag DM	

In den Zeilen 57 und 58 müssen Sie die ausländischen Einkünfte, z.B. Zinsen aus festverzinslichen spanischen Wertpapieren, unter Ziff. 42 angeben, unter Ziff. 43 geben Sie an, welchen Betrag Sie für die vom spanischen Fiskus einbehaltene Quellensteuer bezahlt haben. Allerdings wird Ihnen nur der Betrag der ausländischen Quellensteuer bei der deutschen Einkommensteuer angerechnet, der aufgrund des Doppelbesteuerungabkommens mit Spanien nicht vom spanischen Fiskus zurückerstattet werden muß.

Da der Erstattungsanspruch gemäß der vorhin abgedruckten Tabelle 15% beträgt, kann also nur der Differenzbetrag bei der deutschen Einkommensteuer geltend gemacht werden, auch wenn der Antrag auf Erstattung beim spanischen Fiskus nicht gestellt wurde und der Anleger die Quellensteuer in Höhe des Erstattungsanspruches nicht zurückerhalten hat. Die Zahlung der ausländischen Steuer ist im übrigen durch die Vorlage entsprechender Unterlagen nachzuweisen.

– Werbungskosten

Depotgebühren und Spesen sind selbstverständlich bei der Ermittlung der ausländischen Einkünfte zu berücksichtigen. Können die Werbungskosten nicht direkt bestimmten ausländischen Einkünften zugerechnet werden, ist im jeweiligen Einzelfall zu entscheiden, welcher Aufteilungsmaßstab wirtschaftlich gesehen vernünftig ist.

– Einkünfte aus mehreren ausländischen Staaten

Stammen Einkünfte aus mehreren ausländischen Staaten, so sind die Höchstbeträge der anrechenbaren ausländischen Steuern für jeden einzelnen Staat gesondert zu berechnen.

– In welcher Höhe darf die ausländische Steuer angerechnet werden?

Es darf nur die ausländische Steuer angerechnet werden, die im Ausland keinem Ermäßigungsanspruch nach dem innerstaatlichen Recht des ausländischen Staates oder nach einem Doppelbesteuerungsabkommen (siehe Tabelle mit den Erstattungsansprüchen) mit diesem Staat mehr unterliegt. Dabei ist es unerheblich, ob der Steuerpflichtige tatsächlich den bestehenden Ermäßigungsanspruch geltend gemacht hat oder geltend macht (Einzelheiten siehe im folgenden Abschnitt).

5. Steuerermäßigungen im Inland bei ausländischen Einkünften

§ 34 c Einkommensteuer-Gesetz lautet:

(1) Bei unbeschränkt Steuerpflichtigen, die mit ausländischen Einkünften in dem Staat, aus dem die Einkünfte stammen, zu einer der deutschen Einkommensteuer entsprechenden Steuer herangezogen werden, ist die festgesetzte und gezahlte und keinem Ermäßigungsanspruch mehr unterliegende ausländische Steuer auf die deutsche Einkommensteuer anzurechnen, die auf die Einkünfte aus diesem Staat entfällt. Die auf diese ausländischen Einkünfte entfallende deutsche Einkommensteuer ist in der Weise zu ermitteln, daß die sich bei der Veranlagung des zu versteuernden Einkommens (einschließlich der ausländischen Einkünfte) nach den § 32 a, 32 b, 34 und 34 b ergebende deutsche Einkommensteuer im Verhältnis dieser ausländischen Einkünfte zum Gesamtbetrag der Einkünfte aufgeteilt wird. Die ausländischen Steuern sind nur insoweit anzurechnen, als sie auf die im Veranlagungszeitraum bezogenen Einkünfte entfallen.

(2) Statt der Anrechnung (Absatz 1) ist die ausländische Steuer auf Antrag bei der Ermittlung des Gesamtbetrags der Einkünfte abzuziehen.

(3) Bei unbeschränkt Steuerpflichtigen, bei denen eine ausländische Steuer vom Einkommen nach Abs. 1 nicht angerechnet werden kann, weil die Steuer nicht der deutschen Einkommensteuer entspricht oder nicht in dem Staat erhoben wird, aus dem die Einkünfte stammen, oder weil keine ausländischen Einkünfte vorliegen, ist die festgesetzte und gezahlte und keinem Ermäßigungsanspruch mehr unterliegende ausländische Steuer bei der Ermittlung des Gesamtbetrags der Einkünfte abzuziehen, soweit sie auf Einkünfte entfällt, die der deutschen Einkommensteuer unterliegen.

(4) Statt der Anrechnung oder des Abzugs einer ausländischen Steuer (Abs. 1–3) ist bei unbeschränkt Steuerpflichtigen auf Antrag die auf ausländische Einkünfte aus dem Betrieb von Handelsschiffen im internationalen Verkehr entfallende Einkommensteuer nach dem ermäßigten Steuersatz des § 34 Abs. 1, Satz 1 zu bemessen ... (Der folgende Text ist für die Belange dieses Buches nicht von Bedeutung)

(5) Die obersten Finanzbehörden der Länder können mit Zustimmung des Bundesministers der Finanzen die auf ausländische Einkünfte entfallende deutsche

Einkommensteuer ganz oder zum Teil erlassen oder in einem Pauschbetrag festsetzen, wenn es aus volkswirtschaftlichen Gründen zweckmäßig ist oder die Anwendung des Absatzes besonders schwierig ist.

(6) Die Absätze 1 bis 3 sind vorbehaltlich der Sätze 2 und 3 nicht anzuwenden, wenn die Einkünfte aus einem ausländischen Staat stammen, mit dem ein Abkommen zur Vermeidung der Doppelbesteuerung besteht. Soweit in einem Abkommen zur Vermeidung der Doppelbesteuerung die Anrechnung einer ausländischen Steuer auf die deutsche Einkommensteuer vorgesehen ist, sind Absatz 1 Sätze 2 und 3 und Absatz 2 entsprechend auf die nach dem Abkommen anzurechnende ausländische Steuer anzuwenden. Wird bei Einkünften aus einem ausländischen Staat, mit dem ein Abkommen zur Vermeidung der Doppelbesteuerung besteht, nach den Vorschriften dieses Abkommens die Doppelbesteuerung nicht beseitigt oder bezieht sich das Abkommen nicht auf eine Steuer vom Einkommen dieses Staates, so sind die Absätze 1 und 2 entsprechend anzuwenden.

(7) Durch Rechtsverordnung können Vorschriften erlassen werden über

1. die Anrechnung ausländischer Steuern, wenn die ausländischen Einkünfte aus mehreren fremden Staaten stammen,
2. den Nachweis über die Höhe der festgesetzten und gezahlten ausländischen Steuern,
3. die Berücksichtigung ausländischer Steuern, die nachträglich erhoben oder zurückgezahlt werden.

Zu dieser Vorschrift § 34 c Einkommensteuergesetz gibt es die folgenden Vorschriften der Einkommensteuerdurchführungsverordnung:

§ 68 a

Einkünfte aus mehreren ausländischen Staaten

Die für die Einkünfte aus einem ausländischen Staat festgesetzte und gezahlte und keinem Ermäßigungsanspruch mehr unterliegende Steuer ist nur bis zur Höhe der deutschen Steuer anzurechnen, die auf die Einkünfte aus diesem ausländischen Staat entfällt. Stammen die Einkünfte aus mehreren ausländischen Staaten, so sind die Höchstbeträge der anrechenbaren ausländischen Steuern für jeden einzelnen ausländischen Staat gesondert zu berechnen.

§ 68 b

Nachweis über die Höhe der ausländischen Einkünfte und Steuern

Der Steuerpflichtige hat den Nachweis über die Höhe der ausländischen Einkünfte und über die Festsetzung und Zahlung der ausländischen Steuern durch Vorlage entsprechender Urkunden (z.B. Steuerbescheid, Quittung über die Zahlung) zu führen. Sind diese Urkunden in einer fremden Sprache abgefaßt, so kann eine beglaubigte Übersetzung in die deutsche Sprache verlangt werden.

§ 68 c

Nachträgliche Festsetzung oder Änderung ausländischer Steuern

(1) Der für einen Veranlagungszeitraum erteilte Steuerbescheid ist zu ändern (Berichtigungsveranlagung), wenn eine ausländische Steuer, die auf die in diesem

Veranlagungszeitraum bezogenen Einkünfte entfällt, nach Erteilung dieses Steuerbescheids erstmalig festgesetzt, nachträglich erhöht oder erstattet wird und sich dadurch eine höhere oder niedrigere Veranlagung rechtfertigt.

(2) Wird eine ausländische Steuer, die nach § 34 c des Gesetzes für einen Veranlagungszeitraum auf die Einkommensteuer anzurechnen oder bei Ermittlung des Gesamtbetrags der Einkünfte abzuziehen ist, nach Abgabe der Steuererklärung für diesen Veranlagungszeitraum erstattet, so hat der Steuerpflichtige dies dem zuständigen Finanzamt unverzüglich mitzuteilen.

(3) Rechtsbehelfe gegen Steuerbescheide, die nach Absatz 1 geändert worden sind, können nur darauf gestützt werden, daß die ausländische Steuer nicht oder nicht zutreffend angerechnet oder abgezogen worden sei.

Kurz zusammengefaßt müssen folgende Voraussetzungen für die Anrechnung oder den Abzug der ausländischen Steuern gegeben sein:

Eine Steueranrechnung oder ein Abzug der ausländischen Steuern ist nur unter Beachtung der Vorschriften eines eventuell vorhandenen Doppelbesteuerungsabkommens möglich. Soweit die Anrechnung einer ausländischen Steuer auf die deutsche Einkommensteuer vorgesehen ist, kann der Steuerpflichtige wählen zwischen der Anrechnung oder dem Abzug der ausländischen Steuern bei der Ermittlung des Gesamtbetrags der Einkünfte.

Ein Abzug oder die Anrechnung ausländischer Steuern ist dann nicht möglich, wenn die ausländischen Einkünfte aufgrund eines Doppelbesteuerungsabkommen von der deutschen Einkommensteuer freigestellt sind und nur dem Progressionsvorbehalt unterliegen.

Existiert kein Doppelbesteuerungsabkommen, so hat der Steuerpflichtige generell die Wahl zwischen Anrechnung und Abzug der Einkommensteuer.

Die im Ausland gezahlte Steuer muß der deutschen Einkommensteuer entsprechen.

Entspricht die ausländische Steuer nicht der deutschen Einkommensteuer, so ist der Abzug der Steuer von dem Gesamtbetrag der Einkünfte nur möglich, wenn

- keine ausländischen Einkünfte vorliegen,
- die ausländische Steuer bezahlt und keinem Ermäßigungsanspruch mehr unterliegt,
- sie Steuereinkünfte betrifft, die der deutschen Einkommensteuer unterliegen.

5.1 Abzug anrechenbarer ausländischer Steuern von dem Gesamtbetrag der Einkünfte

Nach § 34 c Abs. 2 EStG ist auf Antrag des Steuerpflichtigen statt der Anrechnung die ausländische Steuer bei der Ermittlung des Gesamtbetrages der Einkünfte abzuziehen. Ein Abzug ist auch möglich, soweit die ausländischen Steuern auf negative ausländische Einkünfte entfallen, die nach § 2 a EStG außer Ansatz bleiben (dies ist insbesondere wichtig bei der Vermietung von Ferienimmobilien, siehe weiter unten).

5.2 Abzug nicht anrechenbarer ausländischer Steuern von der Bemessungsgrundlage

Nicht alle im Ausland gezahlten Steuern sind auf die im Inland entfallenden Steuern anrechenbar (siehe § 34 c Abs. 3 EStG). Voraussetzung dafür ist:

- Es liegen keine ausländischen Einkünfte vor,
- die ausländische Steuer wurde gezahlt und unterliegt keinem Ermäßigungsanspruch mehr,
- die Steuer betrifft Einkünfte, die der deutschen Einkommensteuer unterliegen.

5.3 Ermittlung des Höchstbetrages für die Steueranrechnung

Die Ermittlung der ausländischen Einkünfte für die deutsche Besteuerung hat unabhängig von der Einkunftsermittlung des ausländischen Staates nach den Vorschriften des deutschen Einkommensteuergesetzes zu erfolgen, allerdings dürfen alle Betriebsausgaben und Werbungskosten berücksichtigt werden, die mit den im Ausland erzielten Einnahmen in wirtschaftlichem Zusammenhang stehen.

Beispiel (gemäß 212 d der Einkommensteuerrichtlinien):

Ein verheirateter, über 64 Jahre alter Steuerpflichtiger hat

Einkünfte aus Gewerbebetrieb	101.000 DM
andere Einkünfte	5.300 DM
Sonderausgaben und Freibeträge	4.320 DM

In den Einkünften aus Gewerbebetrieb sind Darlehenszinsen von einem ausländischen Schuldner im Betrag von 20.000,– DM enthalten, für die im Ausland eine Einkommensteuer von 2.800,– DM gezahlt werden mußte. Nach Abzug der hierauf entfallenden Betriebsausgaben einschließlich Refinanzierungskosten betragen die ausländischen Einkünfte 6.500,– DM. Die auf die ausländischen Einkünfte entfallende anteilige deutsche Einkommensteuer ist wie folgt zu ermitteln:

Summe der Einkünfte (101.000 DM + 5.300 DM =)	106.300 DM
Altersentlastungsbetrag	– 3.000 DM
Gesamtbetrag der Einkünfte	103.300 DM
Sonderausgaben und Freibeträge	– 4.320 DM
zu versteuerndes Einkommen	98.980 DM
Einkommensteuer nach der Splittingtabelle	28.568 DM

anteilige Steuer = $\frac{28.568 \times 6.500}{103.300}$ = 1.797,60 DM, aufgerundet 1.798 DM. Nur bis zu diesem Betrag kann die ausländische Steuer angerechnet werden.

6. In welchen Fällen sollte der Steuerabzug beantragt werden?

Falls die ausländische Steuer auf die deutsche Steuer in vollem Umfang angerechnet wird (dies ist zuerst zu überprüfen), ist es für den Steuerpflichtigen vorteilhafter, wenn er sich die im Ausland gezahlte Steuer auf die inländische Einkommensteuer anrechnen läßt. In den folgenden Fällen dürfte der Steuerabzug vorteilhafter sein:

- Liegen im Ausland Verluste vor und fällt im Inland keine Einkommensteuer an, so ist die Anrechnung der ausländischen Steuer nicht möglich.
- Der deutsche Steuerpflichtige muß aufgrund von Verlusten im Inland keine oder eine sehr niedrige Einkommensteuer zahlen; auch in diesem Fall ist die vollständige Anrechnung der ausländischen Steuer nicht möglich.
- Im Ausland müssen wesentlich höhere Steuern bezahlt werden als im Inland (Ursache dafür kann die unterschiedliche Gewinnermittlung im In- und Ausland sein).

7. Besonderheit: Anrechnung einer fiktiven Quellensteuer

Mit einzelnen Ländern gibt es Doppelbesteuerungsabkommen, in denen vereinbart ist, daß auf die im Ausland erzielten Einkünfte (z.B. aus festverzinslichen Wertpapieren) eine ausländische Quellensteuer angerechnet werden darf, auch wenn sie im jeweiligen Ausland nicht bezahlt oder nur zu einem gewissen Teil bezahlt werden mußte. Dies führt natürlich zu einer Erhöhung der Rendite. Allerdings sollte man auch die damit verbundenen Risiken (unter Umständen hohe Inflationsraten und Auslandsverschuldung in den jeweiligen Ländern) berücksichtigen. Bei Interesse fragen Sie Ihre Hausbank nach derartigen Auslandsanleihen.

8. Besteuerung verschiedener Kapitalanlagen

8.1 Ausländische Wertpapiere (Aktien und festverzinsliche Wertpapiere)

Zumeist hat der deutsche Fiskus das Besteuerungsrecht. Deshalb gilt auch die „Spekulationsteuer“: Veräußerungsgewinne müssen (nur) dann versteuert werden, wenn sie innerhalb der sechsmontaigen Spekulationsfrist anfallen und mindestens 1.000,– DM betragen (Freigrenze gilt für jeden Ehegatten einzeln). Für Währungsgewinne gilt ebenfalls die Spekulationsfrist.

Ausländische Investmentfonds werden, falls sie vom Bundesaufsichtsamt für das Kreditwesen genehmigt sind, wie inländische Investment-Anteile besteuert. Nicht zugelassene Fonds haben den Nachteil, daß Veräußerungsgewinne in jedem Fall steuerpflichtig sind. Dagegen sind Veräußerungsgewinne inländischer Fonds (die durchaus im Ausland engagiert sein können) nur dann steuerpflichtig, wenn sie innerhalb der Spekulationsfrist von sechs Monaten anfallen.

Natürlich können inländische Investmentfonds ausländische Wertpapiere kaufen; es kommt nur darauf an, daß die Genehmigung vom Bundesaufsichtsamt vorliegt.

Eine jährliche Zusammenstellung aller deutschen Investmentfonds gerade unter dem Aspekt der steuerlichen Behandlung kann beim Bundesverband deutscher Investment-Gesellschaften (BVI), Eschenheimer Anlage 28, 6000 Frankfurt 1, bezogen werden.

8.2 Ausländische Lebensversicherungen

Erträge aus ausländischen Lebensversicherungen (z.B. die „diskreten Lebensversicherungen) müssen im Gegensatz zu steuerbegünstigten inländischen Lebensversicherungen voll versteuert werden.

8.3 Termingeschäfte

Gewinne aus Termingeschäften sind steuerfrei, so entschied der BFH (25.8.1987 IX A 65/86).

9. Besteuerung von Grundbesitz im Ausland

9.1 Veräußerungsgewinne

In den meisten Ländern muß der erzielte Veräußerungsgewinn bei Immobilien voll versteuert werden. Eine Einschränkung dahingehend, daß – wie in Deutschland – der Veräußerungsgewinn nur versteuert werden muß, wenn der Zeitraum zwischen Anschaffung und Veräußerung weniger als zwei Jahre beträgt, gibt es in vielen Ländern nicht.

Für Veräußerungsgewinne bei Grundstücken im Ausland gilt im Normalfall: Besteuerung im Belegenheitsstaat, in Deutschland unter Umständen der Progressionsvorbehalt. Beispiel: Bei Immobilien in Spanien muß der Veräußerungsgewinn in Spanien versteuert werden, in Deutschland kommt der Progressionsvorbehalt zur Anwendung (Doppelbesteuerungsabkommen Deutschland-Spanien).

9.2 Vermietung

Allgemein ist bei der Vermietung von Immobilien über eine Vermietungsgesellschaft vor Ort im Ausland zu beachten, daß diese unter Umständen Quellensteuer auf die erzielten Mieterlöse einbehalten muß, wie z.B. in Spanien. Um wenigstens einen Teil dieser Quellensteuer gemäß DBA zurückzubekommen, muß ein entsprechender Antrag an den spanischen Fiskus gestellt werden. Kein Vergnügen! Achten Sie darauf, daß die ausländische Vermietungsgesellschaft die Quellensteuer Ihnen nicht nur in Rechnung stellt, sondern auch abführt. Ohne entsprechende Belege gibt es keine Erstattung.

Besteuerung der Einkünfte aus Vermietung und Verpachtung von Immobilien in Spanien: Steuerpflicht sowohl in Spanien als auch in Deutschland, die in Spanien gezahlte Steuer wird auf die deutsche angerechnet.

9.3 Eigennutzung einer Immobilie im Ausland

Lange Zeit wurde gemäß dem deutschen Einkommensteuerrecht die Eigennutzung einer Immobilie besteuert. Die betreffende Vorschrift des § 21 Absatz 2 Satz 1 Einkommensteuergesetz wurde aber aufgehoben. Deshalb sind Wohnungen im Ausland, die erstmals nach dem 31.12.1986 eigengenutzt wurden, von der Besteuerung im Inland frei. Zu unterscheiden davon ist die Besteuerung der Eigennutzung im jeweiligen Ausland. Es kann also durchaus sein, daß im Ausland die Eigennutzung vom ausländischen Fiskus besteuert wird, im Inland aber die Eigennutzung steuerfrei ist (dies trifft z.B. bei Ferienimmobilien in Spanien zu).

Für Wohnungen, die schon vor diesem Datum eigengenutzt wurden, kann die Besteuerung des Überschusses (der Nutzungswert ist höher als die anfallenden Werbungskosten) durch eine Erklärung gemäß § 52 Absatz 21 Satz 3 EStG vermieden werden. Allerdings zeigt die Erfahrung, daß bei Ferienimmobilien im Ausland in aller Regel die Werbungskosten höher ausfallen als der Nutzungswert, so daß schon aus diesem Grund eine Besteuerung entfällt.

10. Verluste aus privater Vermietung und Verpachtung

Mit dem Steueränderungsgesetz 1983 wurde § 2 a EStG neu eingeführt. Er verbietet den Abzug von Auslandsverlusten aus privater Vermietung und Verpachtung, aus dem Betrieb von Landwirtschaft und sonstigen nicht aktiven Tätigkeiten. Der Ausgleich von Verlusten ist nur möglich mit positiven Einkünften derselben Einkunftsart im gleichen ausländischen Staat. Da Eigentümer von Auslandsimmobilien im jeweiligen Ausland meist nur eine Immobilie besitzen, können etwaige Verluste aus dieser Immobilie normalerweise beim deutschen Fiskus nicht mehr steuermindernd geltend gemacht werden.

Diese Vorschrift richtet sich auch gegen Bauherren-Modelle im Ausland. Es soll damit unterbunden werden, daß niemand über die mit einer Immobilie im Ausland erzielten Verluste seine inländische Steuerschuld mindert.

An der Verfassungsmäßigkeit dieser Vorschrift bestehen aber begründete Zweifel. So hat sich das Finanzgericht Baden-Württemberg in einer bemerkenswerten Entscheidung die Argumente zu eigen gemacht, die bereits seit Jahren von Experten gegen § 2 a EStG vorgetragen werden:

- Verstoß gegen den Gleichheitsgrundsatz. Wenn ausländische Verluste vom Abzug im Inland ausgeschlossen werden sollen, so ist das Gebot der Steuergerechtigkeit durchbrochen in dem Sinn, daß die Besteuerung nicht nach der wirtschaftlichen Leistungsfähigkeit des Bürgers erfolgt (er hat im Ausland Verluste erlitten und soll im Inland trotzdem voll die Steuern bezahlen).

- Nach deutschem Steuerrecht wird bei unbeschränkt Steuerpflichtigen das Welteinkommen besteuert. Es ist logisch inkonsequent, wenn einerseits das positive Auslandseinkommen von der deutschen Steuer erfaßt wird (es sei denn, es wird durch Doppelbesteuerungsabkommen der ausländischen Besteuerungshoheit zugewiesen) und andererseits gleichwohl ausländische Verluste das im Inland steuerpflichtige Einkommen nicht mindern dürfen.
- Die Rechtsänderung wurde von der Regierung damit begründet, daß die Auslandsinvestitionen deutscher Staatsbürger, z.B. in Immobilien, nicht im deutschen volkswirtschaftlichen Interesse seien. Das „volkswirtschaftliche Gesamtinteresse" kann aber niemals Maßstab für die individuelle Steuerbemessung sein, ganz abgesehen davon, daß niemand weiß, was nun das deutsche volkswirtschaftliche Interesse im Ausland ist.

Zur Zeit sind mehrere Verfahren beim Bundesfinanzhof in München anhängig. Die Geschäftsstelle des Bundesfinanzhofes teilt mit, daß die Verfahren voraussichtlich Ende 1990 entschieden werden.

Dies bedeutet aber noch lange nicht, daß die Entscheidung des Bundesfinanzhofes dann endgültig sein wird. Falls der Bundesfinanzhof in München diese Vorschrift für verfassungsmäßig hält, haben die Betroffenen immer noch die Möglichkeit, Verfassungsbeschwerde beim Bundesverfassungsgericht einzulegen.

Anmerkung:
Bis zu einer endgültigen gerichtlichen Entscheidung (Bundesfinanzhof oder Bundesverfassungsgericht) über diese Frage sollte der Anleger etwaige im Ausland angefallene Verluste bei der Einkommensteuererklärung geltend machen. Nur auf diese Weise kann er von einem für die Anleger positiven Urteil der obersten Gerichte profitieren.

Wenn die Finanzämter die steuerliche Geltendmachung ausländischer Verluste ablehnen (wie im Regelfall zu erwarten ist), müssen Sie dann die Aussetzung der Vollziehung oder Aussetzung des Verfahrens mit Hinweis auf die eventuelle Verfassungswidrigkeit von § 2 a EStG beantragen. Verweisen Sie in Ihrem Antrag auf den Beschluß des Finanzgerichts Baden-Württemberg (AZ: I-V 12/85) und auf den Beschluß des BFH vom 28.1.1987 (AZ: I B 61/86), und auf die Verfahren beim Bundesfinanzhof (I R 175/87, I R 182/87, I R 176/87, I R 177/87, I R 127/88 und I R 89/89).

Falls Sie die Einkommensteuerbescheide rechtskräftig werden lassen, können Sie im Falle der gerichtlichen Feststellung der Verfassungswidrigkeit Ihre Verluste für die zurückliegenden Jahre nicht mehr geltend machen.

Solange die Streitfrage nicht geklärt ist, sollten Sie sich von Kapitalanlagen und Beteiligungen fernhalten, die mit angeblich mehr oder weniger großen Steuervorteilen durch die steuerliche Geltendmachung von im Ausland gemachten Verlusten verbunden sein sollen.

Immerhin hat aber § 2 a EStG einen positiven Effekt gebracht. Überteuerte Bauherrenmodelle im Ausland werden nicht mehr angeboten, mancher Anleger hat dadurch sehr viel Geld gespart.

V. Vermögensteuer

1. Besteuerung des gesamten Weltvermögens

Gemäß dem deutschen Vermögensteuergesetz (VStG) wird grundsätzlich das gesamte Weltvermögen von der deutschen Vermögensteuer erfaßt, wenn der Steuerpflichtige unbeschränkt vermögensteuerpflichtig ist.

Gemäß § 1 VStG sind unbeschränkt steuerpflichtig alle natürlichen Personen, die im Inland einen Wohnsitz oder ihren gewöhnlichen Aufenthalt haben.

Die Vermögensteuer ist in Deutschland – im Gegensatz zu einigen ausländischen Staaten – nicht progressiv gestaltet. Der Steuersatz für natürliche Personen beträgt 0,5%, für Kapitalgesellschaften, juristische Personen, Vereinigungen usw. 0,6% pro Jahr. Im Gegensatz zur Einkommensteuer wird die Vermögensteuer im allgemeinen für drei Kalenderjahre veranlagt.

Immerhin sieht das Gesetz Freibeträge vor. So bleiben bei der Veranlagung einer unbeschränkt steuerpflichtigen natürlichen Person DM 70.000,– und im Falle der Zusammenveranlagung von Ehegatten DM 140.000,– Vermögensteuer frei. Für jedes Kind, das mit einem Steuerpflichtigen oder mit Ehegatten zusammen veranlagt wird, sind weitere DM 70.000,– vermögensteuerfrei. Darüber hinaus gibt es noch Altersfreibeträge in unterschiedlicher Höhe je nach Altersstufe der Steuerpflichtigen bzw. seines Ehegatten. Schlußendlich gibt es noch Freibeträge und Freigrenzen hinsichtlich bestimmter Vermögensgegenstände, so zum Beispiel einen Freibetrag in Höhe von DM 10.000,– für Kapitalvermögen.

2. Doppelbesteuerungsabkommen

Um auch bei der Vermögensteuer die Doppelbesteuerung im In- und Ausland zu vermeiden, hat Deutschland mit den wichtigsten Staaten Doppelbesteuerungsabkommen geschlossen, die die Vermögensteuer ausdrücklich miterfassen: Schweiz, USA, Luxemburg, Spanien, Österreich, Frankreich usw. (siehe die Tabelle zu den Doppelbesteuerungsabkommen weiter oben). Kein Doppelbesteuerungsabkommen hinsichtlich der Vermögensteuer besteht mit Kanada. Üblicherweise ist in den DBA vereinbart, daß die Besteuerung für bewegliches Vermögen, z.B. Bankguthaben im Ausland, ausschließlich beim Wohnsitzstaat – also beim deutschen Fiskus – liegt.

Für Immobilien gilt im allgemeinen, daß das Besteuerungsrecht dem Belegenheitsland der Immobilie zugewiesen wird. Dies gilt aber nicht für Immobilien in der Schweiz und in Spanien. Laut den betreffenden Doppelbesteuerungsabkommen besteht die Vermögensteuerpflicht in beiden Ländern, die jeweils im Ausland bezahlte Steuer wird aber auf die deutsche angerechnet. Die Anrechnung der ausländischen Vermögensteuer ist aber nur bis zur Höhe der deutschen Vermögensteuer zulässig, die anteilig auf das ausländische Vermögen anfällt.

Ist das Besteuerungsrecht laut Doppelbesteuerungsabkommen dem Belegenheitsstaat zugewiesen und wird im jeweiligen Ausland eine Vermögensteuer nicht erhoben, so besteht in Deutschland hinsichtlich dieses Auslandsvermögens dennoch keine Vermögensteuerpflicht (ein sehr erfreulicher Aspekt).

Im übrigen ist noch zu beachten, daß in vielen Ländern der beschränkt vermögensteuerpflichtige Ausländer, z.B. der deutsche Steuerpflichtige, keinen Freibetrag erhält, so daß also auch Vermögen, das in Deutschland unter Umständen unter den Freibetrag fallen würde, im Ausland in voller Höhe der Vermögensteuer unterliegt.

3. Übersicht über die Vermögensteuern für natürliche und juristische Personen in verschiedenen Ländern

Vermögensteuern 1989 für natürliche und juristische Personen

Staaten (1)	Natürliche Personen				Juristische Personen	
	Steuersätze (2)	Persönliche Freibeträge (3)		Absetzbar bei Einkommensteuer	Steuersätze (2)	Absetzbar bei Körperschaftsteuer
		in nationaler Währung	in DM (9)			
1	2	3	4	5	6	7
Bundesrepublik Deutschland	0,5 vH (4)	70.000 DM allgemein 70.000 DM Ehegatte 70.000 DM je Kind	70.000 70.000 70.000	nein	0,6 vH (4)	nein
Dänemark	2,2 vH	1,383 Mio dkr allgemein 1,623 Mio dkr Verheiratete	356.123 417.923	nein (5)	–	–
Frankreich	0 vH bis 4 Mio F (6) 0,5 vH von 4 Mio F bis 6,5 Mio F 0,7 vH von 6,5 Mio F bis 12,9 Mio F 0,9 vH von 12,9 Mio F bis 20 Mio F 1,1 vH über 20 Mio F	keine persönlichen Freibeträge i.e.S.; steuerfrei 4 Mio F (vgl. Spalte 2 und Anmerkung 6)	1.182.000 allgemein	nein	–	–
Luxemburg	0,5 vH	100.000 lfr allgemein 100.000 lfr Ehegatte 100.000 lfr je Kind	4.790 4.790 4.790	nein	0,5 vH	nein
Niederlande	0,8 vH	89.000 hfl allgemein (7) 113.000 hfl Ehegatten zusammen 7.000 hfl je Kind bis 18 Jahre 35.000 hfl je Kind 18–27 Jahre	79.103 100.434 6.222 31.108	nein (5)	–	–
Österreich	1 vH	150.000 S allgemein 150.000 S Ehegatte 150.000 S je Kind	21.345 21.345 21.345	nein	1 vH	ja
Schweiz (Beispiel Zürich)	**Kantons- und Gemeindesteuer** (8) 1,13 vT bis 150.000 sfr 2,26 vT von 150.000 sfr bis 400.000 sfr 3,39 vT von 400.000 sfr bis 800.000 sfr 4,52 vT von 800.000 sfr bis 1,4 Mio sfr 5,65 vT von 1,4 Mio sfr bis 2 Mio sfr 6,78 vT über 2 Mio sfr	50.000 sfr allgemein 100.000 sfr für Steuerpflichtige mit Familie	57.965 115.930	nein	**Bundessteuer:** 0,825 vT **Kantons- und Gemeindesteuer:** 3,39 vT	ja (nur bei Bundessteuer)
Spanien	0,20 vH bis 26 Mio Ptas (8) 0,30 vH von 26 bis 50 Mio Ptas 0,45 vH von 50 bis 100 Mio Ptas 0,65 vH von 100 bis 250 Mio Ptas 0,85 vH von 250 bis 500 Mio Ptas 1,10 vH von 500 Mio bis 1 Mrd Ptas 1,35 vH von 1 bis 1,5 Mrd Ptas 1,70 vH von 1,5 bis 2,5 Mrd Ptas 2,00 vH über 2,5 Mrd Ptas	9 Mio Ptas allgemein 9 Mio Ptas Ehegatte 1,5 Mio Ptas je Kind	141.300 141.300 23.550	nein (5)	–	–

(1) In **Belgien, Griechenland, Irland, Italien** und **Portugal** gibt es keine allgemeinen Vermögensteuern. In den **USA** und **Kanada** werden vorwiegend auf kommunaler Ebene verschiedenartige "property taxes" erhoben, die z.T. den Charakter von Grundsteuern haben. In **Japan** gibt es eine kommunale Rohvermögensteuer.

(2) Ohne etwaige Sondersätze.

(3) Ohne Sonderfreibeträge, z.B. für Alter, Invalidität.

(4) Betriebsvermögen ist bis zu 125.000 DM ganz und darüber hinaus zu 25 vH steuerfrei.

(5) Jedoch Plafond für Einkommen- und Vermögensteuer, vgl. Übersicht 6.

(6) Betriebsvermögen, Kunstwerke und Antiquitäten sind steuerfrei.

(7) 56.000 hfl bei einem Lebensalter unter 27 Jahren.

(8) Progressive Teilmengenstaffelung.

(9) Umsatzsteuer-Umrechnungskurs Juni 1989.

Quelle: BMF, Informationsdienst zur Finanzpolitik des Auslandes A2: I A 2 - Vw 9035 - 8/89

4. Kurzübersicht über die Vermögensteuer in verschiedenen Ländern mit Doppelbesteuerungsabkommen

Land	Bewegliches Vermögen	Unbewegliches Vermögen (Immobilien)
Dänemark	nur Steuerpflicht in Deutschland	In Deutschland von der Vermögensteuer befreit
Frankreich	nur Steuerpflicht in Deutschland	In Deutschland von der Vermögensteuer befreit
Luxemburg	nur Steuerpflicht in Deutschland	In Deutschland von der Vermögensteuer befreit
Niederlande	nur Steuerpflicht in Deutschland	In Deutschland von der Vermögensteuer befreit
Spanien	nur Steuerpflicht in Deutschland	Vermögensteuer in Deutschland und Spanien, die spanische Steuer wird bei der deutschen Vermögensteuer angerechnet.

Die Tabelle gilt für privates bewegliches und unbewegliches Vermögen, für bewegliches Betriebsvermögen und Schachtelbeteiligungen gelten andere Bestimmungen.

5. Vermögensteuerpflicht bei Auslandsvermögen in einem Staat ohne Doppelbesteuerungsabkommen

In diesem Fall gilt das Anrechnungsprinzip, das heißt die im Ausland gezahlte Vermögensteuer wird auf den Teil der deutschen Vermögensteuer angerechnet, der auf dieses Auslandsvermögen entfällt.

Dies ist im § 11 Absatz 1 VStG wie folgt geregelt:

> „Bei unbeschränkt Steuerpflichtigen, die in einem ausländischen Staat mit ihrem in diesem Staat belegenen Vermögen (Auslandsvermögen) zu einer der inländischen Vermögensteuer entsprechenden Steuer (ausländische Steuer) herangezogen werden, ist, sofern nicht die Vorschrift eines Abkommens zur Vermeidung der Doppelbesteuerung anzuwenden sind, die festgesetzte und gezahlte und keinem Ermäßigungsanspruch unterliegende ausländische Steuer auf den Teil der Vermögensteuer anzurechnen, der auf dieses Auslandsvermögen entfällt. Dieser Teil ist in der Weise zu ermitteln, daß die sich bei der Veranlagung des Gesamtvermögens (einschließlich des Auslandsvermögens) ergebende Vermögensteuer im Verhältnis des Auslandsvermögens zum Gesamtvermögen aufgeteilt wird. Ist das Auslandsvermögen in verschiedenen ausländischen Staaten belegen, so ist dieser Teil für jeden einzelnen ausländischen Staat gesondert zu berechnen. Die ausländische Steuer ist insoweit anzurechnen, als sie auf das Kalenderjahr anfällt, das mit dem jeweiligen Veranlagungszeitpunkt beginnt.“

In § 11 Absatz 2 VStG wird dann noch darauf hingewiesen, daß mit dem Auslandsvermögen zusammenhängende Schulden und Lasten abzugsfähig sind (dies gilt selbstverständlich auch für die Fälle, in denen aufgrund eines Doppelbesteuerungsabkommens das Besteuerungsrecht dem deutschen Fiskus zugewiesen ist).

Gemäß § 11 Absatz 4 VStG hat der Steuerpflichtige den Nachweis über die Höhe des Auslandsvermögens und über die Festsetzung und Zahlung der ausländischen Steuern durch Vorlage entsprechender Urkunden zu führen. Sind diese Urkunden in einer fremden Sprache abgefaßt, so kann der deutsche Fiskus eine beglaubigte Übersetzung in die deutsche Sprache verlangen (bevor Sie eine kostspielige Übersetzung anfertigen lassen, legen Sie zuerst nur den Originalbescheid vor).

Um den abstrakten Gesetzestext anschaulicher darzustellen, ein Beispiel aus Abschnitt 124 Vermögensteuerrichtlinien. Vom Gesamtvermögen eines unbeschränkt Steuerpflichtigen entfallen auf Vermögen in der Bundesrepublik DM 190.000,– und auf ein Grundstück im Ausland DM 30.000,–. Das Grundstück gehört nicht zum Betriebsvermögen. Die für das Grundstück gezahlte ausländische Vermögensteuer beträgt DM 450,–. Der anrechenbare Betrag ist wie folgt zu berechnen:

Gesamtvermögen	220.000,– DM
Freibetrag	70.000,– DM
Steuerpflichtiges Vermögen	150.000,– DM
Steuer	750,– DM

Von der veranlagten inländischen Vermögensteuer entfallen (3/22 von 750) = DM 103,– auf das ausländische Grundstück. Von der ausländischen Vermögensteuer können deshalb nur DM 103,– auf die deutsche Vermögensteuer angerechnet werden. Die anzurechnende ausländische Vermögensteuer ist nach dem amtlichen Revisionskurs in Deutsche Mark umzurechnen, der für den Tag Ihrer Zahlung im Bundesanzeiger veröffentlicht worden ist.

6. Die Bewertung des ausländischen Vermögens

6.1 Ausländischer Grundbesitz

Bekanntlich gibt es in Deutschland Einheitswerte für Grundstücke, die sehr viel niedriger liegen als der Verkehrswert und damit eine verhältnismäßig niedrige Vermögensbesteuerung des Grundvermögens ermöglichen.

Leider ist aber für ausländischen Grundbesitz gemäß § 31 Absatz 1 Bewertungsgesetz der „gemeine Wert“ maßgeblich. Dies bedeutet schlichtweg, daß der Verkehrswert für die Vermögensteuer herangezogen wird, also eine sehr unerfreuliche Regelung (für die Schweiz besteht eine gesonderte Regelung).

6.2 Vermögensteuerwert ausländischer Wertpapiere

Gemäß § 113 des Bewertungsgesetzes werden vom Bundesminister der Finanzen alljährlich die maßgebenden Kurse für Wertpapiere und die Rücknahmepreise für Investmentsanteile im Bundessteuerblatt veröffentlicht. In einer Sondernummer des Bundessteuerblatts sind auch die Kurse für ausländische Wertpapiere enthalten, die bei der Hauptveranlagung zur Vermögensteuer maßgeblich sind.

7. Umrechnungskurse für ausländische Währungen

Im folgenden finden Sie die Umrechnungskurse für ausländische Währungen, die vom Bundesminister der Finanzen festgelegt und bei der Veranlagung zur Vermögensteuer zugrunde zu legen sind.

Bekanntmachung der Umrechnungskurse für ausländische Währungen am 31. Dezember 1989

Vom 18. Juli 1990

Nachstehend sind die Umrechnungskurse für ausländische Währungen zusammengestellt, die nach Abschnitt 46 Abs. 1 der Vermögensteuer-Richtlinien bei Wertfortschreibungen oder Nachfeststellungen von Einheitswerten der gewerblichen Betriebe und bei Neuveranlagungen oder Nachveranlagungen zur Vermögensteuer auf den 1. Januar 1990 zugrunde zu legen sind.

Bonn, den 18. Juli 1990

IV C 3 — S 3103 — 19/90

Der Bundesminister der Finanzen
Im Auftrag
Dr. Manke

DM-Werte für verschiedene ausländische Währungen Ende Dezember 1989

Land bzw. Gebiet	Währungseinheit(en)		DM	
1	2		3	
Ägypten*)	100	ägyptische Pfund	152,42	1)
			+) 65,47	1)
Äquatorialguinea	1 000	CFA-Francs	5,85	2)
Äthiopien	100	Birr	81,94	1)
Afghanistan*)	100	Afghanis	4,49	1)
Albanien*)	100	Lek	b) 28,57	1)
Algerien	100	algerische Dinar	21,08	1)
Angola	100	Kwanza	5,73	1)
Antigua und Barbuda	100	ostkaribische Dollar	62,82	3)
Argentinien	10 000	Australes	6,62	1)
Aruba	100	Aruba-Florin	94,85	3)
Australien	100	australische Dollar	133,42	1)
Bahamas	100	Bahama-Dollar	168,82	1)
Bahrain	100	Bahrain-Dinar	447,68	1)
Bangladesch	100	Taka	5,24	1)
Barbados	100	Barbados-Dollar	83,65	1)
Belgien*)	100	belgische Francs	4,754	4)
Belize	100	Belize-Dollar	84,89	5)
Benin	1 000	CFA-Francs	5,85	2)
Bermuda	100	Bermuda-Dollar	169,75	5)
Bhutan	100	Ngultrum	9,92	1)
Birma (siehe „Myanmar")				
Bolivien*)	100	Boliviano	56,96	1)
Botsuana	100	Pula	90,16	1)
Brasilien*)	100	Neue Cruzados[6])	a) 14,87	1)
			b) 6,85	3)
Brunei Darussalam	100	Brunei-Dollar	89,09	1)
Bulgarien*)	100	Lew	212,63	1)
			+) 85,05	1)
			70,88	1)
Burkina Faso	1 000	CFA-Francs	5,85	2)
Burundi	1 000	Burundi-Francs	9,57	1)
Chile*)	1 000	chilenische Pesos	5,67	1)
China	100	Renminbi Yuan	35,72	1)
China (Taiwan)	100	Neue Taiwan-Dollar	6,46	1)
Cookinseln	100	Cookinseln-Dollar		
	= 100	Neuseeland-Dollar	100,79	1)
Costa Rica	100	Costa-Rica-Colónes	1,99	3)
Cote d'Ivoire	1 000	CFA-Francs	5,85	2)
Dänemark	100	dänische Kronen	25,665	4)
Dominica	100	ostkaribische Dollar	62,82	3)
Dominikanische Republik	100	dominikanische Pesos	26,89	3)
Dschibuti	1 000	Dschibuti-Francs	9,50	1)
Ecuador*)	1 000	Sucres	a) 2,60	1)
			b) 2,58	1)
El Salvador*)	100	El-Salvador-Colónes	33,79	3)
			+) 25,87	3)
Falklandinseln	100	Falkland-Pfund	272,10	7)
Fidschi	100	Fidschi-Dollar	112,87	1)
Finnland	100	Finnmark	41,760	4)
Frankreich	100	französische Francs	29,245	4)
Gabun	1 000	CFA-Francs	5,85	2)
Gambia	100	Dalasi	20,30	1)

Land bzw. Gebiet	Währungseinheit(en)	DM
1	2	3
Ghana*)	1 000 Cedi	5,70 [1]
Gibraltar	100 Gibraltar-Pfund	272,10 [7]
Grenada	100 ostkaribische Dollar	62,82 [3]
Griechenland	100 Drachmen	1,07 [1]
Großbritannien und Nordirland	1 Pfund Sterling	2,721 [4]
Guatemala*)	100 Quetzales	48,95 [3]
Guinea	1 000 Guinea-Francs	2,71 [1]
Guinea-Bissau	10 000 Guinea-Pesos	8,50 [1]
Guyana	100 Guyana-Dollar	5,13 [1]
Haiti	100 Gourdes	33,96 [3]
Honduras*)	100 Lempiras	84,47 [3]
Hongkong	100 Honkong-Dollar	21,63 [1]
Indien	100 indische Rupien	9,92 [1]
Indonesien	10 000 Rupiah	9,38 [1]
Irak	100 Irak-Dinar	542,05 [1]
Iran, Islamische Republik*)	100 Rials	2,42 [1]
Irland	1 irisches Pfund	2,630 [4]
Island	100 isländische Kronen	2,77 [1]
Israel	100 Neue Schekel	85,94 [1]
Italien	1 000 italienische Lire	1,3330 [4]
Jamaika	100 Jamaika-Dollar	26,03 [1]
Japan	100 Yen	1,1810 [4]
Jemen	100 Jemen-Rials	17,28 [1]
Jemen, Demokratischer	100 Jemen-Dinar	487,80 [1]
Jordanien*)	100 Jordan-Dinar	+) 260,82 [1] 248,69 [1]
Jugoslawien	100 000 jugoslawische Dinare	1,43 [1]
Kaimaninseln	100 Kaiman-Dollar	204,55 [3]
Kamerun	1 000 CFA-Francs	5,85 [2]
Kamputschea	1 000 Riel	8,39 [1]
Kanada	1 kanadischer Dollar	1,4665 [4]
Kap Verde	100 Kap-Verde-Escudos	2.30 [1]
Katar	100 Katar-Riyals	46,58 [1]
Kenia	100 Kenia-Schilling	7,81 [1]
Kiribati	100 australische Dollar/Kiribati = 100 australische Dollar	133,42 [1]
Kolumbien	1 000 kolumbianische Pesos	3,89 [1]
Komoren	1 000 Komoren-Francs	5,85 [2]
Kongo	1 000 CFA-Francs	5,85 [2]
Korea, Demokratische Volksrepublik*)	100 Won	+) 169,49 [1] 82,31 [1]
Korea, Republik	1 000 Won	2,49 [1]
Kuba	100 kubanische Pesos	215,49 [1]
Kuwait	100 Kuwait-Dinar	578,20 [1]
Laotische Demokratische Volksrepublik	1 000 Kip	2,38 [3]
Lesotho*)	100 Maloti = 100 (südafrikanische) Rand	+) 66,52 [1] 47,10 [1]
Libanon	1 000 libanesische Pfund	3,36 [1]
Liberia*)	100 liberianische Dollar	169,78 [5]
Libysch-Arabische Dschamahirija	100 libysche Dinar	581,15 [1]
Luxemburg*)	100 luxemburgische Francs	4,754 [8]
Macau	100 Patacas	21,02 [1]
Madagaskar	1 000 Madagaskar-Francs	1,11 [1]
Malawi	100 Malawi-Kwacha	62,76 [1]
Malaysia	100 malaysische Ringgit	62,40 [1]
Malediven	100 Rufiyaa	18,49 [1]
Mali	1 000 CFA-Francs	5,85 [2]
Malta	100 maltesische Liri	502,76 [1]
Marokko	100 Dirham	20,84 [1]
Mauretanien	100 Ouguiya	2,01 [1]
Mauritius	100 Mauritius-Rupien	11,28 [1]
Mexiko*)	10 000 mexikanische Pesos	a) 6,50 [1][9] b) 6,30 [1]
Mongolei	100 Tugrik	61,95 [1]
Mosambik	1 000 Meticais	2,07 [1]
Myanmar	100 Kyat	25,86 [1]
Nepal	100 nepalesische Rupien	5,94 [1]
Neukaledonien	100 CFP-Francs	1,61 [2]
Neuseeland	100 Neuseeland-Dollar	100,79 [1]
Nicaragua*)	100 000 Córdobas	+) 4,45 [3] 3,60 [3]
Niederländische Antillen	100 Niederl.-Antillen-Gulden	94,74 [1]
Niederlande	100 holländische Gulden	88,530 [4]
Niger	1 000 CFA-Francs	5,85 [2]
Nigeria	100 Naira	21,91 [1]
Norwegen	100 norwegische Kronen	25,660 [4]

Land bzw. Gebiet	Währungseinheit(en)		DM	
1	2		3	
Österreich	100	Schilling	14,210	4)
Oman	100	Rials Omani	439,66	1)
Pakistan	100	pakistanische Rupien	7,85	1)
Panama	100	Balboa	169,78	5)
Papua-Neuguinea	100	Kina	195,87	1)
Paraguay	1 000	Guaranies	1,40	1)
Peru*)	10 000	Inti	+) 3,19	3)
			1,34	3)
Philippinen	100	philippinische Pesos	7,55	1)
Polen*)	10 000	Zloty	2,66	1)
			c) 1,89	1)
Portugal	100	Escudos	1,130	4)
Ruanda	100	Ruanda-Francs	2,16	1)
Rumänien*)	100	Lei	a) 11,94	1)
			b) 20,27	1)
Salomonen	100	Salomonen-Dollar	70,30	1)
Sambia	100	Kwacha	7,80	1)
Samoa	100	Tala	73,87	1)
São Tomé und Príncipe	100	Dobra	1,21	1)
Saudi-Arabien	100	Saudi-Riyals	44,99	1)
Schweden	100	schwedische Kronen	27,235	4)
Schweiz	100	Schweizer Franken	109,630	4)
Senegal	1 000	CFA-Francs	5,85	2)
Seschellen	100	Seschellen-Rupien	30,67	1)
Sierra Leone	100	Leone	2,66	1)
Simbabwe	100	Simbabwe-Dollar	74,43	1)
Singapur	100	Singapur-Dollar	89,00	1)
Somalia*)	10 000	Somalia-Schilling	+) 18,26	3)
			9,75	3)
Sowjetunion (UdSSR)*)	100	Rubel	+) 279,88	1)
			27,99	1)
Spanien	100	Pesetas	1,545	4)
Sri Lanka	100	Sri-Lanka-Rupien	4,22	1)
St. Kitts und Nevis	100	ostkaribische Dollar	62,82	3)
St. Lucia	100	ostkaribische Dollar	62,82	3)
St. Vincent und die Grenadinen	100	ostkaribische Dollar	62,82	3)
Sudan*)	100	sudanesische Pfund	+) 37,58	1)
			13,87	1)
Südafrika*)	100	Rand	+) 66,52	1)
			47,10	1)
Suriname	100	Suriname-Gulden	93,51	1)
Swasiland	100	Emalangeni	66,43	1)
Syrien*)	100	syrische Pfund	+) 15,05	1)
			8,02	1)
Tansania	1 000	Tansania-Schilling	8,79	1)
Thailand	100	Baht	6,56	1)
Togo	1 000	CFA-Francs	5,85	2)
Tonga	100	Pa'anga	142,96	1)10)
Trinidad und Tobago	100	Trinidad-und-Tobago-Dollar	39,57	1)
Tschad	1 000	CFA-Francs	5,85	2)
Tschechoslowakei*)	100	tschechoslowakische Kronen	a) 12,11	1)
			b) 18,69	1)
Türkei	10 000	türkische Pfunde/ türkische Lira	7,32	1)
Tunesien	100	tunesische Dinar	186,59	1)
Uganda	1 000	Uganda-Schilling	4,54	1)
Ungarn	100	Forint	2,71	1)
Uruguay	1 000	uruguayische Neue Pesos	2,10	1)
Vanuatu	100	Vatu	1,48	1)
Venezuela	100	Bolívares	3,93	1)
Vereinigte Arabische Emirate	100	Dirham	46,00	1)
Vereinigte Staaten	1	US-Dollar	1,6978	4)
Vietnam*)	10 000	Dong	4,10	1)
Zaire	1 000	Zaïre	3,72	1)
Zentralafrikanische Republik	1 000	CFA-Francs	5,85	2)
Zypern	100	Zypern-Pfund	353,60	1)

Erläuterungen:

1) Nach dem Mittelkurs für die D-Mark im betreffenden Land.
2) Nach dem Wertverhältnis der Währung zum französischen Franc.
3) Nach dem Mittelkurs für den US-Dollar im betreffenden Land.
4) Amtlicher Devisen-Mittelkurs an der Frankfurter Börse.
5) Nach dem Wertverhältnis der Währung zum US-Dollar.
6) 16. Januar 1989: Währungsumstellung im Verhältnis 1 000 Cruzados = 1 Neuer Cruzado.
7) Nach dem Wertverhältnis der Währung zum Pfund Sterling.
8) Nach dem Wertverhältnis der Währung zum belgischen Franc.
9) Kurs vom 20. Dezember 1989.
10) Kurs vom 17. November 1989.

*) Im Zahlungsverkehr mit dem Ausland kommen differenzierte Kurse (multiple exchange rates) zur Anwendung.
+) Das Kurssystem läßt keine klare Trennung zwischen der Abrechnung kommerzieller und nichtkommerzieller Transaktionen erkennen.
a) Nach dem Kurs, der überwiegend für kommerzielle Transaktionen angewendet wird.
b) Nach dem Kurs, der überwiegend für nichtkommerzielle Transaktionen angewendet wird.
c) Für den Sortenumtausch von Privatpersonen.

VI. Erbschaft- und Schenkungsteuer im In- und Ausland

1. Allgemeines

Wie bei der Einkommensteuer und bei der Vermögensteuer stellt sich auch bei der Erbschaft- und Schenkungsteuer das Problem, daß eine doppelte Besteuerung droht, da grundsätzlich sowohl im Inland als auch im Ausland vom jeweiligen Fiskus Erbschaft- und Schenkungsteuer verlangt wird. Die Erbschaft- und Schenkungsteuerpflicht für Auslandsvermögen ergibt sich aus § 2 Erbschaftsteuergesetz.

Die Steuerpflicht tritt ein, wenn der Erblasser zur Zeit seines Todes, der Schenker zur Zeit der Ausführung der Schenkung oder der Erwerber zur Zeit der Entstehung der Steuer ein Inländer ist. Als Inländer gelten alle natürlichen Personen, die im Inland einen Wohnsitz oder ihren gewöhnlichen Aufenthalt haben.

Es kommt also nicht darauf an, ob es sich um inländische oder ausländische Vermögensgegenstände handelt, sondern darauf, ob der Erblasser oder der Erbe im Inland einen Wohnsitz oder seinen gewöhnlichen Aufenthalt hat. Ebenso besteht in der Regel im Ausland aufgrund der dort bestehenden Gesetze grundsätzlich eine Erbschaftsteuer- oder Schenkungsteuerpflicht, so daß also eine doppelte Erbschaftsbesteuerung droht.

1.1 Länder mit Doppelbesteuerungsabkommen

Hinsichtlich der Erbschaft- und Schenkungsteuer gibt es nur mit sehr wenigen Ländern Doppelbesteuerungsabkommen, die dazu dienen sollen, eine Doppelbesteuerung zu vermeiden oder zumindest zu mildern (siehe Tabelle über Doppelbesteuerungsabkommen Seite 148 f.).

1.2 Länder ohne Doppelbesteuerungsabkommen

In diesen Fällen kann die im Ausland bezahlte Erbschaftsteuer angerechnet werden. Geregelt ist dies in § 21 Erbschaftsteuergesetz. Bei Erwerbern, die in einem ausländischen Staat mit ihrem Auslandsvermögen zu einer der deutschen Erbschaftsteuer entsprechenden Steuer (ausländische Steuer) herangezogen werden, ist in den Fällen des § 2 Abs. 1 Nr. 1 (*Anmerkung des Autors:* wenn der Erblasser/Schenker oder der Erbe/der Beschenkte ein Inländer ist), sofern nicht die Vorschriften eines Abkommens zur Vermeidung der Doppelbesteuerung anzuwenden sind, auf Antrag die festgesetzte, auf den Erwerber entfallende, gezahlte und keinem Ermäßigungsanspruch unterliegende ausländische Steuer insoweit auf die deutsche Erbschaftsteuer anzurechnen, als das Auslandsvermögen auch der deutschen Erbschaftsteuer unterliegt ...

Die im Ausland gezahlte Erbschaftsteuer wird also auf die im Inland zu zahlende Erbschaftsteuer angerechnet. Falls aber der Erbschaftsteuersatz im Ausland z.B. 60% beträgt, so ist dies nur ein schwacher Trost, wenn in Deutschland aufgrund der Möglichkeit der Anrechnung der ausländischen Erbschaftsteuer keine deutsche Erbschaftsteuer mehr bezahlt werden muß. Unter dem Strich muß der betroffene Erbe/Beschenkte dennoch tief in die Tasche greifen.

Im Kapitel „Erbschaften im Ausland" finden Sie Hinweise, die gerade bei potentiellen Erbschaften in den Ländern befolgt werden sollten, in denen die Erbschaftsteuer besonders hoch ausfällt.

Generell gilt die Feststellung, daß Nichtverwandte oder sehr weit entfernte Verwandte besonders hoch besteuert werden und gerade in solchen Fällen (auch bei Lebensgefährten oder Lebensgefährtinnen) eine steuerlich günstigere Lösung gefunden werden muß.

Bei Erbschaften im Ausland können unter Umständen auch sonstige Steuern (z.B. die Wertzuwachssteuer in Spanien bei Grundstücken) fällig werden, die ein bedeutender Kostenfaktor sind und nicht auf die deutsche Erbschaftsteuer angerechnet werden. Dies wäre ein zusätzlicher Beweggrund, schon zu Lebzeiten eine steuerlich günstigere Regelung zu finden.

2. Erbschaft- und Schenkungsteuer in einzelnen Ländern

Frankreich: Die französische Erbschaftsteuer ist nicht unerheblich; in direkter Linie und unter Ehegatten beträgt sie zwischen 5 und 40% des Nachlaßwertes, in indirekter Linie und unter Nichtverwandten beträgt sie zwischen 35 und 60%. Die Schenkungsteuer unterliegt den gleichen Steuersätzen wie die Erbschaft.

Schweiz: Die Steuer wird nach kantonal unterschiedlichen Steuersätzen und Berechnungsnormen erhoben. In der Regel ist der Wert des Nachlasses und der Verwandtschaftsgrad maßgeblich. In manchen Kantonen sind überlebende Ehegatten steuerfrei. Bei einer Erbschaft in Höhe von Sfr. 220.000,– im Kanton Zürich z.B. beträgt der Steuersatz für Kinder 7%; Erben, die mit dem Erblasser nicht verwandt sind, bezahlen das Sechsfache dieses Betrages.

Österreich: Die Steuerklassen-Regelung ist ähnlich wie in Deutschland mit progressiven Tarifen (und Steuerklassen). Bei einem Nachlaß in Höhe von 1 Million Schilling beträgt der Steuersatz in der Steuerklasse I (Ehegatten, Kinder) 5%, in der höchsten Steuerklasse V (sonstige Erben) 26%. Bei einem Nachlaß über 60 Millionen Schilling beträgt der Steuersatz in der Steuerklasse V 60%, dagegen in der Steuerklasse I nur 15%.

Spanien: Ab 1988 richtet sich die spanische Erbschaftsteuer nicht nur nach dem Verwandtschaftsgrad und Nachlaß, sondern auch nach dem schon vorhandenen Vermögen des Erben. Hat der Erbe viel Vermögen, muß er für den gleichen Nachlaßwert mehr Steuern bezahlen als der Erbe, der weniger oder gar nichts besitzt.

Bei einem Vermögen in Höhe von 10 Millionen Peseten (ca. DM 150.000,–) beträgt der Steuersatz 11,48%. Ist der Erbe mit dem Erblasser nicht verwandt, so beträgt der Faktor, mit dem die errechnete Erbschaftsteuer multipliziert werden muß, bei einem Vermögen des Erben bis 50 Millionen Peseten 2,0. Bei einem schon vorhandenen Vermögen zwischen 250 Millionen und 500 Millionen Peseten würde der Faktor 2,2 betragen.

Italien: Bei einem Nachlaß in Höhe von 120 bis 200 Millionen Lire wird der gesamte Nachlaß mit 3% besteuert, zusätzlich bezahlen Geschwister und deren Abkömmlinge 6%; sonstige Verwandte bis zum 4. Grad für den Betrag zwischen 5 und 60 Millionen Lire 3% und für den Betrag über 60 bis 120 Millionen Lire 5%; sonstige Erwerber 6% für den Teil des Nachlasses über 50 bis 60 Millionen Lire, für den Teil des Nachlasses über 60 bis 120 Millionen Lire 8%.

Kanada: Erfreulicherweise werden in Kanada weder Erbschaft- noch Schenkungsteuern erhoben.

USA: Eine gravierende Verschlechterung für ausländische Immobilieneigentümer in den USA stellt die am 10.1.1988 in Kraft getretene Regelung „Technical and Miscellaneous Revenue Act of 1988“ (TAMRA) dar. Bei einem steuerpflichtigen Nachlaß von z.B. 500.000 US-Dollar beträgt der neue Erbschaftsteuersatz fast 30%, bei einem steuerpflichtigen Nachlaß von über drei Millionen US-Dollar beträgt der Steuersatz 55%. Deshalb sollte jeder ausländische Immobilieneigentümer in den USA überlegen, wie die US-Erbschaftsteuer vermieden werden kann.

Außerdem gibt es noch in verschiedenen US-Bundesstaaten Erbschaft- und Schenkungsteuern, die allerdings im allgemeinen auf die Bundessteuer angerechnet werden können. Insgesamt zeigt sich bei der Besteuerung von Immobilien in den USA ein sehr zwiespältiges Bild: Die Einkommensteuer auf die Erträge aus Immobilien fällt sehr niedrig aus, umso höher dagegen dann die Erbschaftsbesteuerung.

F. Steuerflucht ins Ausland

I. Kapitalanlage und Vermögensverwaltung über Treuhänder, Vermögenstrusts oder eigens dafür gegründete Auslandsfirmen

1. Weshalb ins Ausland?

Motiv dafür ist einerseits der Wunsch, Steuern zu vermeiden, andererseits der Wunsch nach Diskretion gegenüber potentiellen Erben, Familienangehörigen und Geschäftspartnern. Die tatsächlich bestehenden Möglichkeiten, diese Ziele legal zu erreichen, sind aber beschränkt.

Erträge aus einer Kapitalanlage im Ausland sind vom Anleger in aller Regel in Deutschland zu versteuern, wenn er seinen Wohnsitz in Deutschland hat und unbeschränkt einkommensteuerpflichtig ist.

Die Einschaltung einer Briefkastenfirma in einer Steueroase, die das Schwarzgeld sammelt und das Vermögen verwaltet, ändert an der Tatsache nichts, die Einschaltung der Briefkastenfirma stellt sogar einen Mißbrauchstatbestand nach § 42 Abgabenordnung dar.

Diskretion ist über Briefkastenfirmen oder Treuhänder, die Gelder und Immobilien im Namen des Treugebers verwalten, durchaus möglich. Da aber die Steuerpflicht für Kapitalerträge in Deutschland weiterhin besteht, ist der Steuerpflichtige verpflichtet, sein Vermögen und die Kapitalerträge daraus dem deutschen Finanzamt zu melden.

2. Steueroasen

Eine Steueroase ist ein Land, in dem keine oder nur geringfügige Einkommen- oder Körperschaftsteuern erhoben werden. Andorra, Liechtenstein, Monaco oder einzelne Kantone der Schweiz sind solche Oasenländer.

Natürlich hat der Fiskus von Hochsteuerländern ein scharfes Auge auf solche Bürger, die sich in oder über Steueroasenländer engagieren. Die Steuergesetzgebung aller Hochsteuerländer versucht mit mehr oder weniger Erfolg, die Zwischenschaltung von Firmen in Oasenländern so unattraktiv wie möglich zu machen.

Für Einkünfte aus Staaten, mit denen Deutschland keine Doppelbesteuerungsabkommen abgeschlossen hat (insbesondere Steueroasen), gilt das deutsche Welteinkommensprinzip, also Erklärungs- und Steuerpflicht in Deutschland. Allerdings sind die Erfassungsmöglichkeiten des deutschen Fiskus für die in Steueroasen erzielten Kapitalerträge (fast) gleich null. Dafür sorgen das jeweilige Bankgeheimnis und die Tatsache, daß die Behörden der Steueroasenländer (in ihrem ureigensten Interesse) keine Auskünfte erteilen.

Da die Steueroasen bei hohen Steuersätzen im eigenen Land nur ein geringes Steuereinkommen erzielen würden, bietet es sich zweifelsohne an, für ausländische Gelder attraktive Bedingungen zu schaffen. Wenn es dann noch ein funktionierendes Bankgeheimnis gibt, ist der Steuerhinterziehung Tür und Tor geöffnet. Banken und Treuhänder in der Steueroase verdienen mit den Gesellschaftsgründungen und der Verwaltung des Vermögens, die Steueroasen profitieren durch verschiedene Abgaben und Steuern, die verhältnismäßig niedrig sind. Irgendwelche Gegenleistungen dafür muß die Steueroase nicht erbringen, die ausländischen Gelder wurden anderswo verdient, hohe Investitionen für die Infrastruktur usw. sind nicht notwendig.

Ganz unschuldig sind die Hochsteuerländer an dieser Entwicklung nicht. Die Steuergesetze sind aufgrund ihrer Kompliziertheit für viele ein Buch mit sieben Siegeln, auch die Steuersätze bieten genügend Anlaß zur Kritik.

2.1 Die ideale Steueroase gibt es nicht

Wer über Steueroasen Gelder anlegen und verwalten will, sollte folgende Kriterien beachten:

- keine Steuern (weder Einkommen- noch Erbschaft- noch Körperschaftsteuer usw.),
- absolutes Bankgeheimnis,
- billige Gesellschaftsgründungen mit sehr niedrigem Stammkapital,
- Möglichkeit der Gründung von Trusts, Holdings und sonstiger Gesellschaftsformen,
- sehr gute Verkehrsanbindung, ausgezeichnete Kommunikationsmöglichkeiten,
- professionelle Vermögensverwaltung auf breiter Basis.
- keine zwischenstaatliche Amts- und Rechtshilfe.
- eventuell die Chance, sich in der Steueroase niederzulassen.

Eine Steueroase, die alle Punkte erfüllt, gibt es nicht. Der Privatanleger muß deshalb Prioritäten setzen. Wo und was der Anleger finden kann, ist dem Abschnitt „Finanzplätze, Anlageländer und Steueroasen“ zu entnehmen.

3. Risiken

Leider gibt es eine Vielzahl von unseriösen Beratern, die für gutes Geld die Vermittlung obskurer Auslandskonstruktionen offerieren mit dem Versprechen, so Steuern sparen zu können. So bieten zum Beispiel in der deutschen Presse sogenannte Schweizerische Treuhänder laufend an, für die Gründung einer Domizil- und Holding-Gesellschaft in einem steuergünstigen Schweizer Kanton zu sorgen. Für angeblich wenig Geld wird die Errichtung einer „steuerfreien“ englischen Limited Company angeboten, oder es werden Treuhandverwaltungen über „Firmenmäntel“ in Steueroasen wie Andorra, Liechtenstein, den Bahamas und den Cayman-Inseln offeriert.

Das Gemeinsame an all diesen Offerten: Der steuersparwillige Inländer muß zahlen, sei es für Honorare und Vermittlung, für die Gründung eines ausländischen Domizils oder für die sehr günstige und „diskrete“ Geldanlage.

Wenn es sich um Schwarzgelder handelt, braucht der ‚Berater' keine Anzeige wegen Betrug oder Untreue zu befürchten, weil ein Schwarzgeldanleger aus Angst vor Aufdekkung der eigenen Steuerhinterziehung eine Anzeige scheuen wird.

Ein Tessiner Betrüger hatte italienischen Fluchtgeldbesitzern 20% Zins auf das geborgte Kapital versprochen. Wenn dieser von den Anlegern auf Zahlung der Zinsen oder Rückzahlung der Gelder bedrängt wurde, erpreßte er diese mit der Drohung, Anzeige zu erstatten. Meist hatte diese Drohung Erfolg und der geprellte Fluchtgeldanleger schluckte den Verlust. Vor angeblichen Steuerfluchthelfern ist dringend zu warnen!

4. Gründung einer privaten Gesellschaft oder Holding

Üblicherweise werden Privatgesellschaften oder Holdings in Steueroasenländern überhaupt nicht oder nur sehr niedrig besteuert. Ein deutscher Steuerpflichtiger, der mit seiner Basisgesellschaft operiert, ist dem Finanzamt gegenüber „erhöht mitwirkungspflichtig“, er müßte seine Beteiligung und die über die Basisgesellschaft abgewickelten Geschäfte eigentlich offenlegen. Dies wird er aber aus naheliegenden Gründen nicht tun und für den Fiskus gibt es dann auch kaum Zugriffs- bzw. Erfassungsmöglichkeiten, wenn die Basisgesellschaft über einen Treuhänder gehalten wird. Damit sind wir steuerlich gesehen aber nicht mehr in der Grau-, sondern in der Schwarzzone.

Auch Holding-Gesellschaften werden gerne in Steueroasen gegründet. Eine Holding-Gesellschaft leitet und kontrolliert nur, darüberhinausgehende Tätigkeiten werden nicht ausgeübt. Die Holding-Gesellschaft hält meist einen maßgeblichen Anteil von Aktien von mehreren Gesellschaften.

Unter Einschaltung einer Holding-Gesellschaft kann etwa eine andere Gesellschaft bzw. deren Aktien übernommen werden, die wiederum im In- oder Ausland echte Aktivitäten entfaltet. Ist eine Holding-Gesellschaft in einem Niedrigsteuerland angesiedelt, so können die von ihr bezogenen Erträge, soweit sie direkt oder indirekt auf die (unbeschränkt steuerpflichtigen) Aktionäre der Holding fallen, der Zugriffsbesteuerung nach dem Außensteuergesetz unterliegen. Insgesamt läßt sich auch für Holding-Gesellschaften sagen, daß legale Steuersparmöglichkeiten selten möglich sind.

5. Gründung eines Vermögenstrust

Beim Vermögenstrust überträgt der Treugeber Vermögen auf den Treuhänder, der dieses verwaltet und die im Treuhandvertrag bestimmten Begünstigten auskehrt. Vielfach oder regelmäßig sind die Begünstigten sogleich auch mit dem Treugebern identisch. Um dieses zu kaschieren, wird eine Basisgesellschaft in einem Steueroasenland zwischengeschaltet.

Der Vermögenstrust ist als Rechtsinstitut in Deutschland unbekannt. Das deutsche Recht und auch das deutsche Steuerrecht akzeptiert den Trust, wenn er in einem Land (Commen-Law-Land) gegründet wurde, in dem dieses Institut anerkannt ist. Allerdings ist die steuerrechtliche Behandlung dieser Trusts in Deutschland sehr problematisch und bringt normalerweise keine legale Steuerersparnis mit sich. Als Trust-Domizil eignen sich die Kanal-Inseln, Gibraltar, die britischen Jungferninseln und die Cayman-Inseln.

6. Geldanlagen über Off-Shore-Gesellschaften

Gemeint sind Anlagegesellschaften, die ihren Sitz „Off-Shore“ also außerhalb von Steuerhoheitsgebieten haben, z.B. auf den Kanal-Inseln und Gibraltar. Die Kapitalerträge sind quellensteuerfrei. Eine Erklärungspflicht besteht aber im jeweiligen Wohnsitzstaat des Empfängers der Kapitalerträge. Da es keinen Informationsaustausch mit den ausländischen Fiskalbehörden gibt bleiben diese Kapitalerträge meist steuerfrei.

Die Werbung der Off-Shore-Gesellschaften speziell in Südeuropa konzentriert sich auf dort ansässige Pensionäre und Ruheständler. Nach dem Beginn des Ruhestands haben sie alles verkauft, die Verkaufserlöse werden dann bei den Off-Shore-Gesellschaften steuerfrei angelegt. Diese Anleger müßten aber ihre Zinserträge – falls sie nicht in eine Steueroase gezogen sind – versteuern. Sie tun dies nicht, sondern beschränken sich darauf, den Behörden gegenüber auf eine meist relativ bescheidene Pension zu verweisen, von der sie leben.

Das einzige Risiko bei Beteiligungen an solchen Gesellschaften liegt in der Bonität und Seriosität des jeweiligen Partners. Eine öffentliche Kontrolle in unserem Sinne existiert in diesen Gebieten nicht. Keinesfalls sollte man sich mit Newcomern einlassen, sondern den Repräsentanten einer eingeführten und seit vielen Jahren tätigen Bank ansprechen.

7. De-facto-Steueroasen

Dabei handelt es sich eigentlich um Hochsteuerländer, in denen aber aufgrund der Laxheit der Steuerbehörden nur ein sehr geringer Teil der Einkünfte versteuert werden muß und die Steuerpflichtigen dadurch sehr viel Steuern sparen können. Dies trifft insbesondere zu auf die freien Berufe, die den größten Spielraum haben.

In dieser Hinsicht sind Spanien und Italien typisch. In Italien haben die freien Berufe nach der offiziellen Statistik geringere Einkünfte als die Arbeitnehmer. Obwohl der Steuerschwindel offensichtlich ist, wird dies von den dortigen Behörden hingenommen.

II. Das deutsche Finanzamt

Bei Auslandskontakten von Steuerpflichtigen kann das deutsche Finanzamt seiner Aufklärungspflicht nicht oder nur sehr schwer nachkommen. Deshalb wird über zwischenstaatliche Amts- und Rechtshilfe versucht, bei ausländischen Behörden Informationen zu bekommen, die sich das Finanzamt nicht selbst besorgen kann. Dazu gibt es ein „Merkblatt zur zwischenstaatlichen Amtshilfe bei der Steuererhebung (Beitreibung)“, siehe S. 220 ff. im Anhang.

Rechtsgrundlagen für den zwischenstaatlichen Auskunftsverkehr sind zahlreiche Doppelbesteuerungsabkommen, das EG-Amtshilfe-Gesetz und verschiedene Amts- und Rechtshilfeverträge und Verwaltungsvereinbarungen.

Auch hier unterscheiden sich Theorie und Praxis. Sehr gut funktioniert der Informationsaustausch mit den USA, Österreich, Schweden, Frankreich und Dänemark. Auch Kanada ist kooperativ. Es gibt aber auch Länder, mit denen kein Informationsaustausch stattfindet, obwohl in den Doppelbesteuerungsabkommen Auskunftsklauseln enthalten sind.

Bei den meisten südlichen Ländern herrscht fast nur Funkstille. Langfristig wird sich das wohl ändern, da der Einsatz der EDV den Zugriff auf die vorhandenen Daten sehr viel leichter gestaltet. Auch dürften in einem europäischen Binnenmarkt Informationsgrenzen mehr und mehr entfallen. Die Kenntnisse über Auslandsbeziehungen des Steuerpflichtigen resultieren daraus, daß

- bei der Einreise nach Deutschland an der Grenze Kontoauszüge der ausländischen Bank im Handschuhfach gefunden werden,
- Anschriften von Anlegern bei einer in Pleite gegangenen „Kapitalanlage“-Firma entdeckt werden,
- ein aufwendiger Lebensstil beobachtet wird, der in einem krassen Mißverhältnis zu dem im Inland deklarierten Einkommen steht,
- die Steuerfahndung über Verkaufsinserate von Yachten oder Immobilien auf den Steuerpflichtigen aufmerksam wird.

Die Ermittlungen konzentrieren sich dann regelmäßig auf die Fragestellungen:

a) Handelt es sich um Schwarzgeld?
b) Wurden Kapitalerträge versteuert und wurde die Vermögensteuer bezahlt?

Zu a)

Wenn es wahrscheinlich ist, daß im Ausland angelegtes Geld aus nicht versteuerten Quellen stammt, so wird in der Regel ein Steuerermittlungs- bzw. Steuerstrafverfahren gegen die Betroffenen eröffnet. Dann ist es höchste Zeit, einen Anwalt zu konsultieren.

Zu b)

Zu prüfen ist zunächst, ob nicht durch ein Doppelbesteuerungsabkommen diese Kapitalerträge nur im Ausland zu versteuern sind. Welchen Ertrag eine Auslandsanlage erzielt hat, ist für das deutsche Finanzamt nur schwer zu überprüfen.

In dieser Situation wird das Finanzamt versuchen, im jeweiligen Ausland bei den Behörden Informationen zu bekommen. Darüber hinaus hilft dem Finanzamt § 90 Abs. 2 der Abgabenordnung, wonach den Steuerpflichtigen für Vorgänge im Ausland eine erhöhte Mitwirkungs- und Beweispflicht trifft. Kommt der Steuerpflichtige dieser Pflicht nicht nach, kann das Finanzamt die Einkünfte schätzen. Wer Gelder von seiner Firma ins Ausland transferiert, muß darlegen, ob den Aufwendungen tatsächlich betriebliche Vorgänge zugrundeliegen. Die Mitwirkungspflicht geht laut Bundesfinanzhof so weit, daß der Steuerpflichtige mitteilen muß, wer diese Gesellschaft tatsächlich beherrscht. Falls der Sachverhalt nicht aufgeklärt wird, kann das Finanzamt davon ausgehen, daß für die geltend gemachten Aufwendungen eine betriebliche Veranlassung fehlt (Bundesfinanzhof, Beschluß vom 9.7.1986 I B 36 aus 86).

In einem konkreten Fall erwarb ein deutcher Unternehmer die Rechte für ein Haus-Programm von einer Liechtensteiner Firma. Hohe Lizenzgebühren flossen nach Vaduz. Außerdem vergab die Liechtensteiner Firma Darlehen an den Unternehmer, Zinsen und Tilgung flossen nach Vaduz. Der Bundesgerichtshof hat den Abzug als Betriebsausgabe nicht anerkannt mit der Begründung, der deutsche Unternehmer (Steuerpflichtige) müsse durch umfassende Aufklärung Beweise liefern, daß weder er selbst noch eine ihm nahestehende Person hinter dieser Liechtensteiner Firma steckt.

Es ist überhaupt verdächtig, falls ein inländischer Steuerpfichtiger für seine eigene Firma im Ausland einen Kredit aufgenommen hat, ohne eine Sicherheit zu leisten. Das Finanzamt wird nachforschen, ob der Kredit aus dem Ausland von einer Firma kommt, die dem Steuerpflichtigen gehört. Denn nur der Steuerpflichtige selbst wird sich einen Kredit ohne Sicherheit geben. Die Ausrede, man habe das Geld gerade im Kasino gewonnen, wird nur in einem Fernsehfilm Heiterkeit erzeugen.

III. Die Antwort der Bundesregierung auf die große Anfrage der SPD im Jahr 1986 zum Thema Steuerflucht (Drucksache 10/55 62)

Aus dieser immer noch aktuellen Antwort der Bundesregierung folgen Auszüge, die speziell private Anleger betreffen. Der überwiegende Teil der Anfrage befaßt sich mit der Steuerflucht von Unternehmen, da diese mit ihren Fachleuten und Tochtergesellschaften im Ausland leichteres Spiel bei der Steuerhinterziehung haben.

Vorübergehend erreichte die Steuerflucht wegen der angekündigten Quellensteuer neue Rekordmarken. Aber auch nach der Abschaffung der Quellensteuer wird es künftig Steuerflüchtige geben, die sich dort niederlassen, wo keine oder nur sehr geringe Steuern zu bezahlen sind und ihr Geld in den Ländern anlegen, die keine Amtshilfe mit deutschen Finanzbehörden vereinbart haben.

Die Antwort der Bundesregierung geht sehr detailliert auf die Umgehungsmöglichkeiten ein, so daß die von Fachleuten geäußerte Meinung, die Antwort stelle eine Anleitung zur Steuerflucht dar, durchaus zutreffend ist.

Frage: Trifft es zu, daß – wie in Fachzeitschriften behauptet wird – vor allem im Bereich der ausländischen Vermögensverwaltungsgesellschaften die betroffenen Steuerinländer eher die Grauzone der Steuerhinterziehung in Kauf nehmen als die für eine Beurteilung der Anwendung des Außensteuergesetzes erforderlichen Angaben gegenüber den Finanzämtern zu offenbaren?

Antwort: Die Zahl der aufgedeckten Vermögensverwaltungsgesellschaften ist auffallend niedrig; immer wieder werden Fälle angetroffen, in denen Steuerinländer Vermögenserträge über das Ausland der deutschen Besteuerung entziehen, sei es unter Einschaltung von Vermögensverwaltungsgesellschaften oder einfach durch Täuschung der deutschen Finanzverwaltung (z.B. durch das Halten von Vermögenswerten auf ausländischen Konten). Dies läßt erkennen, daß sich Steuerpflichtige teilweise in der in der Frage angegebenen Weise verhalten.

Frage: Trifft es zu, daß gerade im Bereich der ausländischen Vermögensverwaltungsgesellschaften das mit dem Außensteuergesetz angestrebte Ziel nicht erreicht worden ist und daß die Erfassungsschwierigkeiten der Finanzverwaltung heute noch genauso groß sind wie vor dem Jahr 1972?

Antwort: Das Außensteuergesetz hat sein Ziel erreicht, im Bereich der ausländischen Vermögensverwaltungsgesellschaften rechtliche Möglichkeiten für ungerechtfertigte Steuervorteile zu beseitigen. Ferner wurden die Erfassungsschwierigkeiten der Finanzverwaltung vermindert, indem die erweiterte Mitwirkungspflicht bei Auslandsbeziehungen nach § 90 Abs. 2 Abgabenordnung, die Meldepflicht in § 18 Abs. 2 Abgabenordnung sowie die Bestimungen der §§ 16 und 17 Außensteuergesetz eingeführt wurden. Gleichwohl sind die Ermittlungsschwierigkeiten der Finanzverwaltung heute noch erheblich, zumal Niedrigsteuerländer es ablehnen, im Wege der Amtshilfe zur Aufklärung beizutragen. Außerdem werden Personen, die zur Verkürzung von Steuern entschlossen sind, oft die ihnen rechtlich obliegenden Mitwirkungspflichten nicht erfüllen. Hier liegt eine für die Finanzverwaltung kaum zu überwindende Grenze. Die Finanzverwaltung bemüht sich aber auch hier um weitere Fortschritte, vor allem durch den internationalen Austausch von Auskünften ohne Ersuchen bei Gewinnumleitungen über Niedrigsteuerländer (vgl. § 2 Abs. 2 Nr. 2 EG-Amtshilfegesetz). Sie steht hierüber im internationalen Erfahrungsaustausch, insbesondere in der OECD, der EG und der sog. Vierergruppe (Erfahrungsaustausch der Steuerverwaltungen der Bundesrepublik Deutschland, Frankreichs, Großbritanniens und der USA).

Frage: Welche Erfahrungen hat die Bundesregierung mit der Anwendung der bestehenden Regelungen gesammelt?

Antwort: Die Abwanderung hat sich auf Personenkreise verlagert, die nach der Auswanderung ihre Wirtschaftsinteressen in der Bundesrepublik Deutschland weitgehend abbrechen können (Beispiel: hochverdienende Sportler). Die Zahl der Länder, die für steuerlich motivierte Abwanderungen in Frage kommen, hat sich stark erhöht. Die Folgerungen hieraus werden bei den Überlegungen für die Neufassung des Außensteuergesetzes zu berücksichtigen sein.

Frage: Bestehen nach Auffassung der Bundesregierung verfassungsrechtliche Bedenken dagegen, in typischen Steuerfluchtfällen (z.B. Wohnsitzverlagerung in einen niedrig besteuernden ausländischen Staat, in dem sich nicht der arbeitsmäßige Lebensmittelpunkt befindet), deutsche Staatsangehörige – ggf. beschränkt auf einen gewissen Zeitraum – weiterhin der unbeschränkten Einkommensteuerpflicht zu unterwerfen, und ist der Bundesregierung bekannt, daß in anderen Staaten (z.B. USA) die unbeschränkte Steuerpflicht sich ohnehin nach dem Nationalitätsprinzip richtet?

Antwort: Verfassungsrechtliche Überlegungen führten bei der Einführung des Außensteuergesetzes dazu, die unbeschränkte Steuerpflicht auf die ersten zehn Jahre nach der Auswanderung nicht zu verlängern, sondern lediglich die beschränkte Steuerpflicht zu erweitern. In der Zwischenzeit ist auf einem Teilgebiet, nämlich der Erbschaft- und Schenkungsteuer, die unbeschränkte Steuerpflicht ausgedehnt worden (Hinweis auf § 2 Abs. 1 Nr. 1 Buchstabe b Erbschaftsteuergesetz). Bei der Überprüfung des Außensteuergesetzes wird auch dieser Komplex neu zu überdenken sein. Hierbei werden aber die bereits bei der Einführung des Außensteuergesetzes bekannten Schwierigkeiten für eine verlängerte unbeschränkte Steuerpflicht (z.B. Schwierigkeit der Abgrenzung typischer Steuerfluchtfälle, Unmöglichkeit der Vollstreckung bei Steuerpflichtigen ohne deutsches Vermögen) nicht vernachlässigt werden können.

Frage: Welche besonderen Ermittlungsmöglichkeiten stehen der deutschen Finanzverwaltung für die Ermittlung des bei Auslandsbeziehungen realisierten Sachverhalts zur Verfügung?

Antwort: Der deutschen Finanzverwaltung stehen für die Ermittlung des bei Auslandsbeziehungen verwirklichten Sachverhalts zur Verfügung

- die allgemeinen Ermittlungsvorschriften der Abgabenordnung, die eine umfassende Aufklärung des im Inland verwirklichten Steuersachverhalts ermöglichen; eine besondere Rolle spielt hierbei § 160 Abgabenordnung (Abzugsverbot bei fehlender Benennung von Zahlungsempfängern und Darlehensgläubigern);
- die erweiterte Mitwirkungspflicht des Steuerpflichtigen bei internationalen Beziehungen nach § 90 Abs. 2 Abgabenordnung, die ergänzt wird durch Sondervorschriften in den §§ 16 und 17 Außensteuergesetz.
- die Inanspruchnahme internationaler Amtshilfe aufgrund bestehender internationaler Vereinbarungen, des EG-Amtshilfegesetzes sowie des § 117 Abs. 1 Abgabenordnung;
- die Inanspruchnahme internationaler Rechtshilfe über die Justizbehörden im Steuerstrafverfahren – soweit zugelassen – im Rahmen des internationalen Rechtshilfe-Gesetzes sowie bestehender internationaler Vereinbarungen.

Frage: Ist die Bundesregierung der Auffassung, daß die vorhandenen Ermittlungsmöglichkeiten der deutschen Finanzverwaltung zur Aufklärung und Bekämpfung der internationalen Steuerflucht ausreichen?

Antwort: Die eigenen Ermittlungsmöglichkeiten der deutschen Finanzverwaltung reichen zur Aufklärung und zur Bekämpfung der internationalen Steuerflucht nicht aus. Sie müssen ergänzt werden durch die Nutzung der Ermittlungsmöglichkeiten ausländischer Finanzverwaltungen, wie sie im Amts- und Rechtshilfeverkehr gegeben sind. Auch dies reicht aber oft nicht aus, weil ausländische Steuerverwaltungen u.U. nicht zur Auskunftserteilung bereit oder nicht in der Lage sind. Darüber hinaus muß der Auskunftsaustausch ohne Ersuchen erweitert werden, da viele Formen der internationalen Steuerausweichung anders nicht aufzudecken sind. Der Bundesminister der Finanzen hat dazu dem Finanzausschuß des Deutschen Bundestages am 2. Dezember 1985 die Aufzeichnung „Der internationale Amts- und Rechtshilfeverkehr in Steuersachen“ zugeleitet.

Zur weiteren Verbesserung der internationalen Zusammenarbeit wird demnächst in der Botschaft der Bundesrepublik Deutschland in Washington eine Stelle mit besonderen Zuständigkeiten für Steuerfragen eingerichtet; diese Maßnahme wird die Zusammenarbeit der deutschen Finanzverwaltung mit den Finanzverwaltungen der USA und Kanada weiter stärken.

Frage: Kann nach Auffassung der Bundesregierung eine Intensivierung der internationalen Amts- und Rechtshilfe in Steuersachen der Aufklärung und Verhinderung von Steuervermeidung, Steuerumgehung und Steuerhinterziehung dienen?

Antwort: Ja.

Frage: Wie viele Aukunftsersuchen haben deutsche Steuerbehörden in den Jahren 1983, 1984 und 1985 an ausländische Staaten gerichtet, und wie vielen Auskunftsersuchen wurden in diesen Jahren entsprochen (bitte für die einzelnen ausländischen Staaten getrennt angeben)?

Antwort: Die Entwicklung zeigen die folgenden Zahlen. Ersuchen, denen nicht nachgegeben wurde, sind nicht gestellt worden.

	1983	1984	1985
EG Staaten	67	67	52
sonstige europäische Staaten	5	5	5
nicht europäische Staaten	23	28	25
	95	100	82

Eine Aufgliederung wurde nur nach Staatengruppen, nicht nach einzelnen Staaten vorgenommen, da eine Zustimmung einzelner Staaten zur Angabe der sie betreffenden Zahlen nicht vorliegt.

Frage: Trifft es zu, daß folgende steuerlich relevante Fallgestaltungen oft nur durch internationale Zusammenarbeit der Finanzbehörden aufgedeckt werden können:

a) Beteiligungen von Steuerinländern an Basisgesellschaften über verdeckte Treuhänder,
b) Einschaltung einer Gesellschaft in einem hoch besteuernden ausländischen Staat zwischen Steuerinländern und Basisgesellschaft in einem Niedrigsteuerland,
c) Errichtung einer inländischen Betriebsstätte (z.B. Exportvertretung) durch ein ausländisches Unternehmen,

und welche speziellen Maßnahmen hat die Bundesregierung insoweit ergriffen?

Antwort: Die Bundesregierung steht wegen der erfolgreichen Erfassung und des Aufgreifens derartiger Verlagerungsfälle mit den Finanzbehörden mehrerer ausländischer Staaten in Verbindung und behandelt die Fragen insbesondere auch im OECD-Steuerausschuß und der sog. Vierergruppe (vgl. Antwort zu Frage I.11). Andere ausländische Staaten haben jedoch noch keine zentralen Informationsstellen über Auslandsbeziehungen, wie sie die deutsche Finanzverwaltung im Bundesamt für Finanzen unterhält.

G. Die fehlgeschlagene Kapitalanlage

I. Die böse Überraschung

Es gibt mehrere Indizien dafür, daß eine Investition zum Fehlschlag wird. Bei geplanten Projekten schiebt sich der Beginn immer wieder hinaus bzw. das Projekt gerät schon in der Anfangsphase ins Stocken. In anderen Fällen kommt die sogenannte Garantie-Rendite nicht regelmäßig, nur zum Teil oder überhaupt nicht. Der Kapitalanleger wird immer wieder mit dem Hinweis getröstet, daß die aktuellen Probleme nur vorübergehender Natur seien und sich der Kapitalanleger keine Sorgen machen müsse. In dieser Situation wird mancher Kapitalanleger lieber den Beteuerungen der Vermittler glauben als sich mit dem Gedanken vertraut machen, daß sein investiertes Geld in höchster Gefahr schwebt oder schon verloren ist. Der Anleger mag noch darauf hoffen, daß sich alles zum Guten wendet und sich sogar bereiterklären, zusätzliches Geld zu investieren.

Der Traum vom schnellen Reichtum wird aber spätestens dann zerstört, wenn sich die Kriminalpolizei meldet (siehe S. 194). Der angeschriebene Kapitalanleger hatte sich über eine Firma an (nicht existierenden) Goldminen beteiligt, der Schaden bei diesem Schwindel soll in die Millionen gehen. Das Landeskriminalamt verlangte von den Geschädigten, daß diese bei den Ermittlungen helfen. Diese haben aber oftmals „erstaunliche" Gedächtnislücken, wenn Schwarzgeld investiert wurde, ein anderer Grund mag die Furcht vor der Blamage sein, auf Betrüger hereingefallen zu sein.

Schreiben des Landeskriminalamtes Baden-Württemberg vom 13.5.1987

LANDESKRIMINALAMT BADEN-WÜRTTEMBERG

Landeskriminalamt Baden-Württemberg · Postfach 50 07 99 · 7000 Stuttgart 50

Stuttgart, den

Fernsprecher
Durchwahl (07 11) 50 60-

Geschäftszeichen:
(Bitte bei Antwort angeben)

Betreff: Ermittlungsverfahren gegen die Verantwortlichen der Firma
a. wegen Verdachts des Betruges

Anlage: 1 Fragenkatalog (2 Blatt)

Sehr geehrte Damen und Herren,

die Staatsanwaltschaft Mannheim führt unter Az: ein Ermittlungsverfahren gegen die im Betreff Genannten.
Mit der Durchführung der Ermittlungen wurde das Landeskriminalamt Baden-Württemberg beauftragt.
Die Verantwortlichen stehen im Verdacht, Beteiligungen über Schweizer Firmen an nicht existierenden Goldminen bzw. an Goldminen, die nicht wie im Anlageprospekt beschrieben werthaltig sind, vertrieben zu haben. Rendite- oder Gewinnzahlungen sind bis heute ausgeblieben. Ferner wurde über die Firma ein Geldsparplan (GSP) vertrieben, der entgegen den Zusagen nicht abgesichert war.
Aus hier vorliegenden Unterlagen geht hervor, daß auch Sie sich für eine Kapitalanlage interessiert und Geld angelegt haben.
Sie werden deshalb gebeten, den angeschlossenen Fragekatalog auf einem gesonderten Blatt sorgfältig zu beantworten und unter Angabe Ihrer Personalien hiesiger Dienststelle zuzusenden.
Vorsorglich wird darauf hingewiesen, daß Sie nach § 161a StPO vor der Staatsanwaltschaft aussagepflichtiger Zeuge sind.

Dienstgebäude: Taubenheimstr. 85 · Fernsprecher Vermittlung (07 11) 50 60-1 · Telex 7 254 777

Der Fragenkatalog zu diesem Schreiben

FRAGENKATALOG

Familienname, Vorname, Geburtsdatum, Beruf, Wohnanschrift

1. Wie wurden Sie auf die Firma (XYZ) aufmerksam?
2. An welcher Anlageform waren Sie interessiert?
3. Wer war Ihr Ansprechpartner?
4. Welche Unterlagen wurden vorgezeigt?
5. Kam es zum Vertragsabschluß?
6. Fühlten Sie sich zum Abschluß gedrängt, etwa dadurch, daß behauptet wurde, es stehe ein nur begrenztes Kontingent zur Verfügung?
7. Wie hoch ist der Betrag?
8. Wie bzw. wohin wurde überwiesen (Belege!)?
9. Wurde die Rendite/der Gewinn tatsächlich wie zugesagt ausbezahlt?
10. Welche Gründe wurden angegeben, daß nicht ausgezahlt wurde/wird?
11. Von wem?

Bei Anlage GOLDMINEN

12. Waren Sie bei der Tagung in (XYZ)?
13. Wie war Ihr Eindruck?
14. Wer waren die Redner?
15. Glauben Sie an das Bestehen der Minen und den angegebenen Goldinhalt?
16. Wurden Bilanzen oder Status vorgezeigt, um die Verwendung der Anlegergelder zu belegen?
17. Wurden Rechungen über die Anschaffung von Geräten vorgezeigt?
18. Bekamen Sie bei der Tagung Geld ausbezahlt?
19. Von wem, wieviel?
20. Wie hoch ist somit die Rendite/Gewinn?
21. Bestätigen die Schreiben Dr. , den Glauben an die ursprüngliche Rendite/Gewinnzahlung?
22. Erhielten Sie Kenntnis von einer Vertragsänderung hinsichtlich der Rendite oder Exploration?
23. Waren Sie mit einer Vertragsänderung einverstanden?
24. An welcher Mine wollten Sie sich beteiligen?
25. Sind die mit der Verwendung Ihrer Gelder zur Exploration anderer Minen einverstanden, beispielsweise in Kanada?
26. Gegebenenfalls von wem wurde dies vorgeschlagen?
    Wurde darüber ein gesonderter Vertrag aufgesetzt und unterzeichnet?
27. Wie sehen Sie das Ausbleiben der Rendite?
28. Haben Sie sich entschlossen, die Aktien zum Rückkauf anzubieten?
29. Rechnen Sie gemäß der Zusage im Prospekt mit der Rücknahme der Aktien und der Rückerstattung Ihres Kapitals?

Fortsetzung nächste Seite

Fortsetzung des Fragenkatalogs

Bei Anlage GELDSPARPLAN

30. Hätten Sie auch angelegt, wenn bei der Anlage in GSP keine entsprechende Absicherung angeboten wurde?
31. Wie bedeutungsvoll war die Aussage, daß das angelegte Geld durch Sicherheit des (XYZ) abgedeckt war?
32. Hätten Sie auch abgeschlossen, wenn Sie gewußt hätten, daß keine Sicherheiten vorhanden sind?
33. Wurde die Rendite nur gebucht, oder tatsächlich ausbezahlt?
34. Waren für die Anlage die Schreiben von Bache Securities, Rotterdam, Amro Bank, Rotterdam, Banque Indosnez, usw. für die Anlage ausschlaggebend?
35. Haben Sie von Ihrem Kündigungsrecht Gebrauch gemacht?
36. Haben Sie nach Kündigung Ihre Anteile erstattet bekommen?
37. Inwieweit war das Prospektmaterial für Ihre Anlage ausschlaggebend?
38. Gingen Sie von der Wahrheit der Angaben im Prospekt aus?
39. Stimmten die angegebenen Zahlen mit dem tatsächlichen Gebaren überein?
40. Wer war/ist Ihrer Meinung nach der Hauptverantwortliche/Initiator des Ganzen?
41. Fühlen Sie sich betrügerisch geschädigt, wenn ja warum?
42. Haben Sie den Sachverhalt bereits bei einer Polizeidienststelle angezeigt? Wenn ja, Tagebuch-Nr., Az., Dienststelle.

II. Was tun?

In dieser Situation bleibt nichts anderes übrig, als einen versierten Berater einzuschalten, der Erfahrung mit fehlgeschlagenen Kapitalanlagen hat und auch unter steuerlichen Gesichtspunkten dem Betroffenen weiterhelfen kann. Die nächsten beiden Abschnitte („Richtiges Verhalten im Schadensfall“ und „Check-Liste zur Bestandsaufnahme für zivilrechtliche Schadenersatzansprüche“) geben Ratschläge und Orientierungshilfen im Fall des Falles.

Der Betroffene muß den Fragebogen nicht ausfüllen und kann abwarten, wie das Landeskriminalamt und die Staatsanwaltschaft darauf reagieren. Es besteht nur die Pflicht, vor der Staatsanwaltschaft auszusagen, nicht aber vor der Polizei.

Außerdem besteht ein Auskunftsverweigerungsrecht auch vor der Staatsanwaltschaft bei solchen Fragen, deren Beantwortung den Betroffenen oder einen Angehörigen in Gefahr bringen könnte, wegen einer Straftat oder einer Ordnungswidrigkeit verfolgt zu werden (z.B. wegen Steuerhinterziehung). Man muß davon ausgehen, daß aufgrund der gefundenen Unterlagen die betroffenen Anleger vom Finanzamt und der Steuerfahndung überprüft werden, ob sie für die Kapitalanlage Schwarzgeld verwendet haben.

Das bittere Ende für den Kapitalanleger: Das investierte Geld ist sehr wahrscheinlich verloren, unter Umständen drohen noch Probleme mit der Steuerfahndung.

III. Richtiges Verhalten im Schadensfall

1. Den Schaden gering halten

Wenn es Anzeichen dafür gibt, daß eine geplante und schon teilweise getätigte Geldanlage ein Fiasko wird, sollten Sie keine weiteren Zahlungen mehr leisten. Warten Sie zumindest vorläufig ab, wie sich die Lage entwickelt.

Regelmäßig besteht das Problem, daß die Verträge nur eine langfristige Kündigungsmöglichkeit vorsehen und Sie deshalb vertraglich verpflichtet sind, die noch fehlende Resteinlage zu erbringen. Zögern Sie diese Zahlungen aber möglichst lange hinaus, bzw. stellen Sie Ihre Zahlung ganz ein, bei einer Pleite ist unter Umständen nicht einmal Geld vorhanden, um gegen Sie einen Prozeß wegen der fehlenden Resteinlagen zu führen. Im übrigen wird es meist auch haftungsrechtliche Verteidigungsmöglichkeiten geben.

2. Unterlagen sammeln

Stellen Sie eine Dokumentation zusammen, in der die einzelnen Verträge (z.B. Treuhandvertrag, Gesellschaftsvertrag), Prospekte, Gutachten, Empfehlungsschreiben und der gesamte Schriftverkehr enthalten sind. Falls diese Unterlagen nicht vorliegen, müssen Sie sich diese möglichst schnell besorgen. Vorteilhaft kann es außerdem sein, wenn Sie irgendwelche Zeugen für die Beratungsgespräche benennen können.

3. Bestandsaufnahme mit einer Check-Liste

Benützen Sie die Check-Liste auf S. 200 zur Bestandsaufnahme der zivilrechtlichen Ansprüche. Diese Check-Liste soll einen Überblick über die Voraussetzungen geben, die für zivilrechtliche Schadensersatzansprüche gegenüber Vermittlern, Vertriebsfirmen, Initiatoren und Beratern von Bedeutung sind. Die endgültige Beurteilung eines Anspruchs auf Schadensersatz und etwa entgangene Gewinne muß Fachleuten überlassen werden.

4. Beratungskosten niedrig halten

Bei sich abzeichnenden oder bereits eingetretenen Verlusten ist es unumgänglich, einen versierten Berater einzuschalten. Halten Sie die dafür entstehenden Kosten möglichst niedrig!

Vorteilhaft ist die Deckungszusage einer Rechtsschutzversicherung für die Übernahme der Kosten bei der Durchsetzung von Schadensersatzansprüchen. Die Rechtsschutzversicherung wird aber stets versuchen, sich vor der Übernahme der Kosten zu drücken. Lassen Sie sich von einer Absage der Rechtsschutzversicherung nicht allzu sehr beeindrukken. Sie haben nämlich als Versicherungsnehmer das Recht, einen Rechtsanwalt auf Kosten der Versicherung zu veranlassen, eine begründete Stellungnahme darüber abzugeben, ob die Wahrnehmung Ihrer Interessen hinreichende Aussicht auf Erfolg bietet und nicht mutwillig erscheint. Die Entscheidung des Rechtsanwaltes ist bindend, es sei denn, daß sie offenbar von der wirklichen Sach- oder Rechtslage erheblich abweicht.

Eine Stellungnahme ist natürlich dann fehl am Platz, wenn Sie nur Verkehrsrechtsschutz besitzen. In einem solchen Fall erhalten Sie für einen Kapitalanlageprozeß keinen Rechtsschutz. Außerdem muß das schadenauslösende Ereignis in die Zeit nach Beginn des Versicherungsschutzes fallen. Manchmal wird die Rechtsschutzversicherung versuchen, das schadenauslösende Ereignis in die vorvertragliche Zeit zu verlegen.

Besondere Beachtung verdient § 4 der allgemeinen Bedingungen für die Rechtsschutzversicherung, nach dem sich der Versicherungsschutz nicht auf die Wahrnehmung rechtlicher Interessen bezieht, die in unmittelbarem Zusammenhang mit der Planung, Errichtung oder genehmigungspflichtigen baulichen Veränderung eines im Eigentum oder Besitz des Versicherungsnehmers befindlichen oder von diesem zu erwerbenden Grundstücks, Gebäudes oder Gebäudeteils stehen. Aber auch in solchen Fällen gibt es Ausnahmen, in denen die Rechtsschutzversicherung Kosten übernehmen muß.

5. Das finanzielle Risiko eines Prozesses

Wenn die tatsächlichen und rechtlichen Voraussetzungen für einen Schadensersatzanspruch gegeben sind, muß geklärt werden, welche Kosten bei einem Prozeß auf den Anleger zukommen. Die Gegenseite dürfte normalerweise keine Bereitschaft zu einem außergerichtlichen Vergleich zeigen, da ja oftmals nicht nur der jeweilige Einzelfall, sondern auch die Schadensersatzansprüche aller Geschädigten in gleich gelagerten Fällen zur Debatte stehen.

Schadensersatz ist deshalb – wenn überhaupt – nur durch einen gerichtlichen Streit zu erlangen. Muß im Ausland prozessiert werden, sind die Kosten im allgemeinen noch höher und die Erfolgsaussichten geringer.

Das Kostenrisiko kann darin bestehen, daß entweder der Prozeß zwar gewonnen wird, beim Gegner aber nichts zu holen ist, oder der Prozeß verlorengeht und neben den eigenen auch noch die Kosten des Gegners zu zahlen sind.

Ist das investierte Geld im Ausland verschwunden, sind deshalb Prozesse sinnlos, auch wenn die rechtliche Beurteilung der Schadensersatzansprüche sehr günstig ausfällt. In solchen Fällen ist Schadensersatz nur dann in Sicht, wenn z.B. eine deutsche Bank oder ein Steuerberater oder Wirtschaftsprüfer verwickelt ist und in Anspruch genommen werden kann.

6. Vorsicht vor Sanierern

Bei vielen Zusammenbrüchen von Kapitalanlage-Firmen treten „Sanierer" auf, die gegen Zahlung Rettung versprechen. In den allermeisten Fällen ist aber eine Sanierung nicht mehr möglich, weil diese zu teuer wäre. Für Sie entstehen also nur Kosten, die Sie vermeiden sollten.

Oftmals engagieren sich auch wohlmeinende Mitopfer, die sich für das Wohl der Geschädigten einsetzen wollen. Es werden dann Interessengemeinschaften gegründet oder Versammlungen in zentral gelegenen Städten einberufen. Diese gut gemeinten Aktivitäten sind sinnlos, wenn die wirtschaftlichen Realitäten außer acht gelassen werden. Interessengemeinschaften benötigen Geld und scheitern früher oder später an den fehlenden finanziellen Mitteln.

7. Vorsicht vor Pleitehelfern

Bei allen großen Pleiten wollen dubiose Firmen ein Folgegeschäft machen. Ein beliebter Trick ist die Inzahlungnahme von wertlosen Anteilen gegen wertlose Wüstengrundstükke oder sonstige überteuerte Immobilien unter der Bedingung, daß mindestens 50% in bar bezahlt werden.

8. Lernen Sie aus Ihrem Fehler

Es geht hier nicht um den moralischen Zeigefinger. Wie die Praxis zeigt, besteht die Wahrscheinlichkeit, daß derselbe Fehler noch einmal gemacht wird, dubiose Kapitalanlagen zu zeichnen. Dies zeigt sich z.B. am lebhaften Handel mit den Anschriften von IOS-Geschädigten. Versuchen Sie nicht, über zusätzliche und vermeintlich sehr gewinnträchtige riskante Geschäfte die Verluste wieder auszugleichen.

IV. Check-Liste zur Bestandsaufnahme für zivilrechtliche Schadensersatzansprüche

1. Anspruchsgegner

- Wer hat mich zur Kapitalanlage veranlaßt, wer hat mich beraten, wer hat mir die Kapitalanlage empfohlen?

Anlageberater, -vermittler, Informationsdienste, Initiatoren, Banken, Prospektherausgeber, Geschäftsführer der Kapitalanlagegesellschaft, Rechtsanwalt, Steuerberater, Treuhänder, Vermögensverwalter, Wirtschaftsprüfer?

Es können auch mehrere aus dem genannten Personenkreis die Kapitalanlage veranlaßt oder empfohlen haben.

Erfreulich wäre es, wenn ein Ehrenberufler (Rechtsanwalt, Steuerberater) oder eine Bank involviert wäre, da in einem solchen Fall doch am ehesten ein Schadensersatzanspruch realisiert werden kann bzw. zugreifbares Vermögen da ist.

2. Anspruchsgrundlage

- Bestehen zu demjenigen, der mich zur Kapitalanlage veranlaßt hat, vertragliche oder vertragsähnliche Beziehungen?

Ein ausdrücklicher oder stillschweigender Beratungsvertrag, z.B. mit einem Anlageberater, einem Börsendienst, einer Bank? Gab es vertragsähnliche Beziehungen im Hinblick darauf, daß die betreffende Person sich besonders sachkundig und erfahren gab und persönliches Vertrauen in Anspruch genommen hat, das ich ihr auch entgegengebracht habe?

Die gegnerische Seite wird damit argumentieren, daß mit dem Kapitalanleger kein Vertrag geschlossen worden ist und somit eine Haftungsgrundlage fehlt. Dem läßt sich aber entgegenhalten, daß ein Beratungsvertrag nicht nur ausdrücklich, sondern auch stillschweigend abgeschlossen werden kann. In dieser Hinsicht ist die Rechtsprechung der deutschen Gerichte sehr anlegerfreundlich.

3. Anspruchsgrundlage (Prospekthaftung)

- Wurden in bezug auf die Qualität und Sicherheit der Kapitalanlage wesentliche Aussagen gemacht?
- Erfolgte eine Aussage negativ, d.h. dadurch, daß erhebliche Risikofaktoren verschwiegen wurden?

- Wurden Zusicherungen steuerlicher Art und hinsichtlich der Art und dem Umfang der Geschäfte gemacht?
- Wurden die erteilten Aussagen vollständig und richtig gemacht?
- Waren diese Aussagen und Angaben geeignet, meinen Anlageentschluß zu fördern? Hätte mich also die Kenntnis der wahren Umstände davon abgehalten?
- War der Prospekt in irgendeiner Weise irreführend?
- Wurden unrichtige vorteilhafte Angaben gemacht und nachteilige Informationen verschwiegen?
- Wurden falsche Prognosen gemacht?
- Kann ich die erforderlichen Beweise beibringen (Werbematerial, Zeugen)?

4. Verschulden

- Hat der Gegner schuldhaft (fahrlässig) gehandelt?
- Kann er den Nachweis der eigenen sorgfältigen Nachprüfung führen?
- Wurde gar der Anlageentschluß vorsätzlich durch falsche Werbeaussagen und Versprechen ausgelöst?

Der Gegner hat nicht schuldhaft gehandelt, wenn er die im Einzelfall erforderlichen Nachprüfungen verantwortungsbewußt ausgeführt und gleichwohl eine objektiv falsche Werbeaussage gemacht hat, etwa weil z.B. der Vermittler selbst vom Anbieter in grober Weise getäuscht wurde. Eine Haftungsfreizeichnung (Ausschluß der Haftung für leichte und mittlere Fahrlässigkeit) im Prospekt ist im Normalfall nicht gültig.

5. Mitverschulden

- War mir das Risiko der Kapitalanlage bewußt oder hätte es mir bewußt werden müssen? Handelte es sich um eine typische spekulative Kapitalanlage?
- Bin ich auf das Risiko hingewiesen worden?
- Wären eigene Überprüfungen möglich und zumutbar gewesen?

Dagegen läßt sich als Anleger einwenden, daß man sich gerade aufgrund der Unkenntnis an einen professionellen Berater gewandt hat.

6. Schadenseintritt und -umfang

- Steht ein gänzlicher oder teilweiser Verlust der Kapitalanlage bereits fest?
- Sind die einbezahlten Gelder vollständig verloren?
- Sind die erhaltenen Anteile an der Kapitalanlage weniger wert als versprochen?
- Wurde die versprochene Rendite nur teilweise oder überhaupt nicht ausbezahlt?
- Wurden die versprochenen Steuervorteile nicht erreicht?

Im Rahmen der Prospekthaftung ist der Anleger so zu stellen, als ob er die Kapitalanlage nicht getätigt hätte. Unter bestimmten Voraussetzungen kann aber auch der entgangene Gewinn aus einer alternativen Kapitalanlage geltend gemacht werden, falls der Anlagewille in diese andere Kapitalanlage hinreichend nachgewiesen werden kann.

7. Rechtsverfolgung

- Wo kann/muß geklagt werden?
- Welches Recht kommt zur Anwendung?

Grundsätzlich richtet sich der Gerichtsstand nach dem Wohnsitz des Beklagten. Auf jeden Fall wär ein Gerichtsstand im Inland und die Anwendung deutschen Rechts vorteilhaft. Ist im Vertrag ein ausländischer Gerichtsstand vereinbart, so ist zu prüfen, ob diese Vereinbarung Bestand hat. Zu beachten sind internationale Abkommen. Im übrigen läßt sich ein Gerichtsstand im Inland auch aus anderen Fakten, z.B. einer unerlaubten Handlung (Betrug), herleiten. Möglich ist auch, daß zwar ein deutsches Gericht zuständig ist, aber die Angelegenheit nach ausländischem Recht zu beurteilen ist.

8. Verjährung

- Verjährt der Anspruch in 30 Jahren oder schon in 7 Monaten?

Je nach Anspruchsgrundlage kommen unterschiedliche Verjährungsfristen zur Anwendung.

- Ab wann laufen die Fristen?

Grundsätzlich sollte man sich nicht darauf verlassen, daß die Ansprüche erst nach 30 Jahren verjähren. Man darf nichts überstürzen, muß aber zügig handeln, wenn man erkennt, daß die Kapitalanlage fehlschlägt.

Gerade bei der Prospekthaftung gelten sehr kurze Verjährungsfristen (sechs Monate), im übrigen können Anlageberater und -vermittler in gewissen Umfang die Verjährungsfristen vertraglich kürzen.

Literaturliste mit empfehlenswerten Büchern

Geldanlage und Steuern '91, Wegweiser für Anlageberater und Anleger, von Karl H. Lindmayer, Gabler Verlag Wiesbaden 1991: Wie der Untertitel schon aussagt, für alle Anlageberater und Anleger, die sich zum Thema Geldanlage und Steuern im Bereich Bundesrepublik Deutschland informieren wollen. Sehr übersichtlich und sehr verständlich dargeboten. Die Ergänzung zum vorliegenden Buch erscheint jährlich.

Geldanlage professionell, von Hartmut Sieper, Gabler Verlag Wiesbaden 1990. Behandelt die wichtigsten Anlageformen für die fortgeschrittenen Anleger mit ihren Vor- und Nachteilen. Für alle, die kompetente Gesprächspartner von Anlageberatern sein wollen.

Am Dollar verdienen, Chancen und Risiken von Zinsdifferenzgeschäften, von Peter Fehrenbach, Rudolf Haufe Verlag Freiburg, 1. Auflage 1990: Ein Buch mit einem sehr speziellen Thema und ein Muß für denjenigen, der sein Heil in Zinsdifferenzgeschäften sucht.

Außensteuerrecht, Veranlagung 1989, bearbeitet von Ministerialrat Karl-Heinz Baranowski, 1990, Verlag Neue Wirtschafts-Briefe Herne/Berlin: Ein umfassendes Kompendium für Steuerberater und sehr interessierte Laien mit Auslandsbeziehungen.

Handbuch des Kapitalanlagerechts, herausgegeben von Prof. Dr. Heinz-Dieter Assmann und Prof. Dr. Schütze, C.H. Beck'sche Verlagsbuchhandlung München 1990: Ein Handbuch vor allem für Juristen und Laien, die sich sehr intensiv mit dieser Materie befassen wollen.

Privatrechtlicher Schutz für Auslandsvermögen, von Walter Kolvenbach, Alfred Metzner Verlag Frankfurt am Main 1985: Wie der Untertitel dieses Buches aussagt, handelt es sich um einen Beitrag zur Vorsorge bei Krisenfällen.

Steueroasen der Welt von Ernst-Uwe Winteler, Gabler Verlag Wiesbaden, 4. völlig überarbeitete Auflage 1988: Bearbeitet das Thema Steueroasen der Welt in seriöser Weise und sehr detailliert und bietet eine hervorragende Übersicht zum Thema Steueroasen der Welt und Bankgeheimnis, Vermögensicherung, Gesellschaftsgründung usw.

USA-Immobilienkauf Praxis-Leitfaden für den europäischen Investor von Hans J. Vogel, 1986, 2. Auflage. Mit diesem sehr praxisnahen Leitfaden hat der Anleger eine sehr gute Grundlage für Immobilieninvestitionen in den USA sowie eine Übersicht über die verschiedenen Investitionsformen.

Anhang

Anforderungen an den Inhalt von Prospekten zu Angeboten über Kapitalanlagen

Anlage I aus „Grundsätze ordnungsgemäßer Durchführung von Prospektprüfungen[1]"

Gliederung

A. Allgemeine Anforderungen
   I. Angaben über den Herausgeber des Prospektes
   II. Beschreibung der Kapitalanlage
   III. Angaben zur wirtschaftlichen Beurteilung der Kapitalanlage
   IV. Rechtliche Verhältnisse
   V. Angaben über die wesentlichen Vertragspartner (auch eingeschaltete Sachverständige, Gutachter oder Vertriebsgesellschaften), soweit diese nicht mit dem Herausgeber des Prospektes identisch sind oder aus den Angaben über die wesentlichen Verträge hervorgehen
   VI. Kapitalmäßige und/oder personelle Verflechtungen zwischen dem Herausgeber des Prospektes und/oder den Vertragspartnern der unter IV. genannten Verträge oder den unter V. genannten Vertragspartnern sowie Abhängigkeiten der mit Kontrollfunktionen beauftragten Personen
   VII. Sonstige, das Anlageobjekt, seine Herstellung, Finanzierung, Nutzung oder Verwertung betreffende Vereinbarung zwischen den unter V. genannten Personen bzw. Unternehmen
   VIII. Formelle Erfordernisse

B.* Zusatzanforderungen an den Inhalt von Prospekten zu Angeboten über Bauherrenmodelle, Erwerbermodelle und geschlossene Immobilienfonds

C.* Zusatzanforderungen an den Inhalt von Prospekten zu Angeboten über Kapitalanlagen im Bereich der Erdöl- und Erdgasexploration

D.* Zusatzanforderungen an den Inhalt von Prospekten zu Angeboten über Schiffsbeteiligungen

---

[1] Entnommen der Loseblattausgabe „Fachgutachten und Stellungnahme des Instituts der Wirtschaftsprüfer auf dem Gebiet der Rechnungslegung und Prüfung", Nachdruck erfolgt mit Genehmigung der IDW-Verlag GmbH, Düsseldorf.

* Es sind nur die für die jeweiligen Kapitalanlagen einschlägigen Zusatzanforderungen zu beachten.

A. Allgemeine Anforderungen

Die nachfolgend zusammengestellten Angaben sind im Normalfall Mindestbestandteile eines Prospektes. Die Reihenfolge der Angaben ist für den Prospekt nicht verbindlich. Besonderheiten des Objektes können weitere Angaben erforderlich machen. Sofern erforderliche Angaben nicht gemacht werden, ist dies im Prospekt ausdrücklich zu erklären.

Ergeben sich aus den Angaben wesentliche Risiken für die Durchführung, das wirtschaftliche und steuerliche Ergebnis oder die Verwertbarkeit der Kapitalanlage sowie für die persönliche Haftung des Anlegers, so ist hierauf hinzuweisen.

Enthält der Prospekt Fachbegriffe oder Begriffe, die unterschiedlich verstanden werden können (z.B. Rendite, Ertrag, Wirtschaftlichkeit, Steuervorteil) so sollen diese definiert und nicht irreführend verwendet werden.

I. Angaben über den Herausgeber des Prospektes

Über den Herausgeber des Prospektes – und falls Initiatoren im Prospekt genannt werden, die nicht mit dem Herausgeber des Prospektes identisch sind, auch diese – sind die folgenden Angaben zu machen:

1. Name bzw. Firma
2. Sitz und Anschrift
3. Rechtsform
4. Registergericht und Registernummer sowie Tag der ersten Eintragung
5. Datum der Aufnahme der Geschäftstätigkeit
6. Gegenstand des Unternehmens
7. Bei Kapitalgesellschaften, Genossenschaften und Kommanditgesellschaften: Höhe des haftenden Kapitals sowie der geleisteten Einlagen
8. Name und Wohnort persönlich haftender Gesellschafter und Gesellschafter mit Anteilen oder Stimmrechten von mehr als 25%
9. Name und Wohnort der gesetzlichen Vertreter und deren Vertretungsbefugnis
10. Name, Wohnort und Beruf der Mitglieder von Aufsichtsorganen und deren Funktion.

II. Beschreibung der Kapitalanlage

Die Kapitalanlage kann unmittelbar in einem Anlageobjekt erfolgen oder mittelbar über eine Beteiligungsgesellschaft. In beiden Fällen sind über das Anlageobjekt folgende Angaben zu machen:

1. Darstellung des Anlageobjektes.
2. Hinweise, wenn
- das Anlageobjekt oder wesentliche Teile sich im Eigentum des Herausgebers des Prospektes und/oder von mit ihm kapitalmäßig oder personell verflochtenen Personen befinden oder von diesen erworben worden sind;
- der Durchführung der Investition erkennbare rechtliche, technische oder tatsächliche Hindernisse entgegenstehen;
- die Verwendungsmöglichkeit des Anlageobjektes rechtlich oder tatsächlich eingeschränkt ist;
- eine über die gewöhnliche Nutzung hinausgehende zukünftige Entwertung des Anlageobjektes und/oder eine zukünftige Entwertung des Standortes vorhersehbar ist.
3. Belastungen des Anlageobjektes.
4. Für die Durchführung der Investition und die Nutzung des Anlageobjektes notwendige Genehmigungen, soweit sie noch ausstehen.
5. Sofern Bewertungsgutachten aufgeführt sind, Angabe des Verfassers und des Datums der Erstellung.
6. Geplanter Beginn der Investition, voraussichtlicher Fertigstellungstermin und Nutzungsbeginn.
7. Sofern das Anlageobjekt noch nicht feststeht,
- Personen oder Gremien, welche die Anlageentscheidung treffen,
- Kriterien, nach denen die Anlageentscheidung getroffen wird,
- Begrenzungen und Kontrollmöglichkeiten.
8. Darstellung von wesentlichen ergänzenden, die Kapitalanlage kennzeichnenden Risiken. Hier sind zusätzlich Risiken zu nennen, auf die nicht bereits im Zusammenhang mit den in der Anlage genannten Prospektangaben hingewiesen wurde (z.B. Währungsrisiken, andere spezielle Risiken bei Auslandsinvestitionen und außergewöhnliche Branchenrisiken).

Bei Anlagen in einer Beteiligungsgesellschaft sind die gleichen Angaben wie zu I. zu machen. Zusätzlich sind die mit den Geschäftsleitern und den Aufsichtsorganen getroffenen Vergütungsregelungen zu erwähnen.

III. Angaben zur wirtschaftlichen Beurteilung der Kapitalanlage

1. Gesamtkosten der Investition

Die Gesamtkosten des Anlageobjektes bis zur Fertigstellung bzw. bis zu einem bestimmten Investitionsvolumen sind in zweckentsprechender Aufgliederung anzugeben. Sofern nach Fertigstellung bis zum Nutzungsbeginn weitere Kosten anfallen, sind diese – mit geschätzten Beträgen oder mindestens ihrer Art nach – zu nennen.

Bei der Aufgliederung der Gesamtkosten sind die darin enthaltenen Vergütungen an den Herausgeber des Prospektes (bzw. andere Initiatoren) oder mit ihm verflochtene Personen oder Unternehmen (vgl. VI.) ihrer Art nach und mindestens mit ihrem vorgesehenen Gesamtbetrag zu nennen. Alle Vergütungen an Treuhänder, gleichgültig für welche Tätigkeit, sind gesondert anzugeben. Zu den hier genannten Vergütungen ist auch anzugeben, wann bzw. unter welchen Voraussetzungen sie fällig werden.

In allen Fällen müssen die vorgesehenen Vermittlungsprovisionen des Vertriebs gesondert genannt werden. Es muß erklärt werden, ob diese in den Gesamtkosten enthalten sind oder nicht.

2. *Gesamtfinanzierung der Investition*

Vom Anleger aufzubringende Mittel (einschließlich Darlehen, stille Einlagen und Agio) mit Angabe der Zahlungstermine bzw. Zahlungs- und Freigabevoraussetzungen sind zu nennen.

Beim Fremdkapital ist nach Zwischenfinanzierungs- und Endfinanzierungsmitteln unter Angabe der Konditionen (Währung, Laufzeit, Besicherung, Damnum, Zinsen, zeitliche Zinsbindung usw.) zu unterscheiden. Es ist ausdrücklich zu erklären, ob die Fremdfinanzierungsmittel zu den genannten Konditionen verbindlich zugesagt sind oder nicht und ob sie entsprechend dem Zahlungsbedarf abgerufen werden können.

Es ist anzugeben, welcher Anteil der Fremdfinanzierung nicht durch das Objekt selbst besichert werden kann und somit als Personalkredit anzusehen sein wird.

Die Behandlung von Zuschüssen und Vorsteuererstattungen ist zu erläutern.

Entspricht die Gesamtfinanzierung (unter Berücksichtigung eines Damnums) nicht den Gesamtkosten, ist der Unterschiedsbetrag zu nennen und seine Verwendung oder Finanzierung zu erläutern.

3. *Wirtschaftliche Angaben zur Nutzung*

Angaben zur künftigen Nutzung sind erforderlich. Dabei ist anzugeben, ob es sich um Annahmen bzw. Prognosen oder um vertraglich gesicherte Beträge handelt. Soweit vertraglich gesicherte Beträge auf zeitlich begrenzten Verträgen beruhen, ist auch dies anzugeben.

Der Prognosezeitraum darf nicht willkürlich gewählt werden. Sofern der Wegfall von Sondereinflüssen auf die Ertrags- oder Liquiditätsvorschau (z.B. Auslaufen der Zinsbindung, Mietgarantie, Zuschüsse oder Sonderabschreibungen) nach dem Prognosezeitraum absehbar ist, muß dies angegeben werden. Gleiches gilt für absehbare nachteilige Veränderungen der Ertrags- und Liquiditätsentwicklung. Sofern Marktprognosen erwähnt oder Informationen über Absatzchancen gegeben werden, ist anzugeben, wann diese Prognosen erstellt wurden und wer diese erstellt hat.

Folgende Angaben kommen in Betracht:

a) Angaben zur Ertragsvorschau
- Erwartete/gesicherte Erträge bzw. Einnahmen
- Erwartete/feststehende laufende Aufwendungen bzw. Ausgaben mit Aufgliederung insbesondere nach Betriebskosten, Abschreibungen, Verwaltungskosten und Zinsen; weichen die angesetzten Abschreibungen von der angemessenen, an der Restnutzungsdauer orientierten Abschreibung ab, ist hierauf hinzuweisen
- Überschuß oder Fehlbetrag je Periode

b) Angaben zur Liquiditätsvorschau
- Erwartete/gesicherte Einnahmen
- Erwartete/gesicherte Ausgaben mit Aufgliederung insbesondere nach Kapitaldienst einschließlich Tilgung, Betriebskosten und Verwaltungskosten
- Überschuß/Fehlbetrag je Periode
- Etwaige Nachschußverpflichtungen zur Deckung eines Fehlbetrages

Zu a) und b)

Bei der Aufgliederung der Aufwendungen bzw. Ausgaben sind Vergütungen an den Herausgeber des Prospektes (bzw. andere Initiatoren) oder mit ihm verflochtene Personen oder Unternehmen (vgl. VI.) ihrer Art nach und mindestens mit ihrem Gesamtbetrag zu nennen. Vergütungen an Treuhänder sind gesondert anzugeben. Nicht durch Ertragsüberschüsse gedeckte Ausschüttungen sind zu kennzeichnen. Entstehen dadurch Haftungsrisiken, ist dies anzugeben. Es ist weiter anzugeben, ob Liquiditätsüberschüsse zur Reinvestition verwandt werden dürfen oder sollen.

c) Angaben zur vorgesehenen Ergebnisverwendung
- Rücklagenansammlungen
- Ausschüttungen

4. Steuerliche Angaben

Bei der steuerrechtlichen Beurteilung ist ausdrücklich zu erklären, ob diese unter Berücksichtigung der Gesetze, der veröffentlichten Rechtsprechung und der Erlasse der Finanzverwaltung gesichert oder umstritten ist (mit Darstellung des Standes der Diskussion). Ist die zugrundegelegte steuerliche Konzeption bereits bei früheren Anlageobjekten des Initiators verwandt worden, so ist der Stand der steuerlichen Anerkennung anzugeben. Bei den Berechnungen der Minderung der Steuerschuld sind die Berechnungsgrundlagen anzugeben, also insbesondere der zugrundegelegte Einkommensteuersatz (mit oder ohne Kirchensteuer, Vermögensteuer). Wird die Minderung der Steuerschuld auf einen Eigenkapitaleinsatz bezogen, ist anzugeben, ob Beträge für ein Agio, Vertriebsprovisionen oder ein Damnum einbezogen sind.

Folgende Angaben kommen in Betracht:

- Steuerliche Konzeption
- Steuerliche Auswirkungen in der Investitionsphase (z.B. Betriebsausgaben/Werbungskosten bis zur Fertigstellung)
- Steuerliche Auswirkungen in der Nutzungsphase
- Ggf. Angaben über anzuwendendes ausländisches Steuerrecht und Doppelbesteuerungsabkommen.

Sofern bei der Darstellung der Gesamtfinanzierung davon ausgegangen wird, daß Eigenkapital teilweise aus Steuererstattungen finanziert wird, ist anzugeben, wann mit den entsprechenden Erstattungen frühestens zu rechnen ist.

5. *Rückabwicklung*

Die für den Fall einer Rückabwicklung vorgesehenen Regelungen sind darzustellen. Weiter sind die Voraussetzungen anzugeben, unter denen eine für den Anleger schadensfreie Rückabwicklung noch möglich ist. Falls vor Sicherstellung der Gesamtfinanzierung über Eigen- oder Fremdmittel verfügt werden kann, sind die daraus entstehenden Risiken anzugeben.

6. *Wirtschaftliche Folgen der Beendigung der Kapitalanlage*

Angabe der Möglichkeit, der Bedingungen und der wirtschaftlichen und steuerlichen Auswirkungen einer Beendigung der Kapitalanlage (Veräußerung, Rückgabe des Anteils, Auflösung der Gesellschaft) mit Angabe der Preis- bzw. Wertermittlungsmethoden.

IV. Rechtliche Verhältnisse

Es sind Angaben zu machen über den wesentlichen Inhalt aller Verträge von Bedeutung, die Rechte oder Pflichten einschließlich Haftungen für den Anleger oder die Gesellschaft, an der sich der Anleger beteiligen will, begründen. Über gleichartige Verträge kann zusammengefaßt berichtet werden.

Zum wesentlichen Inhalt von Verträgen gehören in der Regel:

1. Vertragspartner
2. Gegenstand des Vertrages
3. Leistungen und Vergütungen sowie die Rechte und Pflichten aus gesellschaftsrechtlichen Vereinbarungen
4. Zahlungsmodalitäten
5. Haftungen und Gewährleistungen des jeweiligen Vertragspartners und deren Begrenzung, Haftung und Nachschußpflichten des Anlegers

6. Vollmachten
7. Informations-, Kontroll- und Mitwirkungsrechte (auch über die Mittelverwendung)
8. Kündigungs- und Rücktrittsrechte (z.B. bei nicht voller Plazierung von Anteilen) und deren Folgen
9. Aufschiebende und auflösende Bedingungen sowie sonstige Auflösungen des Vertrages und deren Folgen
10. Etwaige vertragliche Verfügungsbeschränkungen
11. Anzuwendendes Recht und Gerichtsstand.

Die Darstellung des wesentlichen Inhalts eines Vertrages kann auch durch wörtliche Wiedergabe oder Verweis auf die entsprechende Bestimmung des beigefügten Vertrages erfolgen. Sofern die Verträge für einen Anleger aus sich selbst heraus leicht zu verstehen sind, genügt auch deren Beifügung; in jedem Fall muß auf ungewöhnliche Vertragsbestimmungen hingewiesen werden.

V. Angaben über die wesentlichen Vertragspartner (auch eingeschaltete Sachverständige, Gutachter oder Vertriebsgesellschaften), soweit diese nicht mit dem Herausgeber des Prospektes identisch sind oder aus den Angaben über die wesentlichen Verträge hervorgehen

Hier sind die gleichen Angaben zu machen wie zu I., und zwar mindestens 1. bis 3., die Angaben 4. bis 10., soweit sie von Bedeutung sind.

VI. Kapitalmäßige und/oder personelle Verflechtungen zwischen dem Herausgeber des Prospektes und/oder den Vertragspartnern der unter IV. genannten Verträge oder den unter V. genannten Vertragspartnern sowie Abhängigkeiten der mit Kontrollfunktionen beauftragten Personen

Eine kapitalmäßige Verflechtung ist gegeben, wenn die Beteiligung allein oder zusammen mit Beteiligungen der anderen Vertragspartner oder von nahen Angehörigen (i.S.v. § 15 Abs. 1 Nr. 2 bis 4 AO) direkt oder indirekt mindestens 25% des Nennkapitals der Gesellschaft beträgt oder Stimmrechte oder Gewinnbeteiligungen in diesem Umfang gewährt.

Personelle Verflechtungen sind dann gegeben, wenn mehrere, wesentliche Funktionen im Rahmen des Gesamtprojektes durch die gleiche Person, durch nahe Angehörige (i.S.v. § 15 Abs. 1 Nr. 2 bis 4 AO) oder durch dieselbe Gesellschaft wahrgenommen werden, dies auch, wenn eine solche Funktion durch einen mit mindestens 25% beteiligten Gesellschafter oder durch Geschäftsleiter wahrgenommen wird.

Als mit einer Kontrollfunktion beauftragte Personen gelten z.B. Treuhänder, Mitglieder von Aufsichtsorganen, Gutachter und Prospektprüfer. Es ist anzugeben, wenn diese Personen in naher Beziehung geschäftlicher Art zu den unter I., V. und VI. genannten Personen stehen.

VII. Sonstige, das Anlageobjekt, seine Herstellung, Finanzierung, Nutzung oder Verwertung betreffende Vereinbarungen zwischen den unter V. genannten Personen bzw. Unternehmen

Dazu gehören beispielsweise Vereinbarungen über Provisionen, Rabatte oder sonstige Rückgewähr, die nicht dem Anlageobjekt zugute kommen, Kompensationsgeschäfte, Ergebnisbeteiligungen.

Falls solche nach Kenntnis des Prospektherausgebers nicht bestehen, ist dies im Prospekt zu erklären.

VIII. Formelle Erfordernisse

Im Prospekt sollen die Seiten fest verbunden und durchnumeriert sein; ein Inhaltsverzeichnis ist zu empfehlen.

Anlagen sollen, sofern sie wesentlich sind, mit dem Prospekt fest verbunden werden. Sind nicht fest verbundene Anlagen vorhanden, ist ein Anlagenverzeichnis erforderlich.

Der Prospekt muß das Datum seiner Herausgabe sowie einen ausdrücklichen Hinweis enthalten, daß für den Inhalt des Prospektes nur die bis zu diesem Zeitpunkt bekannten oder erkennbaren Sachverhalte maßgeblich sind. Eine Angabe des Datums ist auch für die nicht fest mit dem Prospekt verbundenen Anlagen erforderlich.

B. Zusatzanforderungen an den Inhalt von Prospekten zu Angeboten über Bauherrenmodelle, Erwerbermodelle und geschlossene Immobilienfonds (Auszüge)

Zu II. Beschreibung der Kapitalanlage

1. Darstellung des Anlageobjektes

- Art des Bauvorhabens bzw. Gebäudes (z.B. Einfamilienhäuser, Eigentumswohnungen, Gewerbeobjekte),
- Lage des Grundstücks (Ort, Straße, Katasterbezeichnung, Verkehrsanbindung, Sozialstruktur, Lärm- oder Immissionsbelästigungen u.a.),
- Grundbuchbezeichnung,
- Größe des Grundstücks,
- Erschließungszustand,
- bauliche Gestaltung (Plan und Baubeschreibung, Anzahl und Größe der Wohnungen bzw. der gewerblichen Einheiten),
- Angabe, sofern im Erbbaurecht gebaut werden soll,
- bei gebrauchten Immobilien: Alter des Objektes, Erhaltungszustand, erkennbare Mängel und vorgesehene Modernisierungsmaßnahmen.

3. Belastungen des Anlageobjektes

- Grunddienstbarkeiten mit Beschreibung,
- sofern Grundpfandrechte bestehen, Angabe, ob das Grundstück lastenfrei erworben werden soll oder Grundpfandrechte zu übernehmen sind.

4. Baurechtliche Situation

- Baugebiet laut Flächennutzungs- bzw. Bebauungsplan,
- bauliche Nutzung,
- Bauantrag,
- Baugenehmigung,
- etwaige Auflagen.

8. Ergänzende wesentliche Risiken

Beispielsweise können hier zu nennen sein:

- Plazierungsrisiken
- eingeschränkte Veräußerungsmöglichkeiten,
- Bodenbeschaffenheit,
- Anlagen mit hohem Innovationsgrad,
- Umweltbelastung.

Zu III. Angaben zur wirtschaftlichen Beurteilung des Anlageobjektes

1. Gesamtkosten der Investition

Bei Bauten müssen im Prospekt die Gesamtkosten des Bauvorhabens bis zur Bezugsfertigkeit, unterteilt nach

a) Grundstücks- und Grundstücksnebenkosten, bei Erwerbermodellen Anschaffungskosten des bebauten Grundstücks,
b) reinen Baukosten,
c) übrigen Kosten (einschl. Finanzierungskosten während der Bauzeit)

mit Aufgliederung angegeben werden.

Aus der Aufgliederung müssen die Entgelte für die wesentlichen Leistungsarten (z.B. Treuhandtätigkeit, Konzeptionskosten, Architektenleistungen, Baubetreuung, Baukostengarantien, Finanzierungsvermittlung, Bürgschaften, Zinsgarantien, Steuerberatung, Mietvermittlung und Mietgarantien) erkennbar sein.

Der Prospekt muß alle Angaben enthalten, die die Berechnung des Gesamtbetrages der Investition und der Kosten pro Quadratmeter Wohn- und Nutzfläche ermöglichen, sofern diese Daten nicht angegeben sind.

Bei Immobilienfonds sind zusätzlich die Kosten der Gründung der Gesellschaft zu nennen.

4. Steuerliche Angaben

Es ist besonders auf die Fragen der Grunderwerbsteuer, der Grundsteuer, der Vermögensteuer und einer etwaigen Umsatzsteueroption einzugehen.

Zu IV. Rechtliche Verhältnisse

1. Gesellschaftsverträge, Bauherrengemeinschaftsverträge oder ähnliche Verträge sowie ein Treuhandvertrag, ggf. andere Verträge über die Mittelverwendungskontrolle, und Zertifikatsbedingungen sind stets als Bestandteil des Prospekts in vollem Wortlaut zu veröffentlichen.

2. Als Verträge, deren wesentlicher Inhalt im Prospekt darzustellen ist, kommen insbesondere in Betracht
- Grundstückskauf- bzw. Erbbaurechtsverträge,
- Teilungserklärung nach Wohnungseigentumsgesetz,
- Verträge über die Herstellung des Anlageobjektes, z.B. Baubetreuungsverträge, Architektenverträge und ähnliche Verträge, Unternehmerverträge (insbesondere ein et-

waiger Generalunternehmervertrag und ein etwaiger Generalübernehmervertrag),

- Versicherungsverträge,
- Finanzierungsbetreuungsverträge, Finanzierungsvermittlungsverträge, Kreditverträge oder Kreditangebote,
- Bürgschaftsverträge, Gewährleistungsverträge (z.B. Anzahlungsbürgschaften, Fertigstellungsgarantien, Gewährleistungsbürgschaften, Baukostengarantien, Zinsgarantien, Mietgarantien, Bürgschaften für Finanzierungsmittel),
- Mietvermittlungsverträge,
- Generalmietverträge, evtl. auch Einzelmietverträge,
- Verwalterverträge nach Wohnungseigentumsgesetz,
- Beratungsverträge (auch Steuerberatungsverträge).

Bei der Darstellung des wesentlichen Inhalts der Verträge sind als Leistungen und Vergütungen insbesondere zu nennen

- Erbbauzins, etwaige Gleitklauseln dazu,
- Zinsen und Disagien einschließlich zeitlicher Beschränkungen,
- Beratungsgebühren, Vermittlungsprovision, Garantieprovisionen und besondere Dienstleistungsentgelte, bei Gesellschaften Vergütungen an persönlich haftende Gesellschafter, Treuhandkommanditisten und Beiratsmitglieder, sonstige Gewinnverteilungsabreden und Entnahmerechte.

C. Zusatzanforderungen an den Inhalt von Prospekten zu Angeboten über Kapitalanlagen im Bereich der Erdöl- und Erdgasexploration (Auszüge)

Zu II. Beschreibung der Kapitalanlage

1. Darstellung des Anlageobjektes

a) Kauf von fördernden Quellen
- Fördermenge und -anteil,
- Pipeline-Transportvereinbarungen,
- Preisgleitklauseln,
- Dauer und Entwicklung der bisherigen Förderung.

b) Beabsichtigte Bohrvorhaben
- vorgesehene Bohrgebiete,
- vorgesehene Bohrpartner,
- vorgesehene Risikomischung,
- Bedingungen hinsichtlich Pipeline-Anschlüssen,
- Angabe, ob und inwieweit von den Absichtserklärungen abgewichen werden darf.

2. Sofern das Anlageobjekt noch nicht feststeht

a) Darstellung des Verfahrens und der Kriterien für die Anlageentscheidung
- bei Kauf produzierender Quellen
  - geforderte Mindestrendite und für deren Berechnung maßgebende Kriterien,
  - Einsatz (Zeitpunkt) von Gutachtern und Anforderungen an diese,
  - Verfahren der Beschlußfassung (Geschäftsführung, Beirat, Gesellschafter),
- bei Bohrvorhaben
  - Aufstellung von Investitionsplänen,
  - Beteiligung am gesamten Bohrprogramm von Bohrpartnern oder nur an einzelnen Bohrungen,
  - Einschaltungen (Zeitpunkt) von Gutachtern und Anforderungen an diese,
  - Verfahren der Beschlußfassung über Investitionsentscheidungen (Geschäftsführung, Beirat, Gesellschafter),
  - Bedingungen des Vertragsabschlusses mit Bohrpartnern im Einzelfall (z.B. Festpreise oder Beteiligungen an tatsächlichen Kosten, höchster Eigenanteil an einer Bohrung),
  - Bedingungen der Mittelfreigabe (auch für den Fall der Eilbedürftigkeit).

8. Ergänzende wesentliche Risiken

- Vorzeitige Erschöpfung der Quellen,
- Unwirtschaftlichkeit der Förderung bei veränderten Marktbedingungen (z.B. Preisverfall, Nachfrageänderungen),
- Einfluß von Wechselkursänderungen auf die Bilanzierung (Bewertung) in Deutschland.

Zu III. Angaben zur wirtschaftlichen Beurteilung der Kapitalanlage

1. Gesamtkosten der Investition

- Aufteilung in
  - für die Investition vorgesehene Mittel,
  - Kosten für Verwaltung und Dienstleistungen,
- Bezeichnung der den Investitionen zuzurechnenden Nebenkosten (z.B. direkt zurechenbare Kosten der Verwaltung, Sachverständigenkosten, Kosten der Mittelverwendungskontrolle),
- Bei Kostengarantien Angabe, ob diese für die einzelnen Kostenpositionen oder für eine Kostengesamtsumme gelten,
- Angabe, ob Verwaltungs- oder Vertriebskosten ohne Einzelnachweis pauschal an persönlich haftende Gesellschafter, Prospektherausgeber, Initiatoren oder mit diesen verflochtene Personen oder Unternehmen vergütet werden oder vergütet werden dürfen,

- Angabe, ob nach prospektgemäßer Abwicklung der Investitionen weitere Erschließungsbohrungen durch Aufnahme von Fremdkapital oder durch Reinvestitionen von Erträgen durchgeführt werden dürfen, bis zu welchem Betrag und unter welchen Bedingungen.

2. *Gesamtfinanzierung der Investition*

- Angabe, ob Zwischenfinanzierung erlaubt ist.

Zu IV. Rechtliche Verhältnisse

- Gesellschaftsverträge in Deutschland,
- Gesellschaftsverträge im Ausland,
- Beteiligungen (partnership, joint venture),
- Treuhandverträge,
- Verträge über geologische Arbeiten (Seismik),
- Verträge über Bohrrechte (Anteil, delay rentals, overriding royalties, farm in, farm out),
- Bohrverträge,
- Managementverträge,
- Pipeline-Verträge,
- Abnahmeverträge,
- Operator-Verträge,
- Verträge mit Sachverständigen,
- Verträge über Fremdkapitalfinanzierung,
- Verträge mit Beratern,
- Verträge über Mittelverwendungskontrolle,
- Kaufverträge über produzierende Quellen,
- Verträge über Alleinvertrieb der Kapitalanlage,
- Bürgschafts- und Gewährleistungsverträge,
- Ertragsbeteiligungen von Angestellten.

Bei der Darstellung des wesentlichen Inhalts der Verträge sind als Leistungen und Vergütungen insbesondere zu nennen:

- Gewinnverteilungsabreden,
- Bedingungen für Ausschüttungen aus Barüberschüssen und evtl. damit verbundene Haftung auf Rückzahlung,
- von der Kapitalbeteiligung abweichende Anteile an den Bohrkosten und Erträgen,
- Vergütungen an persönlich haftende Gesellschafter,
- Vergütungen für Vermittlungsprovisionen, Garantiezusagen, Bürgschaften, Treuhandtätigkeit, Beiratstätigkeit,
- Entnahmerechte.

D. Zusatzanforderungen an den Inhalt von Prospekten zu Angeboten über Schiffsbeteiligungen (Auszüge)

Zu II. Beschreibung der Kapitalanlage

1. Darstellung des Anlageobjektes

- Schiffstyp,
- Abmessungen (Länge, Breite, Höhe),
- BRT-NRT,
- Tragfähigkeit (TDW, Containerkapazität u.ä.),
- Ladegeschirr (Kräne, Ladebäume),
- Maschinenleistung,
- Geschwindigkeit,
- Klassezeichen, Erhaltungszustand,
- Bauwerft und Baujahr,
- Einsatzmöglichkeiten,
- Geplante Besatzungsstärke,
- Flagge, Heimathafen.

2. Bei Kooperationsverträgen (z.B. Poolverträgen) sind zusätzlich folgende Angaben erforderlich:

- Angaben über die Kooperationspartner (wie zu I.1. bis 3.),
- Art, Inhalt und Laufzeit des Kooperationsvertrages.

8. Ergänzende wesentliche Risiken

- Gefahr großer, ggf. kurzfristiger Schwankungen auf dem Frachtmarkt mit entsprechenden Auswirkungen auf die Charter-Raten (möglicherweise vorzeitige Kündigung auch fest abgeschlossener Charter-Verträge, negative Auswirkungen auf den second-hand-Markt für die Anlageobjekte),
- Sektoral chronische Überkapazitäten,
- Anlagenspezifische Währungsrisiken.

Zu III. Angaben zur wirtschaftlichen Beurteilung des Anlageobjektes

1. Gesamtkosten der Investition

Bei Schiffsbauten sind die Gesamtkosten des Bauvorhabens zu unterteilen nach

- Werftkosten einschließlich Erstausrüstung,
- Herstellungs-Nebenkosten (z.B. Bauaufsicht),
- Finanzierungskosten für die Zwischenfinanzierung von Werft-Anzahlungen.

Bei Schiffskauf sind die Gesamtkosten zu unterteilen nach

- Kaufpreis (Anschaffungskosten),
- Anschaffungs-Nebenkosten,
- Umrüstungskosten,
- Zwischenfinanzierungskosten.

In beiden Fällen müssen die Kosten angegeben werden, die darüber hinaus bis zum Abschluß der Investitionsphase (in der Regel Indienststellung des/der Schiffe(s) anfallen, insbesondere

- Kosten der vorbereitenden Bereederungsleistungen, soweit nicht Bauaufsichtskosten,
- Gründungskosten (Gesellschaftsteuer, Notar- und Gerichtsgebühren, Steuer- und Rechtsberatung),
- Verwaltungskosten und sonstige Geschäftsbesorgungskosten,
- Haftungsvergütung und Treuhandgebühren,
- Kosten für Projektierung, Marketing, Plazierung und Werbung.

2. Wirtschaftliche Angaben zur Nutzung

Besteht ein Charter-Vertrag, so sind dessen Laufzeit, die Höhe der vereinbarten Rate und evtl. für die Wirtschaftlichkeit der Beteiligung wichtige Besonderheiten des Charter-Vertrages (z.B. Fahrtgebiet, Eskalationsklausel, Devisensicherungsklausel, Versicherungen, Optionen) anzugeben.

Als Angaben zur Liquiditätsvorschau kommen in Betracht:

- Netto-Chartererlöse unter Angabe der unterstellten Einsatztage und des unterstellten Devisenkurses,
- Schiffsbetriebskosten unter Angabe des jährlichen Steigerungssatzes,
- Kosten der Gesellschaft unter Bezeichnung der wesentlichen Positionen,
- Kapitaldienst aufgegliedert nach Zinsen und Tilgungen,
- Überschuß/Fehlbetrag,
- Ausschüttungen/etwaige Nachschußverpflichtungen zur Deckung des Fehlbetrages.

Zu IV. Rechtliche Verhältnisse

1. Gesellschaftsverträge oder ähnliche Verträge sowie Treuhandvertrag sind stets als Bestandteil des Prospektes in vollem Wortlaut zu veröffentlichen

2. Als Verträge, deren wesentlicher Inhalt im Prospekt darzustellen ist, kommen insbesondere in Betracht:

- Schiffsbauverträge,
- Charter-Verträge,
- Poolverträge,
- Bereederungsverträge,
- Zuschußverträge, insbesondere Bundeszuschuß und Zinssubventionen betreffend,
- Darlehensverträge bzw. Finanzierungszusagen,
- Bürgschaftsverträge.

3. Darüber hinaus sind neben den branchenspezifischen Verträgen der Ziffer 2. darzustellen:

- Verträge über Mittelverwendungskontrolle,
- Beratungsverträge,
- Verträge über Ergebnisbeteiligungen von Angestellten oder anderen Personen,
- Alle sonstigen Verträge, die der Anleger oder die Beteiligungsgesellschaft abschließt oder abschließen muß, um ihren Geschäftsbetrieb aufzunehmen und durchzuführen.

Abgabenordnung

Der Bundesminister der Finanzen Bonn, 1. Dezember 1988
IV C 5 — S 1320 — 29/88

Finanzminister (Finanzsenatoren)
der Länder

Betr.: Zwischenstaatliche Amtshilfe durch Auskunftsaustausch in Steuersachen; hier: Merkblatt

Bezug: Erörterung mit den obersten Finanzbehörden der Länder in der Sitzung ASt II/88 zu TOP 2

Unter Bezugnahme auf das Ergebnis der Erörterungen mit den Vertretern der obersten Finanzbehörden der Länder gilt für die Amtshilfe, die in- und ausländische Finanzbehörden einander zur Festsetzung ihrer Steuern durch Auskunftsaustausch leisten, folgendes Merkblatt. Es gilt nicht für die von der Zollverwaltung verwalteten Steuern.

Inhaltsübersicht

1 Allgemeines

1.1 Grundsätzliches zur zwischenstaatlichen Amtshilfe durch Auskunftsaustausch

Die deutschen Finanzbehörden beanspruchen und gewähren zwischenstaatliche Amtshilfe durch Auskunftsaustausch nach Maßgabe der in diesem Merkblatt dargestellten Grundsätze.

Der zwischenstaatliche Auskunftsaustausch soll den deutschen Finanzbehörden auch bei grenzüberschreitenden Sachverhalten eine den deutschen Steuergesetzen entsprechende gleichmäßige und wettbewerbsneutrale Besteuerung ermöglichen (vgl. auch BFH-Urteil vom 20. 2. 1979, BStBl II S. 268 [272]).

Bei der Durchführung des Auskunftsaustauschs haben die Finanzbehörden die Grundsätze der Verhältnismäßigkeit, den gesetzmäßigen Schutz des Steuerbürgers (einschließlich der Wahrung des Steuergeheimnisses) sowie die Gegenseitigkeit und Ausgewogenheit des Auskunftsaustauschs zu wahren.

Zwischenstaatliche Amtshilfe durch Auskunftaustausch wird beansprucht und gewährt, wenn die Finanzbehörden grenzüberschreitende Sachverhalte nicht mehr angemessen aufklären können, weil sie bei ihren Ermittlungen auf das eigene Staatsgebiet beschränkt sind. Der zwischenstaatliche Auskunftsaustausch dient auch der Sachverhaltsaufklärung zugunsten des Steuerpflichtigen.

1.2 Verhältnis zur Rechtshilfe im Steuerstrafverfahren

Auch nach Einleitung eines Steuerstraf- oder Bußgeldverfahrens können noch Auskünfte auf dem Amtshilfeweg zum Zweck der Ermittlung der Besteuerungsgrundlagen unter Beachtung des § 393 AO eingeholt und erteilt werden.

Soweit die Finanzbehörde jedoch lediglich als Strafverfolgungsbehörde in einem Steuerstrafverfahren zur Ermittlung einer Steuerhinterziehung oder als zuständige Verwaltungsbehörde in einem Bußgeldverfahren zur Ermittlung einer Steuerordnungswidrigkeit tätig wird, sind Auskünfte nach den Regeln über die zwischenstaatliche Rechtshilfe in Strafsachen einzuholen. Zum Rechtsweg bei Ermittlungen im Rahmen eines Steuerstrafverfahrens vgl. BFH-Urteile vom 20. 4. 1983, BStBl II S. 482, und vom 11. 7. 1986, III R 25/85, BFH NV 1987 S. 99. Einzelheiten wird ein Merkblatt zur Rechtshilfe in Steuerstrafsachen enthalten.

1.3 Zwischenstaatlicher Auskunftsaustausch und Steuergeheimnis

1.3.1 Geheimhaltung im Inland

Das Steuergeheimnis gilt auch gegenüber ausländischen Finanzbehörden. Es steht jedoch dem Auskunftsaustausch nicht entgegen, soweit

a) die mit einem deutschen Auskunftsersuchen notwendigerweise verbundene Mitteilung steuerlicher Verhältnisse nach § 30 Abs. 4 Nr. 1 AO zulässig ist;

b) die mit der Erledigung eines ausländischen Auskunftsersuchens oder der Erteilung einer Auskunft ohne Ersuchen notwendigerweise verbundene Mitteilung steuerlicher Verhältnisse durch völkerrechtliche Vereinbarungen, das EG-Amtshilfe-Gesetz (EG-AHG) oder § 117 Abs. 3 AO ausdrücklich zugelassen ist (§ 30 Abs. 4 Nr. 2 AO).

Alle Angaben, die die deutschen Finanzbehörden im Zusammenhang mit dem Auskunftsaustausch erhalten, unterliegen dem Steuergeheimnis (§ 30 AO). Außerdem unterliegen sie dem besonderen Geheimhaltungsschutz der völkerrechtlichen Vereinbarungen und des EG-AHG. Darauf wird durch geeignete Aufdrucke hingewiesen.

1.3.2 Geheimhaltung im Ausland

Alle Angaben, die die deutschen Finanzbehörden im Zusammenhang mit dem Auskunftsaustausch ausländischen Finanzbehörden machen, unterliegen den dort bestehenden Bestimmungen über die Geheimhaltung. Darüber hinaus unterliegen sie dem besonderen Geheimhaltungsschutz der völkerrechtlichen Vereinbarungen und der EG-Amtshilfe-Richtlinie. Darauf wird in allen Äußerungen gegenüber ausländischen Finanzbehörden durch geeignete Aufdrucke hingewiesen. Der besondere Geheimhaltungsschutz ist im Ausland auch dann zu wahren, wenn nach dortigem nationalem Recht die Finanzbehörde Informationen an andere Stellen weitergeben könnte oder müßte.

Befürchten inländische Beteiligte, daß die Geheimhaltung im Ausland aufgrund besonderer

Umstände nicht gewährleistet ist, so ist dem Bundesminister der Finanzen darüber zu berichten. Der Bundesminister der Finanzen läßt sich erforderlichenfalls von der ausländischen Finanzbehörde zusätzlich einzelfallbezogene Zusicherungen geben. Der Bundesminister der Finanzen ist ferner über besondere Vorkommnisse im Ausland zu unterrichten, die die Geheimhaltung berühren. Er wird erforderlichenfalls von Amts wegen die Angelegenheit aufklären und die zur Rechtswahrung sowie die zur Wahrung der Rechte der Beteiligten notwendigen Schritte einleiten.

1.4 Rechtsgrundlagen des zwischenstaatlichen Auskunftsaustauschs

1.4.1 Überblick

Regelungen über die zwischenstaatliche Amtshilfe in Steuersachen enthalten völkerrechtliche Vereinbarungen mit zahlreichen Staaten sowie Europäisches Gemeinschaftsrecht (vgl. auch § 117 Abs. 2 AO). Die völkerrechtlichen Vereinbarungen werden durch Zustimmungsgesetz innerstaatliches Recht (Art. 59 Abs. 2 Satz 1 GG). Rechtsgrundlage für die Gewährung von Amtshilfe nach Europäischem Gemeinschaftsrecht ist das EG-AHG. Außerdem kann Amtshilfe unter den Voraussetzungen des § 117 Abs. 3 AO geleistet werden.

Bei der Durchführung der Amtshilfe ist § 117 Abs. 4 AO zu beachten.

1.4.2 Abkommen zur Vermeidung der Doppelbesteuerung (DBA)

Die DBA sehen regelmäßig einen Auskunftsaustausch zur Ermittlung der Besteuerungsgrundlagen vor (kleiner oder großer Auskunftsaustausch; Tz. 1.5.1.). Die Vereinbarungen gelten in aller Regel für die unter die DBA fallenden Steuern, also stets für die Einkommen- und Körperschaftsteuer, zum Teil auch für die Gewerbe-, Vermögen- und Grundsteuer (direkte Steuern) sowie für die Erbschaftsteuer aufgrund der besonderen DBA (vgl. Anlage 1).

1.4.3 Amts- und Rechtshilfevereinbarungen

Mit Finnland, Italien, Österreich und Schweden bestehen besondere Amts- und Rechtshilfeverträge, die den großen Auskunftsaustausch vorsehen; ihr Anwendungsbereich geht zum Teil über die in den DBA genannten Steuern hinaus (vgl. Anlage 1). Besondere Verwaltungsvereinbarungen zur Durchführung der Auskunftsklauseln der DBA bestehen mit Dänemark und Norwegen (vgl. Anlage 1).

1.4.4 EG-Amtshilfe-Richtlinie und EG-Amtshilfe-Gesetz (EG-AHG)

Die Finanzbehörden der Mitgliedstaaten der EG leisten sich nach Maßgabe der Richtlinie des Rates der EG vom 19. 12. 1977 (77/799/EWG) in der Fassung der Änderungsrichtlinie vom 6. 12. 1979 (79/1070/EWG) Amtshilfe. Die Gewährung von Amtshilfe durch die Bundesrepublik Deutschland richtet sich nach dem EG-AHG vom 19. 12. 1985, BStBl I S. 740, und erstreckt sich auf die Steuern vom Einkommen, Ertrag und Vermögen sowie die Umsatzsteuer (vgl. Anlage 1). Inwieweit Amtshilfe von anderen Mitgliedstaaten der EG beansprucht werden kann, ergibt sich aus der genannten Richtlinie (Auszug Anlage 10).

1.4.5 Amtshilfe ohne völkerrechtliche Vereinbarungen und Europäisches Gemeinschaftsrecht (§ 117 Absätze 1 und 3 AO)

Ausländische Finanzbehörden können auch um Amtshilfe ersucht werden, wenn die unter Tz. 1.4.2—1.4.4 genannten Rechtsgrundlagen nicht gegeben sind oder ein Ersuchen durch diese Rechtsgrundlagen nicht gedeckt ist (§ 117 Abs.1 AO).

Ausländischen Ersuchen um Amtshilfe kann auch dann entsprochen werden, wenn die unter Tz. 1.4.2—1.4.4 genannten Rechtsgrundlagen nicht gegeben sind oder das Ersuchen durch diese Rechtsgrundlagen nicht gedeckt ist. Auskünfte werden in diesen Fällen nur unter den Voraussetzungen des § 117 Abs. 3 AO erteilt.

Die Aufnahme eines Auskunftsaustauschs mit Ländern, mit denen Steuerabkommen nicht bestehen, wird sich auf Fälle von besonderer Bedeutung beschränken.

Amtshilfe kann einer ausländischen Finanzbehörde außerdem zur Entlastung einer Person auf deren Antrag gewährt werden.

1.5 Umfang des zwischenstaatlichen Auskunftsaustauschs

1.5.1 Arten des Auskunftsaustauschs

Es ist im allgemeinen zwischen dem großen und kleinen Auskunftsaustausch zu unterscheiden. Die Tz. 1.5.1.1 und 1.5.1.2 geben einen allgemeinen Überblick. Die Abgrenzung im einzelnen ist der jeweiligen Rechtsgrundlage zu entnehmen (vgl. Anlage 1).

1.5.1.1 Großer Auskunftsaustausch

Nach einer Vielzahl von Abkommen, meistens mit Industriestaaten (vgl. Anlage 1), können entsprechend Artikel 26 des OECD-Musterabkommens zur Vermeidung der Doppelbesteuerung des Einkommens und des Vermögens alle Auskünfte übermittelt werden, die zur Anwendung der DBA oder zur Anwendung der innerstaatlichen Bestimmungen eines Vertragsstaats über die unter das Abkommen fallenden Steuern erforderlich sind. Auskünfte können z. B. über die Richtigkeit von Tatsachenbehauptungen oder über Beweismittel angefordert werden, die zur steuerlichen Beurteilung erforderlich sind.

Dieser sog. große Auskunftsaustausch ist auch Gegenstand der besonderen Amtshilfeabkommen und des EG-AHG.

1.5.1.2 Kleiner Auskunftsaustausch

Die meisten DBA mit Entwicklungs- und Staatshandelsländern, aber auch mit Japan und der Schweiz, beschränken sich auf den sog. kleinen

Auskunftsaustausch. Im Rahmen dieser Abkommen können nur Auskünfte erbeten oder übermittelt werden, die zur Durchführung der DBA selbst notwendig sind. Dazu gehören

- Informationen über Tatsachen, deren Kenntnis für eine zutreffende Abgrenzung der Besteuerungsrechte der beiden Vertragsstaaten erforderlich ist;
- Informationen, die der Vermeidung einer dem Abkommen widersprechenden Doppelbesteuerung oder doppelten Steuerbefreiung dienen.

1.5.2 Auskunftsaustausch zur Aufklärung von Verhältnissen in Drittstaaten (Dreiecksverhältnisse)

Im Rahmen des großen Auskunftsaustauschs können auch Auskünfte über rechtliche und wirtschaftliche Vorgänge ausgetauscht werden, die in das Gebiet eines Drittstaats reichen. Ein solcher Fall ist z. B. gegeben, wenn ein inländischer Steuerpflichtiger Geschäftsbeziehungen zu einem Steuerpflichtigen des Staates A so gestaltet, daß sie über das Gebiet eines dritten Staates (z. B. ein sog. „Steueroasenland") abgewickelt werden. Dieser Fall kann Gegenstand eines Auskunftsaustauschs zwischen der Bundesrepublik Deutschland und dem Staat A sein.

1.5.3 Auskunftsaustausch mit mehreren Staaten

Berührt ein steuerlicher Sachverhalt das Gebiet mehrerer Staaten, so können getrennte Auskunftsersuchen an jeden dieser Staaten nach Maßgabe der bestehenden Rechtsgrundlage (Tz. 1.4) gerichtet werden. Besteht mit den beteiligten Staaten ein großer Auskunftsaustausch, so können die Ermittlungen in den beteiligten Staaten zeitlich und sachlich abgestimmt werden, soweit dies notwendig ist. Die Bestimmungen über die Geheimhaltung sind zu beachten.

1.5.4 Arten der Auskünfte

Zu unterscheiden sind Auskünfte

a) auf Ersuchen in Einzelfällen;

b) ohne Ersuchen zur Übermittlung von Informationen, wenn zu vermuten ist, daß sie für die Festsetzung der Steuern im anderen Staat erheblich sein können, z. B. Mitteilungen über Feststellungen anläßlich einer Außenprüfung (Spontanauskunft; Tz. 4.2.1);

c) ohne Ersuchen zur regelmäßigen Übermittlung von Informationen über gleichartige Sachverhalte (automatische Auskunft; Tz. 4.2.2).

1.6 Zuständigkeiten und Amtshilfeweg

1.6.1 Zuständigkeiten für den Verkehr mit ausländischen Finanzbehörden

1.6.1.1 Bundesminister der Finanzen

Der Verkehr mit den zuständigen ausländischen Finanzbehörden obliegt dem Bundesminister der Finanzen, soweit sich nachfolgend nichts anderes ergibt.

1.6.1.2 Bundesamt für Finanzen

Der Verkehr mit den zuständigen ausländischen Finanzbehörden obliegt dem Bundesamt für Finanzen, soweit der Bundesminister der Finanzen seine Zuständigkeit allgemein oder im Einzelfall übertragen hat oder überträgt (§ 5 Abs. 1 Nr. 5 FVG, § 1 Abs. 4 EG-AHG; vgl. Anlage 9). Der einzuhaltende Dienstweg wird dadurch nicht berührt.

1.6.1.3 Landesfinanzbehörden

Der Bundesminister der Finanzen kann im Einzelfall beim Auskunftsaustausch auf Ersuchen die Auskunftserteilung durch die zuständige oberste Landesfinanzbehörde zulassen. Diese in § 1 Abs. 4 Satz 3 EG-AHG enthaltene Regelung ist auch im Verhältnis zu Staaten zu beachten, die nicht den Europäischen Gemeinschaften angehören.

1.6.1.4 Unmittelbarer Verkehr mit Österreich und Schweden

Nach Artikel 4 des deutsch-österreichischen Vertrages über Rechtsschutz und Rechtshilfe in Abgabesachen vom 4. 10. 1954 sowie nach Artikel 3 des deutsch-schwedischen Vertrages über Amts- und Rechtshilfe in Steuersachen vom 14. 5. 1935 ist der unmittelbare Verkehr zwischen den Oberfinanzdirektionen und den entsprechenden ausländischen Behörden vorgesehen.

1.6.2 Amtshilfeweg

Beim Auskunftsaustausch ist vorbehaltlich des Absatzes 2 folgender Amtshilfeweg zu beachten:

a) **Auskunftsersuchen an ausländische Finanzbehörden**

Auskunftsersuchen an ausländische Finanzbehörden (Muster Anlagen 2 und 3) legt die mit der Sache befaßte Finanzbehörde auf dem Dienstweg dem Bundesminister der Finanzen vor (Muster Anlage 4). Der Bundesminister der Finanzen ersucht die zuständige ausländische Finanzbehörde um Auskunft; er übermittelt die Auskunft auf dem Dienstweg der anfragenden Finanzbehörde.

b) **Auskunftsersuchen ausländischer Finanzbehörden**

Auskunftsersuchen ausländischer Finanzbehörden übersendet die dafür zuständige Finanzbehörde dem Bundesminister der Finanzen. Vom Bundesminister der Finanzen gelangt das Ersuchen auf dem Dienstweg an die mit den Ermittlungen zu betrauende örtliche Finanzbehörde (vgl. Tz. 3.2.5). Diese leitet das Ermittlungsergebnis auf dem Dienstweg dem Bundesminister der Finanzen zur Übermittlung an die zuständige ausländische Finanzbehörde zu (Muster Anlage 8).

c) **Auskünfte ohne Ersuchen an ausländische Finanzbehörden**

Für ausländische Finanzbehörden bestimmte Auskünfte ohne Ersuchen (Muster Anlage 5) werden dem Bundesminister der Finanzen auf dem Dienstweg vorgelegt (Muster Anlage 6). Die örtlich zuständige Finanzbehörde kann die Auskünfte auch über die Oberfinanzdirektion dem Bundesamt für Finanzen zuleiten, wenn

— der inländische Beteiligte im Sinne des § 117 Abs. 4 AO gehört wurde und keine Einwendungen erhoben hat

und

— die Auskunft für eines der folgenden Länder bestimmt ist: Belgien, Dänemark, Finnland, Frankreich, Großbritannien, Kanada, Luxemburg, Niederlande, Norwegen, Österreich, Schweden, Vereinigte Staaten von Amerika.

Das Bundesamt für Finanzen leitet in diesen Fällen die Auskünfte dem Bundesminister der Finanzen zur Weiterleitung an die zuständige ausländische Finanzbehörde zu. Die Zuständigkeit des Bundesamtes für Finanzen für Auskünfte ohne Ersuchen im Sinne der Tz. 4.2.2 bleibt unberührt.

d) **Ausländische Auskünfte ohne Ersuchen**

Der Bundesminister der Finanzen leitet Auskünfte ausländischer Finanzbehörden ohne Ersuchen dem Bundesamt für Finanzen zur Weiterleitung an die örtlich zuständigen Finanzbehörden zu.

Soweit andere Behörden als der Bundesminister der Finanzen zum unmittelbaren Verkehr mit den zuständigen ausländischen Finanzbehörden zugelassen sind (vgl. Tz. 1.6.1), beginnt und endet der Amtshilfeweg nicht beim Bundesminister der Finanzen, sondern bei diesen Behörden.

2 Auskunftsersuchen an ausländische Finanzbehörden

2.1 Einleitung des Auskunftsverfahrens

2.1.1 Allgemeines

Die Finanzbehörden können bei der Sachverhaltsermittlung (§§ 85, 88 AO) zwischenstaatliche Amtshilfe in Anspruch nehmen (§ 117 Abs. 1 AO). Dabei ist, wie auch bei inländischen Ermittlungen, der Grundsatz der Verhältnismäßigkeit zu beachten. Die Gefahr, daß dem inländischen Beteiligten ein mit dem Zweck der Amtshilfe nicht zu vereinbarender Schaden entsteht, ist zu berücksichtigen (vgl. § 117 Abs. 3 Nr. 4 AO). Ob eine ausländische Finanzbehörde um Auskunft oder Übersendung von Unterlagen ersucht wird, ist nach pflichtgemäßem Ermessen zu entscheiden (§§ 88, 92, 112 Abs. 1 AO).

2.1.2 Vorherige Ermittlungen

Amtshilfe soll erst in Anspruch genommen werden, wenn die Sachverhaltsaufklärung durch den inländischen Beteiligten (vgl. auch § 90 Abs. 2 AO) nicht zum Ziel führt oder keinen Erfolg verspricht (§ 93 Abs. 1 Satz 3 AO). Die inländischen Ermittlungsmöglichkeiten sollen zunächst ausgeschöpft werden. Dabei entscheiden die Finanzbehörden nach pflichtgemäßem Ermessen, inwieweit dies zweckmäßig und erfolgversprechend ist. Es ist nicht erforderlich, daß alle denkbaren innerstaatlichen Ermittlungsmöglichkeiten (z. B. Versicherung an Eides statt) ausgeschöpft worden sind. Wird die Steuerfahndung im Besteuerungsverfahren tätig (§ 208 Abs. 1 Nr. 2 und 3 AO), so kann ein Ersuchen auch ohne vorherige Ermittlungen beim Steuerpflichtigen gestellt werden.

2.1.3 Unterrichtung des Steuerpflichtigen

Der Steuerpflichtige soll im Rahmen pflichtgemäßen Ermessens auf die Möglichkeit eines Auskunftsersuchens hingewiesen werden. Ein allgemeiner Grundsatz, nach dem die Finanzbehörden den Steuerpflichtigen über ihre Ermittlungen zuvor zu unterrichten haben, besteht jedoch nicht.

Bei Außenprüfungen oder bei sonstigen Überprüfungen, die sich auf Auslandsbeziehungen erstrecken, genügt der Hinweis, daß sich die Finanzbehörden die Nachprüfung der Angaben des Steuerpflichtigen und die weitere Aufklärung des Sachverhalts im Rahmen der zwischenstaatlichen Amtshilfe vorbehalten. Die Mitteilung von Einzelheiten ist aber geboten, wenn die Gefahr besteht, daß dem Steuerpflichtigen ein mit dem Zweck der Amtshilfe nicht zu vereinbarender Schaden droht. Eine zutreffende Besteuerung des Steuerpflichtigen oder seiner Geschäftspartner im Ausland ist für sich allein nicht als Schaden in diesem Sinne anzusehen (vgl. BFH-Beschluß vom 29. 10. 1986, I B 28/86, BFH NV 1988 S. 313). Von der Unterrichtung kann abgesehen werden, wenn sie nach den Umständen des Einzelfalles nicht geboten ist (vgl. § 91 Abs. 2 und 3 AO).

Über das Ergebnis der Unterrichtung oder die Gründe einer unterlassenen Unterrichtung ist bei der Vorlage des Ersuchens an die zuständige Finanzbehörde (Tz. 1.6.1) zu berichten (vgl. Muster Anlage 4).

2.2 Form, Inhalt, Übermittlung und Erledigung des Auskunftsersuchens

2.2.1 Form und Inhalt des Auskunftsersuchens

Zur Form und zum Inhalt des Auskunftsersuchens wird auf das Muster der Anlage 2 verwiesen. Anlage 3 enthält ein vereinfachtes Muster, das benutzt werden kann, wenn es zur Sachverhaltsdarstellung ausreicht.

Auf ein nach deutschem Recht bestehendes Auskunfts- und Vorlageverweigerungsrecht (§§ 101 ff. AO) ist hinzuweisen.

2.2.2 Abfassen des Auskunftsersuchens

Das Ersuchen ist so abzufassen, daß der ersuchten Behörde die Ausführung soweit wie möglich erleichtert wird. Der Sachverhalt ist knapp und nur insoweit darzustellen, als es für die sachgerechte Erledigung des Ersuchens notwendig ist.

Schwierige steuerrechtliche Zusammenhänge sind zu erläutern, wenn sonst das Ersuchen nicht zu verstehen wäre. Fachausdrücke sind zu vermeiden oder kurz zu erläutern. Auf Abkürzungen ist zu verzichten.

2.2.3 **Übermittlung des Auskunftsersuchens**

Die mit der Sache befaßte Finanzbehörde legt das Auskunftsersuchen der für die Übermittlung ins Ausland zuständigen Behörde (Tz. 1.6.1) auf dem Dienstweg vor (Muster Anlage 4). In Eilfällen kann sie das Ersuchen den vorgesetzten Behörden gleichzeitig (ggf. auch fernschriftlich) vorlegen. Die für die Übermittlung ins Ausland zuständige Behörde kann in begründeten Fällen das Auskunftsersuchen auf telefonischem oder fernschriftlichem Weg ankündigen (z. B. wegen Eilbedürftigkeit).

2.2.4 **Voranfrage**

Zur Feststellung, ob ein Auskunftsersuchen Aussicht auf Erfolg verspricht, können durch ein Kurzersuchen Auskünfte z. B. über Namen, Anschrift oder allgemein zugängliche Angaben eingeholt werden (Voranfrage). Die örtlich zuständige Behörde kann Voranfragen unmittelbar beim Bundesamt für Finanzen beantragen.

2.2.5 **Beschleunigung und Erleichterung des Verfahrens**

Die ausländischen Finanzbehörden führen die zur Erteilung einer Auskunft erforderlichen Ermittlungen nach dem für sie maßgebenden nationalen Recht durch. Zur Beschleunigung und Erleichterung des Verfahrens können die für den Auskunftsverkehr zuständigen Finanzbehörden Beamte zur ausländischen Ermittlungsbehörde entsenden, die dort das Ersuchen erläutern, die Ermittlungsergebnisse entgegennehmen und etwaige Hinweise für weitere Ermittlungen geben. Die Entsendung zu einer ausländischen Finanzbehörde bedarf der Zustimmung des Bundesministers der Finanzen und der zuständigen ausländischen Finanzbehörde.

2.2.6 **Erledigung des Auskunftsersuchens**

Die Erledigung des Auskunftsersuchens durch die ausländische Finanzbehörde hängt von den Umständen des Einzelfalles ab und kann mehrere Wochen, aber auch mehr als ein Jahr dauern. Der Bundesminister der Finanzen oder das Bundesamt für Finanzen übersetzt — soweit erforderlich und möglich — die Antwort der ausländischen Finanzbehörde ins Deutsche (ausgenommen englische Texte).

Die Finanzbehörde kann schon bei Vorlage des Ersuchens kenntlich machen, daß sie auf eine Übersetzung der Antwort zunächst verzichtet. Eine Übersetzung (auch englischer Texte) kann aber, falls notwendig, nachgefordert werden.

2.2.7 **Anschlußersuchen, Richtigstellung**

Ist die Auskunft unzureichend oder ergibt sich in diesem Zusammenhang ein zusätzliches Aufklärungsbedürfnis, so kann ein ergänzendes Ersuchen (Anschlußersuchen) gestellt werden. Ergeben sich bei der Auswertung einer Auskunft Anhaltspunkte, daß sich der Sachverhalt anders darstellt, als von der ausländischen Finanzbehörde übermittelt, so ist sie davon zu unterrichten.

3 **Auskunftsersuchen an deutsche Finanzbehörden**

3.1 **Zulässigkeitsprüfung**

Die deutschen Finanzbehörden leisten aufgrund innerstaatlich anwendbarer völkerrechtlicher Vereinbarungen oder des EG-AHG zwischenstaatliche Amtshilfe. Sie können außerdem unter den Voraussetzungen des § 117 Abs. 3 AO Amtshilfe gewähren. Die zuständigen Finanzbehörden (Tz. 1.6.1; in Fällen des § 117 Abs. 3 AO der Bundesminister der Finanzen und die zuständige oberste Landesfinanzbehörde) prüfen, ob einem ausländischen Auskunftsersuchen entsprochen werden kann. Ergeben sich im Rahmen der Erledigung des Ersuchens Anhaltspunkte, daß der Auskunftserteilung Hinderungsgründe entgegenstehen könnten, so ist der zuständigen Finanzbehörde zu berichten. Zu den Versagungsgründen vgl. Tz. 3.3.

3.2 **Erledigung des Auskunftsersuchens**

3.2.1 **Ermittlungsbefugnisse**

Die für die Ermittlungen zuständige deutsche Finanzbehörde (Vornahmebehörde) beschafft die Auskünfte, die der andere Staat benötigt, in derselben Weise, als wäre die deutsche Besteuerung betroffen (§ 117 Abs. 4 AO). Sie kann dazu sowohl eigene Erkenntnisquellen nutzen, als auch nach den Vorschriften der AO ermitteln (§§ 88, 92—100 AO). Bei Vorliegen der Voraussetzungen nach Maßgabe der AO sind z. B. dritte Personen zur Auskunft auch im Interesse der ausländischen Besteuerung verpflichtet (vgl. BFH-Urteil vom 20. 2. 1979, BStBl II S. 268). Die Verpflichtung, den inländischen Beteiligten anzuhören (Tz. 5.1) und jeweils über seine Rechtsstellung zu unterrichten (vgl. § 89 Satz 2 AO), ist zu beachten. Vgl. ferner Tz. 3.3.2.1 Abs. 2.

3.2.2 **Verfahren**

Die Vornahmebehörde entscheidet nach pflichtgemäßem Ermessen, ob Ermittlungen durchzuführen sind (§§ 86, 88 AO), und bestimmt Art und Umfang der erforderlichen Beweismittel. Sie kann insbesondere

— Akten beiziehen (§ 92 AO),
— Auskünfte einholen (§ 93 AO),
— die Vorlage von Urkunden verlangen (§ 97 AO),
— den Augenschein einnehmen (§ 98 AO).

Die Vornahmebehörde fordert, soweit notwendig, die Beteiligten oder andere Personen zur Mitwirkung auf (§§ 93—100 AO). Gegen diese Maßnahme sind die Rechtsbehelfe zulässig, die bei Ermittlungen für deutsche Besteuerungszwecke gegeben sind (vgl. auch Tz. 6.2).

Die Erfüllung der Mitwirkungspflichten kann erzwungen werden (§§ 328—335, 393 Abs. 1 AO). Die Rechte der zur Mitwirkung Verpflichteten sind zu beachten (vgl. Tz. 3.3.1.1).

3.2.3 Außenprüfung

Zur Erledigung eines Auskunftsersuchens kann eine Außenprüfung unter den Voraussetzungen des § 193 AO nur bei einem am ausländischen Besteuerungsverfahren Beteiligten durchgeführt werden (z. B. der Wohnsitzstaat ersucht um Prüfung der deutschen Betriebsstätte eines ausländischen Steuerpflichtigen), nicht aber bei einer anderen Person.

Ermittlungen sind in Verbindung mit einer Außenprüfung möglich, die aus anderen Gründen durchgeführt wird.

3.2.4 Beschleunigung und Erleichterung des Verfahrens

Zur Beschleunigung und Erleichterung des Verfahrens (vgl. Tz. 2.2.5) können Bedienstete des ersuchenden Staates im Inland anwesend sein. Sie können das Ersuchen erläutern, die Ermittlungsergebnisse entgegennehmen und etwaige Hinweise für weitere Ermittlungen geben. Die Anwesenheit ausländischer Bediensteter im Inland bedarf der Zustimmung des Bundesministers der Finanzen. Erteilen dabei die deutschen Finanzbehörden Auskünfte, so ist allgemein der Grundsatz des § 1 Abs. 4 EG-AHG durch Teilnahme von Vertretern der zuständigen Behörde zu wahren.

3.2.5 Zuständigkeit

Für die Ermittlungen ist die Finanzbehörde zuständig, in deren Bezirk die Ermittlungshandlungen vorzunehmen sind (§ 24 AO). Sind im Bezirk mehrerer Finanzbehörden Ermittlungen durchzuführen, so wird die zuständige Finanzbehörde durch die gemeinsame fachlich zuständige Aufsichtsbehörde bestimmt. Fehlt eine gemeinsame Aufsichtsbehörde, so treffen die fachlich zuständigen Aufsichtsbehörden die Entscheidung gemeinsam (§ 25 AO). Die Koordinierung kann dem Bundesamt für Finanzen übertragen werden.

3.2.6 Inhalt der Antwort

Die Antwort soll das Ersuchen so vollständig wie möglich erledigen. Die erbetenen Unterlagen sind beizufügen. Auch hierbei ist Tz. 3.3.1 zu beachten. Führen Ermittlungen zu steuerlich erheblichen Feststellungen, auf die das Ersuchen nicht zielte, z. B. weil die anfragende Finanzbehörde einen abweichenden Geschehensablauf vermutet hat, so sind auch sie mitzuteilen, wenn dies zulässig ist (vgl. z. B. Tz. 1.5.1.1 und 1.5.1.2).

3.2.7 Gegenersuchen

Ergeben sich bei der Bearbeitung des Ersuchens Anhaltspunkte, daß deutsche Steuern verkürzt worden sind, so kann in der Antwort die ausländische Finanzbehörde um die zur Aufklärung erforderlichen Auskünfte gebeten werden. Hierfür gelten die allgemeinen Voraussetzungen nach Tz. 2.

3.2.8 Kosten

Die durch die Erledigung des ausländischen Auskunftsersuchens der Vornahmebehörde entstehenden Kosten gehen zu deren Lasten. Soweit Auskunftspflichtigen nach nationalem Recht eine Entschädigung gewährt worden ist (vgl. § 107 AO), können diese Kosten dem ersuchenden Staat weiterbelastet werden.

3.3 Grenzen der Auskunftserteilung

Die Auskunftserteilung ist in den Fällen des § 3 Abs. 1 EG-AHG untersagt. In den Fällen des § 3 Abs. 2 EG-AHG kann sie verweigert werden. Diese Grenzen sind unabhängig davon zu beachten, ob die Auskunftserteilung auf dem EG-AHG oder auf einer anderen Rechtsgrundlage beruht (vgl. Tz. 1.4).

3.3.1 Verbot der Auskunftserteilung

3.3.1.1 Beschränkungen aufgrund nationalen Rechts

Auskünfte, die nach deutschem Recht nicht beschafft werden können oder deren Beschaffung der deutschen Verwaltungspraxis widerspricht (vgl. Tz. 3.2.1), dürfen nicht erteilt werden (vgl. z. B. § 3 Abs. 1 Nr. 1 EG-AHG). Danach sind insbesondere

- die Auskunfts- und Vorlageverweigerungsrechte nach §§ 101 ff. AO zu beachten (z. B.: Angehörige des Steuerpflichtigen sollen über dessen Verhältnisse Auskunft geben);
- Mitteilungen von Daten über einen Vergleichsbetrieb nur zulässig, wenn sie keine Rückschlüsse auf die Identität des Betroffenen zulassen, es sei denn, der Betroffene stimmt zu;
- Zwangsmittel unzulässig, wenn der Betroffene dadurch gezwungen würde, sich wegen einer von ihm begangenen Straftat oder Ordnungswidrigkeit zu belasten (§ 393 Abs. 1 Satz 2, § 410 Abs. 1 Nr. 4 AO).

3.3.1.2 Abkommenswidrige Besteuerung

Auskünfte dürfen nicht erteilt werden, wenn sie zu einer Besteuerung führen würden, die gegen völkerrechtliche Vereinbarungen, insbesondere Doppelbesteuerungsabkommen, verstößt (vgl. § 3 Abs. 1 Nr. 2 EG-AHG). Dies gilt z. B. für Auskunftsersuchen, die auf eine nicht sachgerechte Einkunfts- oder Vermögensabgrenzung abzielen. Zu Fällen, in denen eine abkommenswidrige Besteuerung zu befüchten ist, vgl. Tz. 3.3.2.3.

3.3.1.3 Geheimhaltung

Auskünfte dürfen nur erteilt werden, wenn die Geheimhaltung im ersuchenden Staat gewährleistet ist (vgl. z. B. § 3 Abs. 1 Nr. 3 EG-AHG sowie Tz. 1.3.2).

3.3.1.4 **Geschäfts- und Betriebsgeheimnis**

Erstreckt sich das ausländische Auskunftsersuchen auf ein Handels-, Industrie-, Gewerbe- oder Berufsgeheimnis oder ein Geschäftsverfahren (Geschäfts- oder Betriebsgeheimnis), so darf eine Auskunft nicht erteilt werden, wenn die Gefahr besteht, daß dem inländischen Beteiligten (Tz. 5.2) dadurch ein mit dem Zweck der Auskunft nicht zu vereinbarender Schaden entsteht (vgl. z. B. § 3 Abs. 1 Nr. 4 EG-AHG). Die zutreffende Besteuerung eines Betroffenen ist für sich allein kein Schaden in diesem Sinne. Der Beteiligte kann im Rahmen der Anhörung (Tz. 5) geltend machen, daß ihm ein Schaden droht.

Ein Geschäfts- oder Betriebsgeheimnis liegt vor, wenn es sich um Tatsachen und Umstände handelt, die von erheblicher wirtschaftlicher Bedeutung und praktisch nutzbar sind und deren unbefugte Nutzung zu beträchtlichen Schäden führen kann (vgl. BFH-Urteil vom 20. 2. 1979, BStBl II S. 268). Kein Geschäfts- oder Betriebsgeheimnis ist die Art der Abwicklung der Geschäftsbeziehungen zwischen zwei Unternehmen, die vom Auskunftsaustausch betroffen sind. Das gilt auch dann, wenn die Geschäftsbeziehung unter Einschaltung eines Dritten bzw. über einen Drittstaat abgewickelt wird.

3.3.2 **Verweigerung der Auskunftserteilung**

3.3.2.1 **Beschränkungen aufgrund ausländischen Rechts**

Liegen Hinweise vor, daß der ersuchende Staat seine eigenen Ermittlungsmöglichkeiten nicht ausgeschöpft hat, so ist nach pflichtgemäßem Ermessen zu entscheiden, ob die Auskunft gegeben wird (vgl. z. B. § 3 Abs. 2 Nr. 1 EG-AHG).

Darüber hinaus besteht keine Verpflichtung, Auskünfte zu erteilen, wenn die Informationen durch Verwaltungsmaßnahmen beschafft wurden oder beschafft werden müßten, die das Recht des ersuchenden Staates nicht vorsieht.

3.3.2.2 **Verwaltungsökonomie**

Auskünfte brauchen nicht erteilt zu werden, wenn sie nur mit unverhältnismäßig großem Aufwand beschafft werden könnten oder wenn die ersuchte Behörde dadurch die Erfüllung ihrer eigenen Aufgaben ernstlich gefährden würde (vgl. z. B. § 3 Abs. 2 Nr. 3 und 4 EG-AHG).

3.3.2.3 **Vorbehalt der Streitschlichtung**

Liegt nicht bereits ein Auskunftsverbot nach Tz. 3.3.1 vor, ist aber zu befürchten, daß die Auskunftserteilung zu einer abkommenswidrigen Besteuerung führen kann (Tz. 3.3.1.2), so ist über die steuerliche Behandlung zuvor eine Verständigung zwischen den dafür zuständigen Finanzbehörden herbeizuführen. Ist dies nicht möglich, so kann die Auskunftserteilung davon abhängig gemacht werden, daß sich der ersuchende Staat einem schiedsgerichtlichen Verfahren unterwirft (vgl. z. B. § 3 Abs. 3 EG-AHG). Dies kann z. B. bei der Überprüfung von Verrechnungspreisen zwischen verbundenen Unternehmen in Betracht kommen. Die Beteiligten können schon während des Auskunftsverfahrens ein Verständigungsverfahren beantragen, wenn die Voraussetzungen hierfür vorliegen.

4 **Auskunftsaustausch ohne Ersuchen**

4.1 **Auskünfte ausländischer Finanzbehörden ohne Ersuchen**

Das Bundesamt für Finanzen prüft die eingehenden Auskünfte und leitet sie an die örtlich zuständigen Finanzbehörden weiter. Die Auskünfte sind zeitgerecht auszuwerten. Erweist sich dabei eine Auskunft als unzutreffend, so ist das Bundesamt für Finanzen zu unterrichten.

4.2 **Auskünfte deutscher Finanzbehörden ohne Ersuchen**

4.2.1 **Auskünfte im Einzelfall (Spontanauskunft)**

Finanzbehörden in Mitgliedstaaten der Europäischen Gemeinschaften können Auskünfte gem. § 2 Abs. 2 EG-AHG erteilt werden, wenn die Finanzbehörden im Einzelfall Feststellungen treffen (z. B. anläßlich einer Außenprüfung oder bei der Steuerfestsetzung), bei denen Gründe für die Vermutung bestehen, daß

1. Steuern im anderen Staat verkürzt worden sind oder werden könnten;
2. zum Zwecke der Steuerumgehung Geschäftsbeziehungen über Drittstaaten geleitet worden sind;
3. insgesamt eine niedrigere Steuerbelastung dadurch eintreten kann, daß Gewinne zwischen nahestehenden Personen nicht wie zwischen nicht nahestehenden Personen abgegrenzt werden;
4. ein Sachverhalt, aufgrund dessen eine Steuerermäßigung oder eine Steuerbefreiung gewährt worden ist, für den Steuerpflichtigen zu einer Besteuerung oder Steuererhöhung im anderen Staat führen könnte;
5. ein im Zusammenhang mit der Auskunftserteilung eines anderen Staates ermittelter Sachverhalt für die zutreffende Festsetzung der Steuern in diesem Staat erheblich ist.

Gegenüber Staaten, mit denen eine Auskunftsklausel entsprechend Artikel 26 des OECD-Musterabkommens besteht, sind derartige Auskünfte zulässig, wenn der Bundesminister der Finanzen feststellt, daß Gegenseitigkeit gegeben ist. Das gilt zur Zeit für folgende Staaten: Finnland, Kanada, Norwegen, Österreich, Schweden, USA.

Die Ausführungen über die Grenzen der Auskunftserteilung sind zu beachten (Tz. 3.3).

Die Auskünfte sind grundsätzlich unter Verwendung des Musters der Anlage 5 zu erteilen und der zuständigen Finanzbehörde (Tz. 1.6.1) zuleiten (Muster Anlage 6).

4.2.2 **Regelmäßige Übermittlung gleichartiger Sachverhalte (automatische Auskunft)**

Ein regelmäßiger Austausch von Auskünften über gleichartige Sachverhalte (vgl. § 2 Abs. 3 EG-AHG) findet durch das Bundesamt für Finanzen zur Zeit in folgenden Fällen statt:

a) im Rahmen des Kontrollmeldeverfahrens bei der Freistellung nach § 73 h EStDV — künftig § 50 d EStG — (BMF-Schreiben vom 26. 3. 1976, BStBl I S. 279);

b) im Rahmen der Entlastung von deutscher Kapitalertragsteuer und der Abzugsteuer nach § 50 a EStG, wenn das Vorliegen der Voraussetzungen hierfür durch die ausländische Finanzbehörde nicht bestätigt wurde (gilt zur Zeit nur für USA).

Wegen eines weitergehenden Auskunftsaustauschs ergehen besondere Weisungen, sobald die rechtlichen Voraussetzungen dafür vorliegen.

Unberührt bleibt der Austausch von Auskünften im Einzelfall nach den Grundsätzen der Tz. 4.2.1.

5 **Anhörung inländischer Beteiligter**

5.1 **Grundsatz**

Bei der Übermittlung von Auskünften und Unterlagen an ausländische Finanzbehörden gilt für inländische Beteiligte § 91 AO entsprechend mit der Maßgabe, daß eine Anhörung stets stattzufinden hat, wenn nicht eine Ausnahme nach § 91 Abs. 2 oder 3 AO vorliegt (§ 117 Abs. 4 Satz 3 AO).

Eine Anhörung entfällt insbesondere

— bei der Beschaffung von allgemein zugänglichem Material und dessen Weitergabe an ausländische Finanzbehörden;

— bei Fehlen eines inländischen Beteiligten (z. B. wenn ermittelt werden soll, ob der ausländische Steuerpflichtige in der Bundesrepublik Deutschland Vermögen besitzt);

— in den Fällen der Tz. 4.2.2 gemäß § 91 Abs. 2 Nr. 4 AO.

Zuständig für die Anhörung ist die Behörde, die die Auskünfte oder Unterlagen beschafft. Diese berichtet der für die Übermittlung ins Ausland zuständigen Finanzbehörde (Tz. 1.6.1) über das Ergebnis der Anhörung oder die Gründe der Nichtanhörung.

5.2 **Inländischer Beteiligter**

Inländischer Beteiligter im Sinne des § 117 Abs. 4 Satz 3 AO ist derjenige, in dessen Rechte die Auskunftserteilung eingreift. Das ist in der Regel der, den die Vornahmebehörde nach den §§ 93—100 AO in Anspruch nimmt, aus dessen Steuerakten die erbetenen Auskünfte oder Unterlagen entnommen werden oder der einen Anspruch auf Schutz vor der unbefugten Weitergabe von Daten hat.

5.3 **Formen der Anhörung**

Die Anhörung kann schriftlich (vgl. Anlage 7) oder mündlich erfolgen. Bei mündlicher Anhörung sind die Anhörung und die Stellungnahme des Beteiligten aktenkundig zu machen.

6 **Rechtsschutz**

6.1 **Behandlung von Einwendungen**

Einwendungen gegen

a) die Stellung eines deutschen Auskunftsersuchens (Tz. 2),

b) die Erteilung von Auskünften oder die Übermittlung von Unterlagen an ausländische Finanzbehörden im Rahmen eines Auskunftsersuchens (Tz. 3),

c) die Erteilung einer Auskunft ohne Ersuchen (Tz. 4.2.1),

können der örtlich zuständigen Finanzbehörde vorgetragen werden. **Hält sie die Einwendungen in den Fällen der Buchstaben a) und c) für begründet, so kann sie von einer Vorlage an die zuständige Finanzbehörde (Tz. 1.6.1.) absehen. In Fällen des Buchstaben b) hat sie die Einwendungen der zuständigen Finanzbehörde auf dem Dienstweg zur Entscheidung vorzulegen (Muster Anlage 8) und die Beteiligten hierüber zu unterrichten.**

6.2 **Verfahren und Rechtsbehelfe**

Ermittlungsmaßnahmen mit Außenwirkung aufgrund eines ausländischen Auskunftsersuchens, die sich gegen einen inländischen Beteiligten richten, sind Verwaltungsakte, die er gemäß § 349 AO mit der Beschwerde anfechten kann.

Inländische Beteiligte haben die Möglichkeit, sich gegen Maßnahmen i. S. der Tz. 6.1 Buchstaben a) bis c) durch vorbeugende Unterlassungsklage (§ 40 FGO) gegen die zuständige Finanzbehörde (Tz. 1.6.1) zu wenden. Ggf. kann eine einstweilige Anordnung (§ 114 FGO) beantragt werden. Dieses Recht steht in den Fällen der Tz. 6.1 Buchstaben b) und c) auch dem betroffenen ausländischen Steuerpflichtigen zu (BFH-Beschluß vom 20. 1. 1988, BStBl II S. 412).

Einwendungen gegen den Steueranspruch, der einem ausländischen Auskunftsersuchen zugrunde liegt, können nur gegenüber dem ausländischen Staat erhoben werden.

Dieses Merkblatt wird in die AO-Kartei zu § 117 AO aufgenommen.

Im Auftrag
Dr. Manke

Anlage 1

Anwendungsbereich der Doppelbesteuerungs- und Amtshilfeabkommen sowie des EG–Amtshilfe–Gesetzes (EG–AHG)

	Auskunftsaustausch		Betroffene Steuern									Fundstellen			Bekanntgabe von Auskünften in öffentlichen Gerichtsverhandlungen oder bei der öffentlichen Verkündung von Urteilen			Bemerkungen
												Abkommen vom	BStBl I / RStBl					
	umfassend	begrenzt auf die Anwendung des DBA	ESt	KSt	GewSt	VSt	GrundSt	ErbSt	USt	andere Steuern v. Einkommen und Vermögen	Verkehrsteuern		Jg.	S.	gestattet	gestattet nur mit Zustimmung des anderen Staates	nicht gestattet	
I. **Mitgliedstaaten der Europäischen Gemeinschaften**																		
1. Aufgrund des EG–AHG 1) und der Amtshilfe–Richtlinie	X		X	X	X	X	X		X	X						X		
2. Aufgrund von DBA und Amtshilfeabkommen 1)																		
Belgien	X		X	X	X	X	X					11.04.1967	69	38			X	
Dänemark	X		X	X	X	X	X					30.01.1962 31.03.1965 4)	63 65	756 170			X	
Frankreich	X		X	X	X	X	X					21.07.1959 / 09.06.1969	61 70	342 900			X	
Griechenland	X		X	X	X	X						18.04.1966	67	50			X	Auskünfte werden nur auf Ersuchen erteilt.
Großbritannien	X		X	X	X	X						26.11.1964 / 23.03.1970	66 71	729 139			X	
Irland	X		X	X	X	X						17.10.1962	64	320			X	Auskünfte werden nur auf Ersuchen erteilt.
Italien	X		X	X	X	X	X					31.10.1925 / 09.06.1938 2)	25 3) 39	1146 377			X	
Luxemburg	X		X	X	X	X	X					23.08.1958 / 15.06.1973	59 78	1022 72			X	Das Abkommen gilt nicht für Holdinggesellschaften i.S. der luxemburgischen Gesetze. Für Ermittlungen bei Kreditinstituten besteht keine Gegenseitigkeit.
Niederlande	X		X	X	X	X	X					16.06.1959 / 13.03.1980	60 80	381 646			X	Auskünfte der niederländischen Steuerverwaltung dürfen nur mit deren Zustimmung in einem Steuerstrafverfahren verwendet werden.

1) Zum Verhältnis der Regelungen zueinander, vgl. § 1 Abs. 3 EG–AHG
2) Amts- und Rechtshilfeabkommen
3) RGBl
4) Verwaltungsvereinbarung

	Auskunftsaustausch		Betroffene Steuern									Fundstellen			Bekanntgabe von Auskünften in öffentlichen Gerichtsverhandlungen oder bei der öffentlichen Verkündung von Urteilen			Bemerkungen
	umfassend	begrenzt auf die Anwendung des DBA	ESt	KSt	GewSt	VSt	GrundSt	ErbSt	USt	andere Steuern v. Einkommen und Vermögen	Verkehrsteuern	Abkommen vom	BStBl I / RStBl Jg.	BStBl I / RStBl S.	gestattet	gestattet nur mit Zustimmung des anderen Staates	nicht gestattet	
Portugal	X		X	X	X	X	X					15.07.1980	82	347			X	
Spanien	X		X	X	X	X						05.12.1966	68	296			X	
II. Andere Staaten																		
Ägypten	X		X	X	X							17.11.1959	61	365			X	
Argentinien		X	X	X	X	X						13.07.1978	79	326			X	
Australien	X		X	X	X	X						24.11.1972	74	423			X	
Brasilien		X	X	X	X	X						27.06.1975	76	47			X	
China		X	X	X	X	X						10.06.1985	86	329	X			
Ecuador		X	X	X	X	X						07.12.1982	84	339	X			
Elfenbeinküste		X	X	X	X	X						03.07.1979	82	357	X			
Finnland	X		X	X	X	X	X	X	X	X	X	05.07.1979 / 25.09.1935 2)	82 36	201 94			X	
Indien		X	X	X	X	X						18.03.1959 / 28.06.1984	60 85	428 482			X	
Indonesien		X	X	X	X	X						02.09.1977	79	128			X	
Iran		X	X	X	X	X						20.12.1968	70	768			X	
Island	X		X	X	X	X						18.03.1971	73	504			X	
Israel		X	X	X	X	X						09.07.1962 / 20.07.1977	66 79	700 124			X	
Jamaika		X	X	X	X	X						08.10.1974	76	407			X	
Japan		X	X	X	X	X						22.04.1966 / 17.04.1979 17.02.1983	67 80 84	58 649 216			X	
Kanada	X		X	X	X	X						17.07.1981	82	752		X		
Kenia		X	X	X	X	X						17.05.1977	79	337			X	
Korea I (Republik)		X	X	X	X	X						14.12.1976	78	148			X	
Liberia	X		X	X	X	X	X					25.11.1970	73	615			X	

2) Amts- und Rechtshilfeabkommen

	Auskunftsaustausch		Betroffene Steuern									Fundstellen			Bekanntgabe von Auskünften in öffentlichen Gerichtsverhandlungen oder bei der öffentlichen Verkündung von Urteilen			Bemerkungen
	umfassend	begrenzt auf die Anwendung des DBA	ESt	KSt	GewSt	VSt	GrundSt	ErbSt	USt	andere Steuern v. Einkommen und Vermögen	Verkehrsteuern	Abkommen vom	BStBl I / RStBl Jg.	S.	gestattet	gestattet nur mit Zustimmung des anderen Staates	nicht gestattet	
Malaysia		X	X	X	X	X						08.04.1977	78	324			X	
Malta		X	X	X	X	X						17.09.1974	76	56			X	
Marokko		X	X	X	X	X						07.06.1972	74	59			X	
Mauritius		X	X	X	X	X						15.03.1978	80	667			X	
Neuseeland	X		X	X	X	X						20.10.1978	80	654	X			
Norwegen	X		X	X	X	X						18.11.1958 17.04.1964 4)	59 64	1033 382			X	
Österreich	X		X	X	X	X	X	X	X	X	X	04.10.1954 / 04.10.1954 2) 04.10.1954 5)	55 55 55	369 434 375			X X	Für Ermittlungen bei Kreditinstituten außerhalb eines Steuerstrafverfahrens besteht keine Gegenseitigkeit.
Pakistan	X		X	X								07.08.1958 / 27.08.1963 / 24.01.1970	60 71 71	399 134 134			X	Auskünfte werden nur auf Ersuchen erteilt.
Philippinen		X	X	X	X	X						22.07.1983	84	544			X	
Polen		X	X	X	X	X						18.12.1972 / 24.10.1979	75 81	665 466			X	
Rumänien		X	X	X	X	X	X					29.06.1973	75	641			X	
Sambia		X	X	X	X	X						30.05.1973	75	688			X	
Schweden	X		X	X	X	X	X	X	X	X	X	17.04.1959 / 22.09.1978 / 14.09.1935 2)	60 80 36	414 396 87			X	
Schweiz		X	X	X	X	X	X	X				11.08.1971 / 30.11.1978 30.11.1978 5)	72 80 80	518 398 243			X X	
Singapur		X	X	X	X	X						19.02.1972	73	513				
Sowjetunion	–	–	X	X	X	X	X					24.11.1981	83	90				
Sri Lanka		X	X	X	X	X						13.09.1979	81	610	X			
Südafrika		X	X	X	X							25.01.1973	74	850			X	
Thailand		X	X	X	X	X						10.07.1967	68	1046			X	

2) Amts- und Rechtshilfeabkommen
4) Verwaltungsvereinbarung
5) Abkommen auf dem Gebiet der Erbschaftsteuern

	Auskunftsaustausch		Betroffene Steuern									Fundstellen			Bekanntgabe von Auskünften in öffentlichen Gerichtsverhandlungen oder bei der öffentlichen Verkündung von Urteilen			Bemerkungen
	umfassend	begrenzt auf die Anwendung des DBA	ESt	KSt	GewSt	VSt	GrundSt	ErbSt	USt	andere Steuern v. Einkommen und Vermögen	Verkehrsteuern	Abkommen vom	BStBl I / RStBl Jg.	S.	gestattet	gestattet nur mit Zustimmung des anderen Staates	nicht gestattet	
Trinidad und Tobago		X	X	X	X							04.04.1973	75	697			X	
Tschechoslowakei		X	X	X	X	X	X					19.12.1980	82	904			X	
Tunesien		X	X	X	X	X						23.12.1975	76	498			X	
Ungarn		X	X	X	X	X	X					18.07.1977	79	348	X			
USA	X		X	X	X	X		X				22.07.1954 / 17.09.1965 / Neufassung 03.12.1980 5)	55 66 66 82	69 219 865 765	X (03.12.1980)		X	
Zypern		X	X	X	X	X						09.05.1974	77	340			X	

5) Abkommen auf dem Gebiet der Erbschaftsteuern

Anlage 2

Finanzamt

Steuernummer

Auskunftsersuchen

im zwischenstaatlichen Amtshilfeverkehr in Steuersachen

☐ nach der Richtlinie des Rates der EG Nr. 77/799/EWG vom 19.12.1977 in der Fassung der Richtlinie 79/1070/EWG vom 6.12.1979

☐ nach Artikel .... des deutsch- .... Abkommens zur Vermeidung der Doppelbesteuerung

☐ nach dem deutsch- .... Abkommen über Rechts- und Amtshilfe in Steuersachen

Betroffene Person(en) in der Bundesrepublik Deutschland
(Name, genaue Anschrift, ggf. Geburtsdatum; bei Ersuchen in die USA ggf. Hinweis, ob Ehegatten zusammen oder getrennt veranlagt werden)

Betroffene Person(en) im Ausland
(Name, genaue Anschrift, ggf. zuletzt bekannte, ggf. Geburtsdatum, Steuernummer, Sozialversicherungsnummer und ähnliche Angaben)

Betroffene Steuern und Jahre
(bei abweichendem Wirtschaftsjahr Hinweis auf Beginn und Ende des Wirtschaftsjahres)

☐ Gegen den/die in der Bundesrepublik Deutschland Betroffene(n) ist ein Steuerstrafverfahren eingeleitet worden. Die erbetenen Auskünfte dienen der Ermittlung der Besteuerungsgrundlagen.

☐ Hinweis auf etwaige Aussageverweigerungsrechte nach deutschem Recht:

Muster eines Auskunftsersuchens (9/88)

Inhalt des Auskunftsersuchens

1. Gestraffte Darstellung des für das Auskunftsersuchen notwendigen Sachverhalts und der sich daraus für das Ersuchen ergebenden Folgerungen bzw. Vermutungen*)

2. Ich bitte um

   – Beantwortung der folgenden Fragen:

   – folgende Ermittlungen:
   (ggf. auch genaue Angaben zu den erbetenen Beweismitteln und darüber, ob sich bestimmte Beweismittel nur auf bestimmte Zeiträume beziehen)

3. Die Auskünfte werden benötigt,

   – um das genannte Doppelbesteuerungsabkommen durchzuführen.

   – um die Besteuerung nach dem Recht der Bundesrepublik Deutschland zutreffend durchzuführen.

4. Ggf. Hinweis auf die Eilbedürftigkeit unter Angabe der Gründe sowie sonstige Hinweise
   (z.B. Zeitpunkt der Verjährung oder Zeitpunkt, ab dem Beweismittel nicht mehr verwertbar sind)

5. Die in diesem Ersuchen enthaltenen Angaben und die aufgrund dieses Ersuchens erteilten Auskünfte unterliegen den Geheimhaltungsbestimmungen der oben genannten Regelung. Sie dürfen nur für die in dieser Regelung genannten Zwecke, beschränkt auf die dort genannten Steuern, verwendet werden.

*) vgl. Merkblatt Tz. 2.2.2.

Anlage 3

Finanzamt

Steuernummer / Aktenzeichen / file number / Numéro fiscal

Auskunftsersuchen an

____
(ausl. Staat)

Ersuchen
im steuerlichen Auskunftsaustausch über Zahlungen aus deutschen Quellen

Request for information
on payments from German sources, made under the arrangements for the exchange of tax information

Demande de renseignements
concernant des versements de source allemande adressée dans le cadre des échanges de renseignements fiscaux

Ersuchen nach / Request pursuant to / Demande effectuée en vertu

☐ Artikel 2 der EG-Amtshilfe-Richtlinie / Article 2 of the EC Mutual Assistance Directive / de l'article 2 de la directive communautaire sur l'assistance mutuelle

☐ Artikel / Article / de l'article ____ des deutsch- / of the German- / de la convention fiscale germano- ____ Doppelbesteuerungsabkommens / Double Taxation Agreement

☐ dem deutsch- / the German- / de la convention germano- ____ Abkommen über Amtshilfe in Steuersachen / Agreement on mutual administrative assistance in tax matters / sur l'assistance administrative en matière fiscale

Empfänger / Nutzungsberechtigter der Zahlung / Payee / beneficiary / Bénéficiaire des versements

Name / Nom
Anschrift / Address / Adresse

Zahlungsverpflichteter / Payer / Débiteur

Name /Nom
Anschrift / Address / Adresse

Angaben zum Leistungsaustausch / Details of the transaction(s) / Indications concernant l'échange de prestations

Lfd. Nr. Ser. No. N° d'ordre	Datum / Date der Rechnung / of the invoice / de la facture	Nr. / No. / Numéro	Gegenstand der Lieferung / Leistung, Zahlungsgrund Goods delivered / services rendered, reason for payment Objet de la livraison / prestation, motif du paiement	Rechnungsbetrag Invoice amount Montant de la facture (Währung / currency / monnaie)

Kurzersuchen (9/88)

zu lfd. Nr. Ser. No. Rappel N°	Zahlungstag Date of payment Date du paiement	Zahlungsart Method of payment Mode de paiement	Bankverbindung / Bank account / Coordonnées bancaires

Besondere Feststellungen (z.B. Einschaltung von Steueroasen) /
Remarks (e.g. use of tax havens) / **Constatations particulières** (par exemple, utilisation de paradis fiscaux)

Da Zweifel bestehen, ob der/die oben aufgeführte(n) Betrag/Beträge zu Recht als Aufwand geltend gemacht worden ist/sind, bitte ich mitzuteilen, ob der Betrag/die Beträge beim Empfänger zugeflossen oder an Dritte weitergeleitet worden oder an den Zahlenden zurückgeflossen ist/sind.

As there is reason to doubt the justification of the claim that the above mentioned amounts are expenditure, please advise whether the amount(s) have accrued to the payee or whether they have been passed on to third persons or have returned to the payer.

Comme il y a des raisons de douter que la déclaration du/des montant(s) indiqué(s) ci-dessus à titre de charges soit justifiée, je vous prie de bien vouloir m'informer si ce/ces montant(s) est/sont parvenu(s) au bénéficiaire ou s'il(s) a/ont été transmis à des tiers ou été reversé(s) à celui qui l'a/les a payé(s).

Andere Fragen / other questions / autres questions:

Die in diesem Ersuchen enthaltenen Angaben und die aufgrund dieses Ersuchens erteilten Auskünfte unterliegen den Geheimhaltungsbestimmungen der obengenannten Regelung. Sie dürfen nur für die in dieser Regelung genannten Zwecke, beschränkt auf die dort genannten Steuern, verwendet werden.

The information contained in this request and the information furnished as a result of this request is subject to the provisions concerning secrecy contained in the above mentioned arrangement. They may be used only for the purposes specified in this arrangement, limited to the taxes named there.

Les renseignements contenus dans cette demande et ceux fournis en réponse à cette même demande sont soumis aux dispositions concernant le secret contenues dans le texte susmentionné. Ils ne peuvent être utilisés qu'aux fins prévues dans le texte en question et uniquement pour les impôts qui y sont visés.

☐ Um kurzfristige Erledigung wird gebeten, weil ... / Please answer as soon as possible because ... / Je vous prie de bien vouloir donner suite à cette demande dans les plus brefs délais car ...

Im Auftrag / By authority / Par délégation

Anlage 4

Finanzamt

Steuernummer

Datum
Bearbeiter
Telefon

An ☐ **Bundesminister der Finanzen**
Graurheindorfer Straße 108
5300 Bonn 1
mit 1 Anlage (2-fach)

An ☐ **Bundesamt für Finanzen*)**
Friedhofstraße 1
5300 Bonn 3
mit 1 Anlage (2-fach)

über ☐ **Oberfinanzdirektion**
____
mit 1 Anlage zum Verbleib

Aktenzeichen
Datum, Sichtvermerk

über ☐ **Finanzminister / Finanzsenator**
____
mit 1 Anlage zum Verbleib

Aktenzeichen
Datum, Sichtvermerk

Betr.: Zwischenstaatlicher Auskunftsaustausch in Steuersachen;
hier: Auskunftsersuchen betreffend ______________________
____

Ich übersende in doppelter Ausfertigung

☐ ein Auskunftsersuchen.

☐ ein Ersuchen zur Klärung eines einfachen Sachverhalts.

☐ Der Steuerpflichtige ist

- ☐ von dem Auskunftsersuchen unterrichtet worden und hat
  - ☐ keine Einwendungen erhoben.
  - ☐ die aus der Anlage ersichtlichen Einwendungen erhoben.
- ☐ nicht unterrichtet worden, weil ______________________
  ____

☐ eine Voranfrage.

☐ Zur Beschleunigung des Verfahrens verzichte ich zunächst auf eine Übersetzung der Antwort.

☐ Die Sache eilt (vgl. Begründung im Ersuchen).

Im Auftrag

*) Nur bei Voranfragen; vgl. Merkblatt Tz. 2.2.4.

Übersendung eines Auskunftsersuchens (9/88)

Anlage 5

Finanzamt

Steuernummer / Aktenzeichen / file number / Numéro fiscal

Mitteilung im steuerlichen Auskunftsaustausch über Einkünfte aus deutschen Quellen

Information
on income from German sources, supplied under arrangements for the exchange of tax information

Communication
concernant des revenus de source allemande effectuée dans le cadre des échanges de renseignements fiscaux

Mitteilung an

(ausl. Staat)

Mitteilung nach / Information supplied pursuant to / Communication effectuée en vertu

☐ Artikel 4 der EG-Amtshilfe-Richtlinie / Article 4 of the EC Mutual Assistance Directive / de l'article 4 de la directive communautaire sur l'assistance mutuelle

☐ Artikel / Article / de l'article ______ des deutsch- / of the German- / de la convention fiscale germano- ______ Doppelbesteuerungsabkommens / Double Taxation Agreement

☐ dem deutsch- / the German- / de la convention germano- ______ Abkommen über Amtshilfe in Steuersachen / Agreement on mutual administrative assistance in tax matters / sur l'assistance administrative en matière fiscale

Empfänger / Nutzungsberechtigter der Zahlung / Payee / beneficiary / Bénéficiaire des versements

Name / Nom
Anschrift / Address / Adresse

Zahlungsverpflichteter / Payer / Débiteur

Name /Nom
Anschrift / Address / Adresse

Angaben zum Leistungsaustausch / Details of the transaction(s) / Indications concernant l'échange de prestations

Lfd. Nr. Ser. No. N° d'ordre	Datum / Date der Rechnung / of the Invoice / de la facture	Nr. / No. / Numéro	Gegenstand der Lieferung / Leistung, Zahlungsgrund Goods delivered / services rendered, reason for payment Objet de la livraison / prestation, motif du paiement	Rechnungsbetrag Invoice amount Montant de la facture (Währung / currency / monnaie)

Mitteilung (9/88)

zu lfd. Nr. Ser. No. Rappel N°	Zahlungstag Date of payment Date du paiement	Zahlungsart Method of payment Mode de paiement	Bankverbindung / Bank account / Coordonnées bancaires

Besondere Feststellungen (z.B. Einschaltung von Steueroasen) /
Remarks (e.g. use of tax havens) / Constatations particulières (par exemple, utilisation de paradis fiscaux)

Soweit Sie bei der **Auswertung dieser Mitteilung** feststellen, daß der oder die aufgeführten Beträge dem Empfänger nicht zugeflossen sind, ganz oder zum Teil an Dritte weitergeleitet worden oder ganz oder zum Teil an den Zahlenden zurückgeflossen sind, bitte ich um Unterrichtung. Entsprechendes gilt für sonstige Feststellungen, die für die Besteuerung in der Bundesrepublik Deutschland von Bedeutung sein können.

If when evaluating this information you discover that the above mentioned amount(s), have not accrued to the payee, have been passed on to third persons in whole or in part or have returned to the payer in whole or in part, please advise me of this fact. The same applies to any other information you may gain which is likely to be relevant to taxation in the Federal Republic of Germany.

Si, lors de l'exploitation des renseignements communiqués, vous constatez que le ou les montants indiqués ci-dessus, ne sont pas parvenus au bénéficiaire, ont été transmis en totalité ou en partie à des tiers ou ont été reversés en totalité ou en partie à celui qui les a payés, vous êtes priés de bien vouloir m'en informer. Ceci vaut également pour toutes autres constatations susceptibles de présenter de l'importance pour l'imposition en République fédérale d'Allemagne.

Sonstige Mitteilungen / further information / autres communications

Die in dieser Mitteilung enthaltenen Angaben unterliegen den Geheimhaltungsbestimmungen der obengenannten Regelung. Sie dürfen nur für die in dieser Regelung genannten Zwecke, beschränkt auf die dort genannten Steuern, verwendet werden.

The information communicated herewith is subject to the provisions concerning secrecy contained in the above mentioned arrangement. They may be used only for the purposes specified in this arrangement, limited to the taxes named there.

Les renseignements communiqués sont soumis aux dispositions concernant le secret contenues dans le texte susmentionné. Ils ne peuvent être utilisés qu'aux fins prévues dans le texte en question et uniquement pour les impôts qui y sont visés.

Im Auftrag / By authority / Par délégation

Teil I

Anlage 6

Finanzamt

Steuernummer

Datum
Bearbeiter
Telefon

An ☐ **Bundesminister der Finanzen*)**
Graurheindorfer Straße 108
5300 Bonn 1
mit 1 Anlage (2-fach)

An ☐ **Bundesamt für Finanzen*)**
Friedhofstraße 1
5300 Bonn 3
mit 1 Anlage (2-fach)

über ☐ **Oberfinanzdirektion**
____
mit 1 Anlage zum Verbleib

Aktenzeichen
Datum, Sichtvermerk

über ☐ **Finanzminister / Finanzsenator**
____
mit 1 Anlage zum Verbleib

Aktenzeichen
Datum, Sichtvermerk

Betr.: Zwischenstaatlicher Auskunftsaustausch in Steuersachen;
hier: Auskunft betreffend ____________________

Ich übersende eine Mitteilung über einen Sachverhalt, der für die Besteuerung in ____________ erheblich sein kann. Der inländische Beteiligte

☐ ist angehört worden und

☐ hat keine Einwendungen erhoben.

☐ hat die aus der Anlage ersichtlichen Einwendungen erhoben.

☐ ist nicht angehört worden, weil ____________________

☐ Weitere Hinweise: ____________________

Im Auftrag

*) vgl. Merkblatt Tz. 1.6.2.c

Übersendung einer Mitteilung (9/88)

Anlage 7

Finanzamt

____

____

Steuernummer

____

____

____

Betrifft: Zwischenstaatlicher Auskunftsaustausch in Steuersachen;
hier: Anhörung

Sehr geehrte ______________________

Ich beabsichtige, der ______________________ Steuerverwaltung

Auskünfte und/oder Unterlagen über den folgenden Sachverhalt zu übermitteln:

____

____

____

____

____

____

☐ Dazu liegt mir ein Ersuchen der ausländischen Steuerverwaltung vor.

Rechtsgrundlage für die Übermittlung ist

☐ § 2 ☐ Abs. 1 ☐ Abs. 2 des EG-Amtshilfe-Gesetzes

☐ Artikel __ des Doppelbesteuerungsabkommens mit ______________________

☐ der Vertrag über die Amtshilfe in Steuersachen mit ______________________

Als inländischer Beteiligter sind Sie vorher zu hören (§ 117 Abs. 4 Satz 3 Abgabenordnung). Ich gebe Ihnen hiermit Gelegenheit, zu der beabsichtigten Übermittlung von Auskünften und/oder Unterlagen Stellung zu nehmen und etwaige Einwendungen mitzuteilen. Sollte bis zum ____________ keine Äußerung vorliegen, gehe ich von Ihrem Einverständnis aus.

Hochachtungsvoll
Im Auftrag

____

Anhörung § 117 AO (9/88)

Anlage 8

Finanzamt

Steuernummer

Datum
Bearbeiter
Telefon

An ☐ **Bundesminister der Finanzen**
Graurheindorfer Straße 108
5300 Bonn 1

mit 1 Anlage (2-fach)

über ☐ **Oberfinanzdirektion** ______________________

mit 1 Anlage zum Verbleib

zu Aktenzeichen (vom FA auszufüllen)
Datum, Sichtvermerk

über ☐ **Finanzminister / Finanzsenator** ______________________

mit 1 Anlage zum Verbleib

zu Aktenzeichen (von OFD auszufüllen)
Datum, Sichtvermerk

Betr.: Zwischenstaatlicher Auskunftsaustausch in Steuersachen;
hier: Auskunft betreffend ____

____

Bezug: Schreiben des BMF vom ____

In vorstehender Auskunftssache übersende ich

☐ die Antwort. ☐ eine Teilantwort.

Der inländische Beteiligte

☐ ist angehört worden*). Er hat

☐ keine Einwendungen erhoben.

☐ die aus der Anlage ersichtlichen Einwendungen erhoben.

☐ ist nicht angehört worden, weil ____

____

☐ Weitere Hinweise: ____

____

Im Auftrag

*) ggf. im Rahmen seiner Mitwirkung nach § 93 AO

Antwort auf Auskunftsersuchen (9/88)

Anlage 9

Auf das Bundesamt für Finanzen übertragene Zuständigkeiten

Der Bundesminister der Finanzen hat den Verkehr mit ausländischen Finanzbehörden gemäß § 5 Absatz 1 Nr. 5 des Finanzverwaltungsgesetzes auf das Bundesamt für Finanzen übertragen für

— Voranfragen (Tz. 2.2.4)

— den Empfang und die Auswertung ausländischer Auskünfte ohne Ersuchen (Tz. 4.1)

— die Übermittlung von Auskünften im Rahmen der Entlastung von deutscher Kapitalertragsteuer und der Abzugsteuer nach § 50a EStG an die USA (Tz. 4.2.2)

— die Übermittlung von Auskünften an ausländische Finanzbehörden im Rahmen des Kontrollmeldeverfahrens (Tz. 4.2.2; BMF-Schreiben vom 26. März 1976, BStBl I S. 279).

Das Bundesamt für Finanzen ist außerdem zum unmittelbaren Verkehr mit Österreich und Schweden befugt (vgl. Tz. 1.6.1.4).

Anlage 10

Auszug
aus der Richtlinie des Rates der Europäischen Gemeinschaften
vom 19. Dezember 1977
über die gegenseitige Amtshilfe zwischen den zuständigen Behörden der Mitgliedstaaten im Bereich der direkten Steuern und der Mehrwertsteuer (77/799/EWG)[1]) geändert durch die Richtlinie vom 6. Dezember 1979 (79/1070/EWG)[2])

Artikel 1
Allgemeine Bestimmungen

(1) Die zuständigen Behörden der Mitgliedstaaten erteilen sich nach dieser Richtlinie gegenseitig alle Auskünfte, die für die zutreffende Festsetzung der Steuern vom Einkommen und vom Vermögen geeignet sein können.

(2) Als Steuern vom Einkommen und vom Vermögen gelten, unabhängig von der Erhebungsform, alle Steuern, die vom Gesamteinkommen, vom Gesamtvermögen oder von Teilen des Einkommens oder des Vermögens erhoben werden, einschließlich der Steuern vom Gewinn aus der Veräußerung beweglichen oder unbeweglichen Vermögens, der Lohnsummensteuern sowie der Steuern vom Vermögenszuwachs.

(3) Gegenwärtig sind die in Absatz 2 genannten Steuern insbesondere die folgenden:

in der Bundesrepublik Deutschland:

Einkommensteuer

Körperschaftsteuer

Vermögensteuer

Gewerbesteuer

Grundsteuer

(4) Absatz 1 gilt auch für alle Steuern gleicher oder ähnlicher Art, die künftig neben den in Absatz 3 aufgeführten Steuern oder an deren Stelle erhoben werden könnten. Die zuständigen Behörden der Mitgliedstaaten unterrichten sich gegenseitig sowie auch die Kommission von dem Zeitpunkt des Inkrafttretens dieser Steuern.

(5) Der Ausdruck „zuständige Behörde" bedeutet:

in der Bundesrepublik Deutschland:

Der Bundesminister der Finanzen oder sein Beauftragter.

[1]) ABl EG Nr. L 336 S. 15

[2]) ABl EG Nr. L 331 S. 8

Artikel 2
Auskunft auf Ersuchen

(1) Die zuständige Behörde eines Mitgliedstaats kann die zuständige Behörde eines anderen Mitgliedstaats um die Erteilung der in Artikel 1 Absatz 1 bezeichneten Auskünfte im Einzelfall ersuchen. Die zuständige Behörde des um Auskunft ersuchten Staates braucht dem Ersuchen nicht zu entsprechen, wenn es scheint, daß die zuständige Behörde des ersuchenden Staates ihre eigenen üblichen Auskunftsmöglichkeiten nicht ausgeschöpft hat, von denen sie nach Lage des Falles ohne Gefährdung des Ermittlungszwecks hätte Gebrauch machen können.

(2) Zur Erteilung der Auskünfte nach Absatz 1 läßt die zuständige Behörde des um Auskunft ersuchenden Mitgliedstaats gegebenenfalls die erforderlichen Ermittlungen durchführen.

Artikel 8
Grenzen des Auskunftsaustausches

(1) Diese Richtlinie verpflichtet nicht zu Ermittlungen oder zur Übermittlung von Auskünften, wenn deren Durchführung oder deren Beschaffung oder Verwertung durch die zuständige Behörde des auskunftgebenden Staates für ihre eigenen steuerlichen Zwecke gesetzliche Vorschriften oder ihre Verwaltungspraxis entgegenstünden.

(2) Die Auskunftsübermittlung kann verweigert werden, wenn sie zur Preisgabe eines Geschäfts-, Industrie- oder Berufsgeheimnisses oder eines Geschäftsverfahrens führen oder wenn die Verbreitung der betreffenden Auskunft gegen die öffentliche Ordnung verstoßen würde.

(3) Die zuständige Behörde eines Mitgliedstaats kann die Auskunftsübermittlung verweigern, wenn der interessierte Staat zur Übermittlung gleichartiger Auskünfte aus rechtlichen oder tatsächlichen Gründen nicht in der Lage wäre.

Formulare einer privaten Vermögensverwaltungsgesellschaft

KONTO- UND DEPOTERÖFFNUNGSAUFTRAG

Familienname ☐☐☐☐☐☐☐☐☐☐☐☐☐☐☐☐☐☐☐☐☐☐☐☐☐☐☐☐☐☐

Vorname(n) ☐☐☐☐☐☐☐☐☐☐☐☐☐☐☐☐☐☐☐☐☐☐☐☐☐☐☐☐☐☐

Strasse und Nr. ☐☐☐☐☐☐☐☐☐☐☐☐☐☐☐☐☐☐☐☐☐☐☐☐☐☐☐☐☐☐

PLZ/Wohnort ☐☐☐☐☐☐☐☐☐☐☐☐☐☐☐☐☐☐☐☐☐☐☐☐☐☐☐☐☐☐

Land ☐☐☐☐☐☐☐☐☐☐☐☐☐☐☐☐☐☐☐☐☐☐☐☐☐☐☐☐☐☐

Beruf ☐☐☐☐☐☐☐☐☐☐☐☐☐☐☐☐☐☐☐☐☐☐☐☐☐☐☐☐☐☐

Nationalität ☐☐☐☐☐☐☐☐☐☐☐☐☐☐☐☐☐☐☐☐☐☐☐☐☐☐☐☐☐☐

Geburtsdatum ☐☐☐☐☐☐☐☐☐☐☐☐☐☐☐☐☐☐☐☐☐☐☐☐☐☐☐☐☐☐

Pass-Nr. ☐☐☐☐☐☐☐☐☐☐☐☐☐☐☐☐☐☐☐☐☐☐☐☐☐☐☐☐☐☐

GEWÜNSCHTE KONTI (zutreffendes bitte bezeichnen) ☐ in SFr. ☐ in US-$ ☐ in DM ☐ in ....

KONTO-INHABER

☐ Das Konto ist auf den alleinigen Namen des Antragstellers zu eröffnen.

☐ Das Konto ist zu eröffnen auf die gemeinschaftlichen Namen
(es ist die Gemeinschafts-Kto.-Erklärung zu unterzeichnen).

☐☐☐☐☐☐☐☐☐☐☐☐☐☐☐☐☐☐☐☐☐☐☐☐☐☐☐☐☐☐

und/oder ☐☐☐☐☐☐☐☐☐☐☐☐☐☐☐☐☐☐☐☐☐☐☐☐☐☐☐☐☐☐

(nicht mehr als 2 Personen)

VOLLMACHT	VERWALTUNGSVOLLMACHT	VOLLMACHT FÜR TREUHÄNDERISCHE ANLAGEN
Ja/Nein	Ja/Nein	Ja/Nein

KORRESPONDENZEN
sind zu erstellen in ☐ deutsch ☐ englisch

☐ **sind zurückzubehalten und nur auf Verlangen zuzusenden.**

☐ sind regelmäßig an folgende Adresse zu senden: (sofern von obiger abweichend)

Name ☐☐☐☐☐☐☐☐☐☐☐☐☐☐☐☐☐☐☐☐☐☐☐☐☐☐☐☐☐☐

Vorname ☐☐☐☐☐☐☐☐☐☐☐☐☐☐☐☐☐☐☐☐☐☐☐☐☐☐☐☐☐☐

Strasse und Nr. ☐☐☐☐☐☐☐☐☐☐☐☐☐☐☐☐☐☐☐☐☐☐☐☐☐☐☐☐☐☐

PLZ/Wohnort ☐☐☐☐☐☐☐☐☐☐☐☐☐☐☐☐☐☐☐☐☐☐☐☐☐☐☐☐☐☐

Ich/Wir habe(n) von den Allgemeinen Geschäftsbedingungen und dem Depotreglement Kentnis genommen

Ort und Datum:................................ Unterschrift:..

Gemeinschaftskonto-Erklärung:

Gemeinschaftskonto-Erklärung

Bezeichnung des Gemeinschaftskontos und/oder -Depots:

____

Die unterzeichneten Mitinhaber des obigen Kontos/Depots erklären hiermit zu Händen der (XYZ) AG, Zürich:

1. Jeder Mitinhaber ist ermächtigt, allein, selbständig und in jeder Hinsicht uneingeschränkt über das Konto/Depot zu verfügen. Jeder Mitinhaber ist berechtigt, ohne Mitwirkung der übrigen Mitinhaber Bevollmächtigte zu ernennen. Die Unterschrift eines der Berechtigten genügt, um der (XYZ) AG rechtsgültig Entlastung zu erteilen. Konkurs oder Verlust der Handlungsfähigkeit eines Mitinhabers ändert nichts an der Verfügungsmacht oder an der Gültigkeit von dem betreffenden Mitinhaber ausgestellten Vollmachten.[1)]

2. Beim Ableben eines Mitinhabers bleiben die übrigen Mitinhaber ermächtigt. Allfällige vom verstorbenen Mitinhaber erteilte Vollmachten bleiben in Kraft. Die Erben des Verstorbenen haben sich an die Mitinhaber zu halten und können der (XYZ) AG gegenüber keinerlei Rechte geltend machen.

3. Zugunsten eines Mitinhabers eingehende Vergütungen und Einlieferungen darf die (XYZ) AG dem Gemeinschaftskonto/-Depot gutschreiben.

4. Alle das Gemeinschaftskonto/-Depot betreffenden Mitteilungen (Korrespondenzen, Auszüge etc.) gelten als rechtsgültig erfolgt, falls sie an die letzte von einem Mitinhaber der (XYZ) AG angegebenen Adresse gesandt werden.

5. Soweit die Mitinhaber aus dem Gemeinschaftskonto/-Depot – insbesondere in Folge erteilter Kredite oder wegen Kontoüberziehung – Schuldner der (XYZ) AG sind, haften sie dieser gegenüber solidarisch.[2)]

6. Im übrigen gelten die Allgemeinen Geschäftsbedingungen der (XYZ) AG und insbesondere deren Bestimmungen über das anwendbare Recht und den Gerichtssstand.

Ort und Datum

____

Die Mitinhaber des Gemeinschaftskontos:

____

____

Anm. 1: Das Vertrauen auf den Mitinhaber des Gemeinschaftskontos muß schon sehr groß sein, um eine derartige Erklärung zu unterschreiben. Dieser Inhaber kann eigenmächtig und zum Nachteil des Partners handeln.

Anm. 2: Diese solidarische Haftung kann in Verbindung mit der vorherigen Vereinbarung schlimmer Folgen zeitigen, wenn die Verfügungsgewalt durch einen Mitinhaber mißbraucht oder mit dieser Vollmacht Mißwirtschaft betrieben wird.

Anlage-Vollmacht:

Anlage-Vollmacht

Hiermit ermächtige(n) ich/wir die (XYZ) AG, für mein/unser Konto bzw. Depot nach ihrem freien Ermessen neue Anlagen zu tätigen sowie bestehende Anlagen aufzulösen und insbesondere:

- Wertschriften (Aktien, Obligationen, Anlagefondsanteile, Wechsel usw.) sowie Edelmetalle und Münzen zu erwerben und oder zu verkaufen und dabei auch Termin- und Optionsgeschäfte abzuschliessen;[1]

- Festgeld- und andere Konti beliebiger Währung sowie Edelmetallkonti zu eröffnen und/oder teilweise oder vollständig aufzuheben;

- In ihrem Namen treuhänderisch bei Dritten entsprechende Anlagen zu machen sowie Unterbeteiligung an in ihrem Namen getätigten Anlagen zu erwerben.

Bei jeder Neuanlage geht die (XYZ) AG mit der selben Sorgfalt vor wie in ihren eigenen Angelegenheiten. Abgesehen davon entbinde(n) ich/wir die (XYZ) AG von jeder Verantwortlichkeit. Insbesondere, wenn sie von ihrer Ermächtigung keinen Gebrauch macht, trifft sie keine Verantwortung. Dies gilt auch mit Bezug auf die Liquidation von Anlagen, welche von ihr auf Grund dieser Ermächtigung getätigt worden sind.[2]

Zu besonderen Massnahmen im Falle eines Schuldnerverzuges ists die (XYZ) AG nicht verpflichtet.

Diese Ermächtigung erlischt nicht mit dem Tode, dem Verlust der Handlungsfähigkeit oder dem Konkurs des/der Kontoinhaber(s) und bleibt in Kraft, sofern sie von mir/uns nicht schriftlich widerrufen worden ist.[3]

Im übrigen gelten die Allgemeinen Geschäftsbedingungen, insbesondere die darin enthaltene Rechts- und Gerichtsstandsklausel.

Ort und Datum

Unterschrift

Anm. 1: Umfassende Vollmacht. Auch sehr riskante Termin- und Optionsgeschäfte können getätigt werden.

Anm. 2: Diese Formulierung ist fast mit einer Haftungsfreizeichnung vergleichbar. Die Gesellschaft haftet nur für grobe Fahrlässigkeit (aber auch Banken übernehmen keine größere Verantwortung)

Anm. 3: Übliche Formulierung, daß die Vollmacht nicht mit dem Tode des Vollmachtgebers erlischt.

Allgemeine Geschäftsbedingungen:

Allgemeine Geschäftsbedingungen:[1]

Die nachstehenden Bedingungen dienen einer klaren Regelung der gegenseitigen Beziehungen zwischen Kunden und der (XYZ) AG

Art. 1 Verfügungsberechtigung
Die der (XYZ) AG schriftlich bekannt gegebene Unterschriftenregelung gilt ihr gegenüber ausschließlich und bis zu einem an sie gerichteten schriftlichen Widerruf, ungeachtet anderslautender Handelsregistereinträge und Veröffentlichungen.[2]

Art. 2 Reklamationen[3]
Einwendungen betreffend die Konto- und Depotauszüge müssen der (XYZ) AG spätestens innert dreissig Tagen seit ihrer Absendung schriftlich zugegangen sein; Reklamationen des Kunden wegen Ausführung oder Nichtausführung von Aufträgen jeder Art sowie allfällige Beanstandungen von Abrechnungen oder sonstigen Anzeigen sind der (XYZ) AG sofort nach Empfang der Zuschrift oder nach möglicher Feststellung der Nichtausführung mitzuteilen. Nach Ablauf dieser Fristen gelten die Auszüge, Anzeigen usw. als genehmigt, und zwar auch dann, wenn die vom Kunden allenfalls zu unterzeichnende Richtigbefundsanzeige bei der (XYZ) AG nicht eingetroffen ist. Die Ausdrückliche oder stillschweigende Anerkennung des Rechnungsauszuges schliesst die Genehmigung aller in ihm enthaltenen Posten sowie allfälliger Vorbehalte der (XYZ) AG in sich.
Wenn infolge Nichtausführung oder verspäteter Ausführung von Aufträgen (Börsenaufträge ausgenommen) Schaden entsteht, so haftet die (XYZ) AG lediglich für den Zinsausfall, es sei denn, sie sei im Einzelfall auf die drohende Gefahr eines darüber hinausgehenden Schadens hingewiesen worden.[4]

Art. 3 Mitteilungen der (XYZ) AG
Mitteilungen der (XYZ) AG gelten als erfolgt, wenn sie an die letzte vom Kunden bekanntgegebenen Adresse abgesandt worden sind. Als Zeitpunkt des Versandes gilt vermutungsweise das Datum der im Besitze der (XYZ) AG befindlichen Kopien oder Versandlisten. Zurück zu haltende Post gilt im Zweifel als zugestellt am Datum, das sie trägt.

Art. 4 Unterschriften- bzw. Legitimationsprüfung
Den aus dem Nichterkennen von Legitimationsmängeln und Fälschungen entstehenden Schaden trägt der Kunde, sofern der (XYZ) AG kein grobes Verschulden nachgewiesen werden kann.[5]

Art. 5 Mangelnde Handlungsfähigkeit
Der Kunde trägt jeden Schaden, der aus mangelnder Handlungsfähigkeit seiner Person oder Dritter entsteht, es sein denn, sie sei bezüglich seiner Person in einem schweizerischen Amtsblatt publiziert und bezüglich Dritter der (XYZ) AG schriftlich mitgeteilt worden.

Art. 6 Übermittlungsfehler
Den aus der Benutzung von Post, Telegraph, Telephon, Telex, andern Übermittlungsarten oder Transportanstalten, namentlich aus Verlust, Verspätung, Missverständnissen, Verstümmelungen oder Doppelausfertigungen entstehenden Schaden trägt der Kunde, sofern der (XYZ) AG kein grobes Verschulden nachgewiesen werden kann.[6]

Art. 7 Aufbewahrung
Die (XYZ) AG verpflichtet sich, die ihr übergebenen Wertpapiere und andere Gegenstände mit der gleichen Sorgfalt aufzubewahren wie die eigenen.
Vorbehaltlich anderweitiger Vereinbarungen ist die (XYZ) AG berechtigt, an ausländischen Plätzen erworbene oder eingelieferte oder normalerweise im Ausland gehandelte Wertschriften und Edelmetalle, auf ihren Namen, jedoch auf Rechnung und Gefahr des Kunden, bei ausländischen Korrespondenten oder andern in Bankkreisen anerkannten Institutionen nach den dort üblichen Usanzen zu verwahren. Der Deponent erklärt sich damit einverstanden, dass die (XYZ) AG einzelne Sorten von Titeln, Goldbarren oder Münzen, bloss gattungsmässig und nicht für jeden Kunden gesondert, in das eigene Sammeldepot nimmt oder einer Sammeldepot-Zentralstelle zur Verwahrung übergibt, wobei der Kunde als Miteigentümer an einem entsprechenden Anteil am Sammeldepot beteiligt ist.[7]

Art. 8 Pfand- und Verrechnungsrecht gegenüber Schuldnern[8]
Die (XYZ) AG hat an allen Vermögenswerten, die sie jeweils für Rechnung des Kunden bei sich oder anderswo aufbewahrt, insbesondere auch an allen Rechten und Ansprüchen aus Treuhandverhältnisssen, ein Pfandrecht und bezüglich aller Forderungen überdies ein Verrechnungsrecht für alle ihre aus der Geschäftsverbindung jeweils bestehende Ansprüche, ohne Rücksicht auf die Fälligkeit oder Währung. Dies gilt auch für Kredite und Darlehen mit speziellen oder ohne Sicherheiten. Soweit Wertpapiere nicht auf den Inhaber lauten, werden sie der (XYZ) AG mit der Unterzeichnung dieses Auftrags verpfändet. Die (XYZ) AG ist nach ihrer Wahl zur zwangsrechtlichen oder freihändigen Verwertung der Pfänder berechtigt, sobald der Kunde mit seiner Leistung in Verzug ist.
Erfolgt die Rückzahlung einer Schuld oder die Anschaffung von Deckungen nicht fristgerecht, kann die (XYZ) AG nach ihrem Ermessen die Pfänder ganz oder teilweise, sofort oder später, auch vor allfälligen Terminen, verkaufen sowie durch Leerverkauf entstandene Positionen durch Rückkauf glattstellen.

Art. 9 Kontokorrentverkehr
Ziff. 1 Gutschrift bzw. Belastung der vereinbarten oder üblichen Zinsen, Kommissionen, Spesen und Steuern erfolgen nach Wahl der (XYZ) AG vierteljährlich, halbjährlich oder jährlich. Die (XYZ) AG behält sich vor, ihre Zins- und Kommissionsansätze jederzeit, namentlich bei geänderten Geldmarktverhältnissen, abzuändern und den Kunden hiervon auf dem Zirkularweg oder auf andere geeignete Weise Kenntnis zu geben.
Ziff. 2 Liegen vom Kunden verschiedene Aufträge vor, deren Gesamtbetrag sein verfügbares Guthaben übersteigt, so ist die (XYZ) AG berechtigt, ohne Rücksicht auf Datum oder zeitlichen Eingang nach eigenem Ermessen zu bestimmen, welche Verfügungen ganz oder teilweise auszuführen sind.
Ziff. 3 Die den Guthaben in fremder Währung entsprechenden Gegenanlagen werden auf den Namen der (XYZ) AG, jedoch anteilsmässig auf Rechnung und Gefahr des Kunden bei von der (XYZ) AG als gut erachteten Korrespondenten inner- und außerhalb des betreffenden Währungsgebietes angelegt. Der Kunde trägt insbesondere die Gefahr von gesetzlichen und behördlichen Beschränkungen und Lasten.[9]
Über Guthaben in Fremdwährung kann der Kunde durch Verkauf und Überweisung verfügen, auf andere Art nur mit Zustimmung der (XYZ) AG.
Ziff. 4 Die Gutschriften von erhaltenen Geldern in Fremdwährung erfolgen in Schweizerfranken und zwar zum Kurs jenes Tages, an welchem der gutzuschreibende Betrag bei der (XYZ) AG eingetroffen ist, es sei denn, der Kunde habe gegenteilige Anweisungen gegeben oder besitze ein Konto in der entsprechenden Fremdwährung. Wenn der Kunde nur Konten in Drittwährung besitzt, kann die (XYZ) AG den Betrag in einer dieser Währungen gutschreiben.[10]

Art. 10 Wechsel, Checks und andere Papiere
Die (XYZ) AG ist berechtigt, diskontierte oder gutgeschriebene unbezahlte Wechsel, Checks und andere Papiere zurückzubelasten. Trotzdem verbleiben ihr die wechselrechtlichen, checkrechtlichen oder andere Ansprüche auf Zahlung des vollen Betrags der Wechsel und Checks und anderer Papiere mit Nebenforderungen gegen jeden aus dem Papier Verpflichteten bis zur Begleichung eines vorhandenen Schuldsaldos.

Art. 11 Kündigung der Geschäftsbeziehungen
Die (XYZ) AG behält sich vor, bestehende Geschäftsbeziehungen, mit sofortiger Wirkung aufzuheben, wobei allfällige Forderungen sofort zur Rückzahlung fällig werden. Vorbehalten bleiben anderslautende Abmachungen.

Art. 12 Gleichstellung der Samstage mit Feiertagen
Im gesamten Geschäftsverkehr werden die Samstage einem staatlich anerkannten Feiertag gleichgestellt.

Art. 13 Anwendbares Recht und Gerichtsstand
Alle Rechtsbeziehungen des Kunden mit der (XYZ) AG unterstehen dem schweizerischen Recht. Erfüllungsort, Betreibungsort für Kunden mit ausländischem Wohnsitz und ausschliesslicher Gerichtsstand für alle Verfahren ist das Domizil der (XYZ) AG in Zürich.
Die (XYZ) AG hat indessen auch das Recht, den Kunden beim zuständigen Gericht seines Wohnsitzes oder jedem andern zuständigen Gericht zu belangen bzw. bei jedem andern zuständigen Amt Betreibung einzuleiten.

Art. 14 Änderungen der Allgemeinen Geschäftsbedingungen
Die (XYZ) AG behält sich jederzeitige Änderungen der Allgemeinen Geschäftsbedingungen vor. Diese werden dem Kunden auf dem Zirkularwege oder auf andere geeignete Weise bekanntgegeben und gelten ohne Widerspruch innert Monatsfrist als genehmigt.

(Anmerkungen 1 – 10 siehe nächste Seite)

Allgemeine Geschäftsbedingungen:

Anmerkungen zu „Allgemeine Geschäftsbedingungen"

Anm. 1: Es wird nicht die rechtliche Zulässigkeit einzelner allgemeiner Geschäftsbedingungen geprüft, diese sind in einzelnen Ländern unterschiedlich geregelt, vielmehr soll auf die wirtschaftlichen Risiken der einzelnen Geschäftsbedingungen hingewiesen werden.

Anm. 2: Mündlicher Widerruf ist also nicht möglich, der schriftliche Widerruf benötigt mehr Zeit.

Anm. 3: Kontoauszüge sollten unverzüglich überprüft werden.

Anm. 4: Geschäftsbedingungen eindeutig zu Gunsten der Vermögensverwaltungsgesellschaft, welche Betroffene denken daran, die Gesellschaft »im Einzelfall auf die drohende Gefahr eines darüber hinausgehenden Schadens« hinzuweisen.

Anm. 5: Wenn z.B. mit einer gefälschten Unterschrift Vermögenswerte auf irgendwelche fremden Konten transferiert werden und verschwinden, haftet die Gesellschaft nur für grobes Verschulden.

Anm. 6: Bei sehr wichtigen Transaktionen sollten Sie sich die von Ihnen erteilten Aufträge schriftlich bestätigen lassen.

Anm. 7: Die Stellung als Miteigentümer eines Sammeldepots ist eine Einschränkung des Kunden. Nicht empfehlenswert!

Anm. 8: Sehr vorteilhafte Geschäftsbedingung für die Vermögensverwaltungsgesellschaft. Sie soll dazu dienen, daß bei riskanten Geschäften wie Leerverkäufe von Aktien evtl. Verluste durch die noch vorhandenen Vermögenswerte ausgeglichen werden können. Eine solche Klausel kann also ein Indiz dafür sein, daß sehr riskante Geschäfte getätigt werden sollen.

Anm. 9: Damit sind Devisenbeschränkungen gemeint, die den Rücktransfer der im Ausland investierten Gelder u.U. unmöglich machen.

Anm. 10: Sehr vorteilhaft für die Gesellschaft. Sie kann sowohl in der Schweiz als auch am Wohnsitz des Kunden klagen. Sie als Kunde haben daher nur die Möglichkeit, im Ausland zu klagen und nicht an Ihrem Wohnsitz.

Vollmacht zur Verpfändung von Wertpapieren, Edelmetalle usw. zur Kreditaufnahme

Ich der Unterzeichnete

____

____

____

ermächtige hiermit die (XYZ) AG,

- meine Wertpapiere, Edelmetalle etc. zur Beschaffung von Krediten an Ihre Depotbanken weiter zu verpfänden.[1)]

Solche Kredite dürfen lediglich für Rechnung des Unterzeichneten aufgenommen bzw. verwendet werden.

Ort und Datum ________________________

Unterschrift ________________________

Anm. 1: Auch wenn solche Kredite lediglich für den Klienten verwendet werden dürfen, so beinhaltet die Kreditaufnahme durch zusätzliche Risiken.
Falls sich die mit der Kreditaufnahme finanzierten Kapitalanlagen schlecht entwickeln, besteht die Gefahr, daß Sie einen gewissen Betrag nachschiessen oder einen Teil Ihres sonstigen Vermögens veräußern müssen bzw. verlieren.

Formulare einer schweizer Bank

Verwaltungsauftrag

Der/Die Unterzeichnete/n

____

____

____

____

____

beauftragt/beauftragen hiermit die

(XYZ) AG

mit der Verwaltung des/der Depots Nr.____________ und/oder seines/Ihres Kontos Nr.____________
bei der (XYZ) AG nach Massgabe folgender Bestimmungen.

Die Bank ist befugt, im Namen des/der Unterzeichneten Kauf- und Verkaufsaufträge zu erteilen, Umtausch oder Konversionen zu veranlassen, Bezugsrechte auszuüben, zu verkaufen oder hinzukaufen, soweit Guthaben des/der Unterzeichnenten vorhanden sind, sowie die Guthaben des/der Auftraggeber/s verzinslich fest anzulegen. Insbesondere erklärt/erklären der/die Unterzeichneten die Bank im Rahmen dieses Verwaltungsauftrages zum Kontrahieren mit sich selbst und zur Doppelvertretung als berechtigt.[1)]

Soweit im folgenden nichts Abweichendes festgehalten wird, übt die Bank die Verwaltung nach freiem Ermessen aus. Sie nimmt jene Anlagen in Aktien, Obligationen, Zertifikaten von Investment-Trusts, Hypotheken und anderen Wertschriften vor, die sie als geeignet erachtet. Dabei ist die Bank weder an ein bestimmtes Land noch an eine bestimmte Währung gebunden.

Der/Die Auftraggeber erteilt/erteilen der Bank die folgenden ergänzenden/einschränkenden Weisungen, nach denen die Vermögensanlagen vorzunehmen sind.[2)]

Der/Die Unterzeichnete/n anerkennt/anerkennen hiermit alle von der Bank im Rahmen dieses Verwaltungsauftrages vorgenommenen Rechtshandlungen als für sich verbindlich.

Die Bank haftet nicht für die von ihr gemäss diesem Auftrag getroffene Auswahl der Anlagen.[3)]

Der Verwaltungsauftrag hat der Bank gegenüber Geltung bis zum schriftlichen Widerruf. Er erlischt nicht und bleibt in Kraft auch nach dem Tode oder bei allfällig eintretender Handlungsunfähigkeit des/der Unterzeichneten.[4)]

Anwendbares Recht und Gerichtsstand: Allfällige sich aus diesem Verwaltungsvertrag ergebenden Rechtsstreitigkeiten sind nach schweizerischem Recht durch die zuständigen Gerichte des Kanton Zürich zu beurteilen. Der/Die Vollmachtgeber wählt/wählen zur Erfüllung seiner/ihrer Verpflichtungen Spezialdomizil bei der (XYZ) AG am Erfüllungsort. Die Bank ist jedoch ausdrücklich ermächtigt, den/die Vertragspartner auch beim zuständigen Gericht seines/ihres Wohnsitzes oder bei jedem anderen zuständigen Gericht zu belangen. Auch in diesem Fall ist schweizerisches Recht anwendbar.[5)]

____________________	____________________
Ort und Datum	Der/Die Auftraggeber/in

Anm. 1: Notwendig, damit der Verwalter bei der eigenen Bank Wertpapiere kaufen kann.

Anm. 2: Bringen Sie Ihre persönlichen Vorstellungen in das Beratungsgespräch bei der Bank ein und fixieren Sie dies schriftlich am Verwaltungsauftrag. Termingeschäfte sind von dieser Vollmacht nicht erfaßt.

Anm. 3: Der Anleger trägt das Anlage-Risiko niemals die Bank.

Anm. 4: Übliche Geschäftsbedingungen, der Widerruf muß schriftlich erfolgen, die Vollmacht bleibt auch nach dem Tode des Klienten in Kraft.

Anm. 5: Durch diese Geschäftsbedingungen eröffnet sich die Bank die Möglichkeit zur Klage in der Schweiz, beim jeweiligen Wohnsitzgericht und darüber hinaus bei jedem anderen zuständigen Gericht. Der Klient erhält diese Möglichkeit nicht.

Stichwortverzeichnis

I

J

K

L

M

SPRINGER NATURE

GPSR Compliance

The European Union's (EU) General Product Safety Regulation (GPSR) is a set of rules that requires consumer products to be safe and our obligations to ensure this.

If you have any concerns about our products, you can contact us on ProductSafety@springernature.com

In case Publisher is established outside the EU, the EU authorized representative is:

Springer Nature Customer Service Center GmbH
Europaplatz 3
69115 Heidelberg, Germany

FSC
www.fsc.org
MIX
Papier | Fördert
gute Waldnutzung
FSC® C083411

Kolibri 360 GmbH
Ferdinand-Jühlke-Straße 7
99095 Erfurt, Deutschland
produktsicherheit@kolibri360.de